人事・労務担当者のための Excel & Word マニュアル

社会保険労務士
加藤秀幸

日本実業出版社

はじめに

本書を手に取っていただき、ありがとうございます。

「毎日、表計算や文書作成をしているから『パソコン初心者』ではないけれど、もっとソフトを使いこなせるようになれば仕事がはかどるのに……」

「ExcelやWordのスキルアップをしたいが、パソコン教室は業務につながることをピンポイントで扱ってなさそうなので、受講をためらっている」

「売れていると評判のExcelやWordの本を買ってみたが、自分の仕事とわかりやすくリンクしている内容ではないので、読むのをやめてしまった」

このような人事総務ご担当の方々に、ExcelやWordでより効率的な業務を行っていただくために完成したのが本書です。

私はIT企業でソフトウェアの開発に15年間従事した後、社会保険労務士になりました。人事業務や社労士業務に携わってからは、ExcelやWordが使用頻度の高いツールであること、この２つのソフトをどれだけ使いこなせるかで生産性に大きな影響が出ることを身をもって実感しています。

私に限らず、どなたにとっても身近なツールであるExcelやWordですが、クライアント企業や同業者の方々の仕事ぶりを見聞きすると、苦手意識を持ちながら取り組まれているケースが多いことに気づかされました。

そもそも人事総務の分野で活用するExcelやWordの書籍はほとんど見つからなかったり、あったとしても内容が古かったり、すぐ役に立つ情報に出会う機会がほぼありません。

そこで、「人事総務担当者のスキルアップに役立つ、即効性のあるExcelやWordの使い方を厳選＆整理したい！」と思ったのが本書執筆の動機です。

トライ＆エラーを繰り返しながら何度も関数や機能を使うことで、生産性を高めるスキルが確実に身につきます。習得したスキルはあなたを裏切りません。

人事総務部門といえば業務改善の旗振り役のポジション。本書を読んでスキルアップの近道をし、ご自身が社内のイノベーターとして活躍していただければ、著者としてこれほど嬉しいことはありません。

社会保険労務士　**加藤 秀幸**

本書の読み方

目的 あなたがやりたいことを、この目的から探してみましょう。

活用例
業務上のどんな場面で役立つか、主な活用シーンがわかります。

難易度
用法の難易度を表しています。基礎的スキルとして身につけたいのが🌸です。中級程度のスキルが求められるものには🎍、上級程度のスキルが求められるものには🌲のマークを入れました。
基礎：🌸
中級：🎍
上級：🌲

活用する頻度
業務で活用する頻度を星の数で表しています。
かなり使う　：★★★
そこそこ使う：★★
たまに使う　：★

Part 08

数式や関数の基礎を学ぶ

活用例
- 1日の総労働時間を計算する
- 労働時間集計表のカレンダーを作る
- 1か月の有給休暇の合計を出す
- 複数の従業員の割増賃金単価をまとめて計算する　など

Excelではセル内のデータの先頭に「＝」が付いていると数式として認識され、自動的に計算されます。また、関数を使うことで、面倒な計算や複雑な作業をシンプルな数式で簡潔に処理することができます。ここでは数式の基礎を解説します。様々な関数を活用する際、このパートの理解が必須です。

1 基礎 🌸 活用する頻度 ★★★

文字列を結合する（別々のセルに入力されている姓と名を結合）

Sample_01-08.xlsx [01-08-01]

数式を使って、**文字列を＆で結合**します。例えば、別々のセルに入力されている姓と名を結合し、末尾に文字列の「様」を付けることができます。なお、**数式の中で使用する文字列**（74ページ参照）**はダブルコーテーションで囲み**ます。

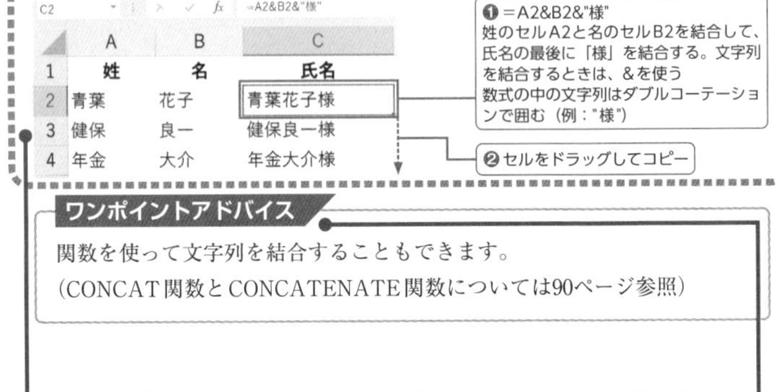

ワンポイントアドバイス
関数を使って文字列を結合することもできます。
（CONCAT関数とCONCATENATE関数については90ページ参照）

操作手順
実際の操作手順を画像とともに解説しています。ゆっくり読む時間がない人や、「以前やったことがあるけど、操作に自信がない」という人は、ここだけ読んでもいいでしょう。

ダウンロードして使用するサンプルファイル
本書で使用したデータは下記サイトよりダウンロードが可能です。
https://www.meito-office.com/jinji-excelword
サンプルファイル名の右の括弧はシート名を表しています。例えば［01-08-01］の場合は、Sample_01-08.xlsxの中のシート名［01-08-01］をご覧ください。

2 上級 活用する頻度 ★★☆

勤続年月数を確認する（DATEDIF関数・TODAY関数）

Sample_02-09.xlsx[02-09-02]

勤続年数で付与日数が異なる年次有給休暇の事務は、**DATEDIF（デイトディフ）関数**で入社日から今日現在までの勤続年月数を計算することで付与日数を求めましょう。

なお、数式の中で文字列を扱う場合はダブルコーテーションで囲みます（例："年"や"か月"。66ページ参照）。

	A	B
1	2019/10/09 現在	
2	入社年月日	勤続年月数
3	2000/04/01	19年6か月
4	2018/10/08	1年0か月
5	2018/10/09	1年0か月
6	2018/10/10	0年11か月
7	2019/09/09	0年1か月
8	2019/10/01	0年0か月

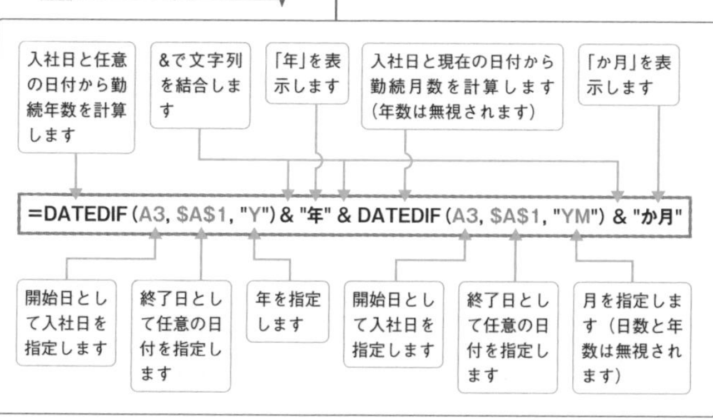

ステップアップ

セルA1に"2019/10/9"と入力していますが、＝TODAY()と入力すると常に今日現在の勤続年月数を計算することができます。

第2章 使用頻度が高いExcel関数を使いこなせるようになろう

章タイトル
第1～第3章がExcelの解説、第4章がWordの解説です。
Excelの章は、後半へ進むほど難易度が高くなりますが、使えるようになると高い効果が見込めます。
Excelの上級者であれば、第3章から読み始めるのもアリです。

ワンポイントアドバイス／ステップアップ
本文に関連する補足事項を解説しています。

サンプルファイルのダウンロード

本書のサンプルファイルは次のURLからダウンロードできます。
https://www.meito-office.com/jinji-excelword

WindowsとOfficeのバージョンについて

本書はWindows版Microsoft 365（旧称Office 365）をベースに作成しており、Windows版Office 2013、2016、2019で活用できます。

Excelのサンプルファイルの中でFORMULATEXT関数を使用して数式を表示しているセルがありますが、FORMULATEXT関数はExcel 2013以降で使用できる関数のため、Excel 2010では数式が正しく表示されません。

また本書の表記とWord 2013の表記とは一部異なる部分があります。

OSはWindows 10 Proを使用しています。Windows 8および8.1でOffice 2013をご使用の場合には、無料で「游ゴシック 游明朝フォントパック」を以下からインストールして使用することが可能です。

https://www.microsoft.com/ja-jp/download/details.aspx?id = 49116

もし前述のURLからインストールできない場合には、「游ゴシック 游明朝フォントパック」を検索しインストールしてください（インストールしない場合、本書で解説している内容と見た目が多少変わることがあります）。

免責および商標・登録商標について

- 本書の出版にあたっては正確な記述に努めましたが、解説している操作の実行、ファイルのダウンロードなどの結果、万一障害が発生しても、著者および出版社は一切の責任を負いません。あらかじめご了承ください。
- 本書に掲載されている画面イメージは、特定の設定に基づいた環境にて再現される一例です。
- 本書の内容は2020年９月現在の情報によっており、ご利用時には変更されている可能性があります。
- Word、Excel、Office、Windowsは米国Microsoft Corporationの米国およびその他の国における商標および登録商標です。

アイコンの説明
- 基礎（簡単） ★★★ 活用シーン多め
- 中級（普通） ★★☆ 活用シーン普通
- 上級（難しい） ★☆☆ 活用シーン少なめ

第4章 効率化のカギは「設定」！ Word文書の作成に強くなる

カバーデザイン／志岐デザイン事務所（萩原睦）
本文DTP／一企画

Excel

第1章

ちょっと知っているだけでグッと効率が上がるExcelの使い方

この章では、Excelの操作手順が比較的簡単で、
人事の実務を行ううえで特に使用頻度が高い機能について、
活用例とともに解説します。
第２章と第３章で取り上げているExcel関数と併せて
この章の内容を活用すると
「労働時間をより速く正確に集計できる」など、
高い相乗効果が期待できます。

Part 01

大量の人事データの中から特定のデータを抽出する

活用例

- 特定の賞与評価の従業員を抽出する
- 給与支払報告書を送付するため、送付先市区町村別に従業員を抽出する
- 給与計算で介護保険料を控除する40歳以上65歳未満の従業員を抽出する

Excelを使って人事業務を行う際、大量のデータの中から**フィルター**を使うことで、必要な行だけを表示させ、それ以外を表示させないようにすることができます。

1 基礎 活用する頻度 ★★★ 特定の賞与評価の従業員を抽出する

Sample_01-01.xlsx[01-01-01]

例えば、従業員の氏名と賞与評価がＡＢＣＤＥの５段階で記入されている表から、賞与評価ＡとＢの従業員の行を抽出してみましょう。

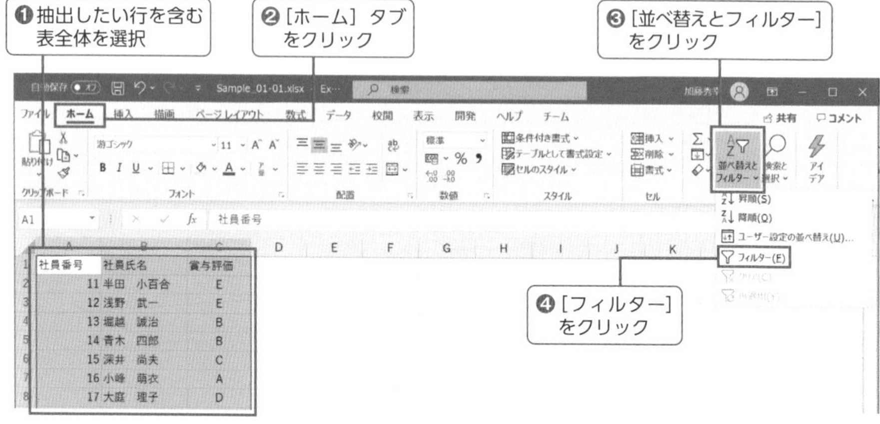

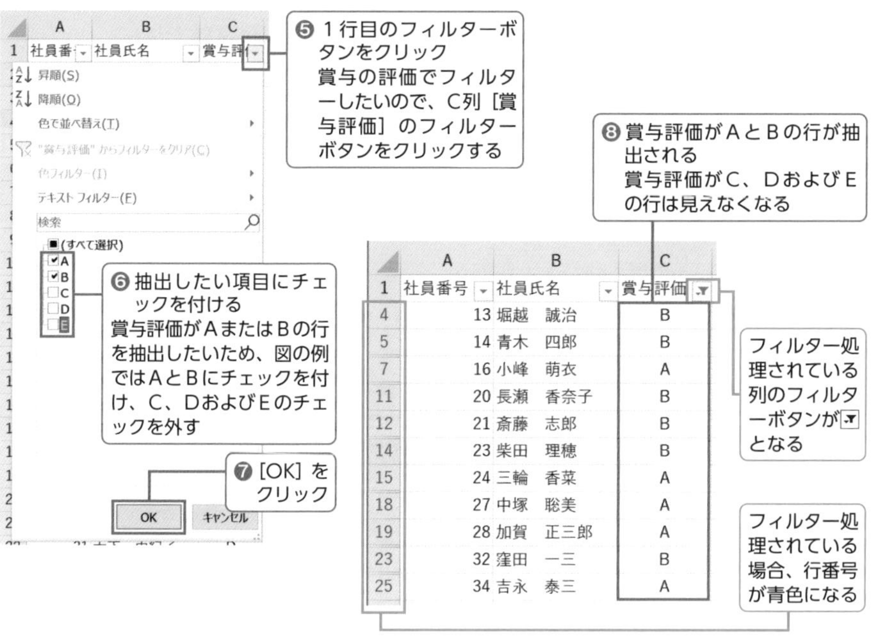

ワンポイントアドバイス

❶ フィルター処理されている列のフィルターボタンをクリック

❷［"賞与評価"からフィルターをクリア］をクリックして、すべての行を表示

または

❷［(すべて選択)］にチェックを付ける→［OK］をクリックしてすべての行を表示

- フィルターを解除せず、すべての行を再表示する際の手順は左図のとおりです。

- フィルターを解除する際の手順は下図のとおりです。

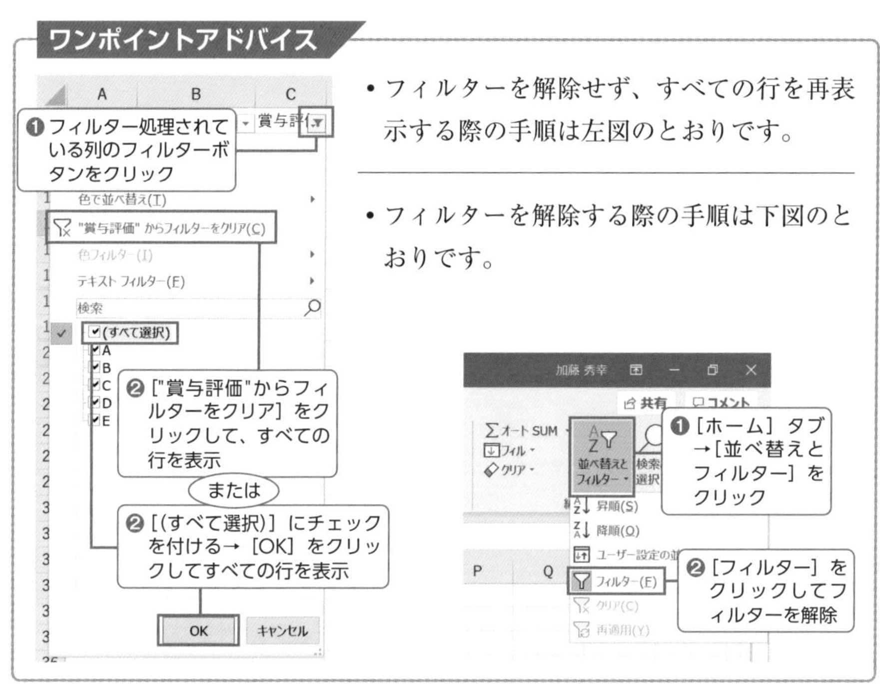

❶［ホーム］タブ→［並べ替えとフィルター］をクリック

❷［フィルター］をクリックしてフィルターを解除

2 基礎 活用する頻度 ★★★

給与支払報告書の送付先市区町村別に従業員を抽出する

Sample_01-01.xlsx[01-01-02]

フィルターで文字列を入力して**検索**することができます。

例えば、給与支払報告書の送付先市区町村別に従業員を探し出す場合、フィルターのリストから市区町村名を選択するのではなく、市区町村名を検索したほうが効率的です。

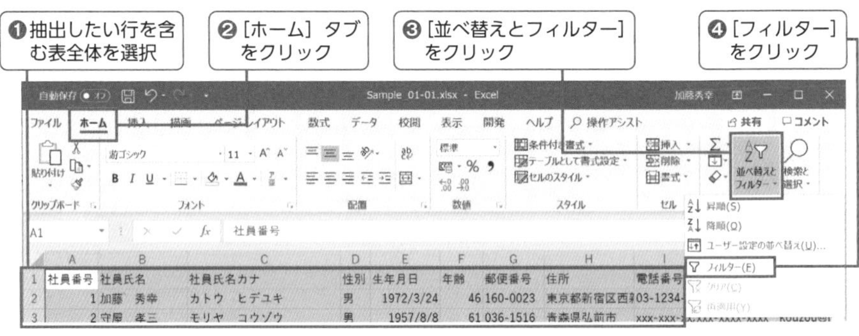

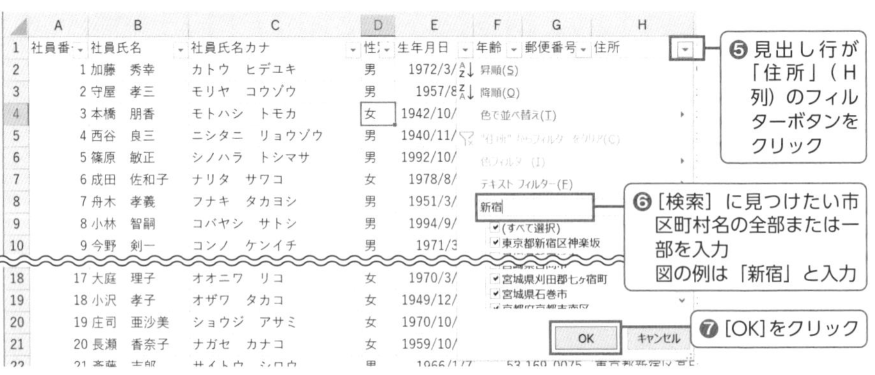

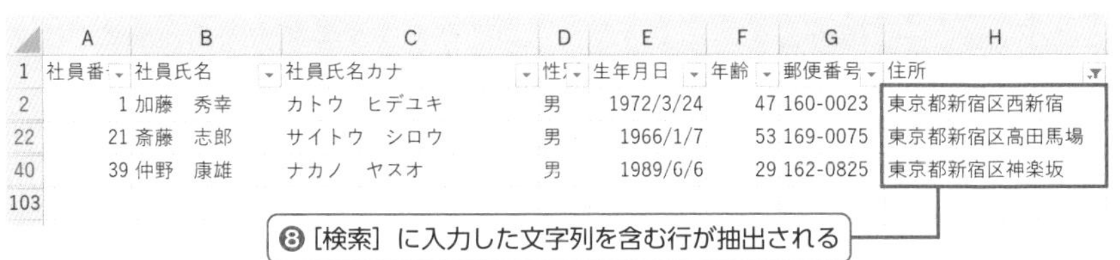

3 中級 活用する頻度 ★★☆ 介護保険料を控除する 40歳以上65歳未満の従業員を抽出する

Sample_01-01.xlsx [01-01-03]

フィルターを使っているときに2つの条件を指定したい場合があります。

例えば、介護保険料を徴収する対象の従業員のみフィルターで抽出するには、①40歳以上かつ②65歳未満という2つの条件設定が必要です。2つの条件を設定するため**ユーザー設定フィルター**を使用します。

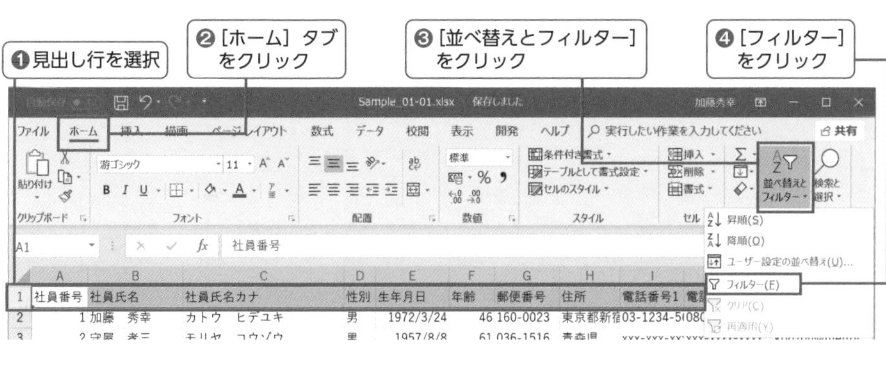

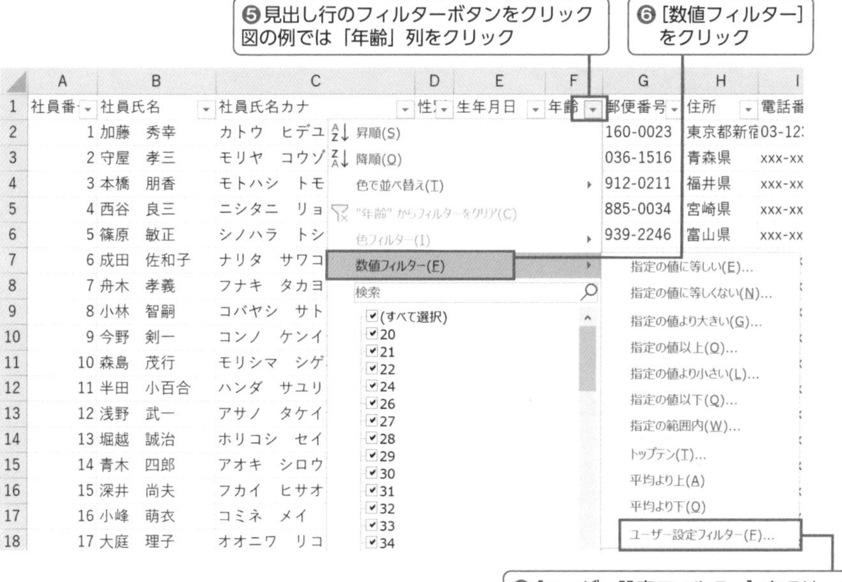

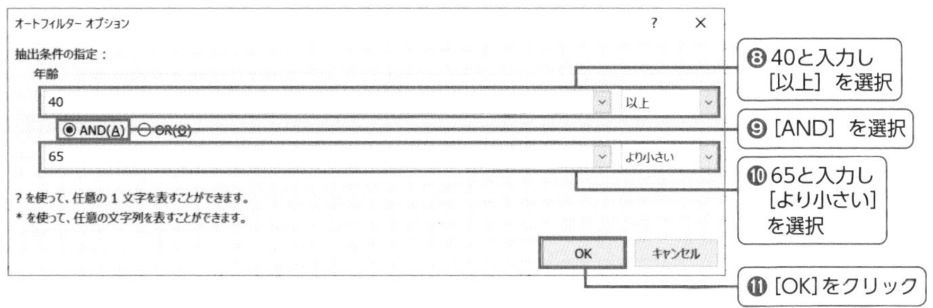

	A	B	C	D	E	F
1	社員番号	社員氏名	社員氏名カナ	性別	生年月日	年齢
2	1	加藤　秀幸	カトウ　ヒデユキ	男	1972/3/24	47
3	2	守屋　孝三	モリヤ　コウゾウ	男	1957/8/8	61
7	6	成田　佐和子	ナリタ　サワコ	女	1978/8/24	40
10	9	今野　剣一	コンノ　ケンイチ	男	1971/3/9	48
11	10	森島　茂行	モリシマ　シゲユキ	男	1975/10/11	43
12	11	半田　小百合	ハンダ　サユリ	女	1958/8/14	60
13	12	浅野　武一	アサノ　タケイチ	男	1967/4/26	51
15	14	青木　四郎	アオキ　シロウ	男	1956/4/24	62
17	16	小峰　萌衣	コミネ　メイ	女	1971/9/30	47

⓬ 40歳以上かつ65歳未満の年齢の行だけが抽出される

ワンポイントアドバイス

上記の例のように条件で「かつ」の場合には手順❾で［AND］を選択しましたが、条件で「または」の場合には［OR］を選択します。例えば、介護保険料を会社で徴収しない①40歳未満または②65歳以上を抽出する場合には以下のように設定します。

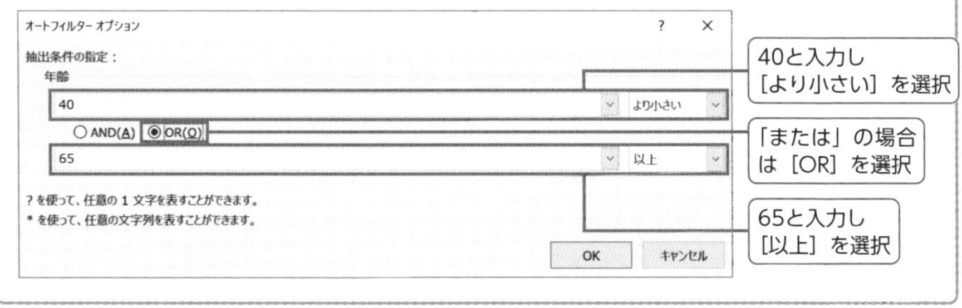

▶ コラム

データ処理を目的とする表づくりの５つのポイント

●時間と労力を無駄にしていませんか？

Excelを使って情報を整理する操作には、次の２つの側面が考えられます。

①セルの値をデータとして処理する

②表を見やすく表示（印刷）する

①は、セル内の値に対して数式処理をしたり、フィルターを設定してデータを抽出するような場合で、前述した16ページの例などがまさにそうです。

②は、一目で理解しやすい表にすることです。例えば、同じ部署名が入力されているセルは結合することで分類のしやすさや見やすさが増します。

①と②では目的が異なるため、作業上のポイントも異なりますが、多くの人は、データ処理をした表を加工し、より見やすくしようとします。

ズバリここが注意点です。加工された表はデータ処理がしづらくなります。データ処理が目的であれば、表を見やすく加工するのは結果として無駄です。

②が目的の場合は、①のシートをコピーし、そのコピーされたシートを加工しましょう。①と②のシートは分けておくのです。

心に留めておきたいポイントは次の５つです。これらを意識していないと、フィルターがうまく機能しなかったり、使いづらくなったりします。

❶ １行目を項目名にする

Sample_01-01-コラム.xlsx[01-01-コラム-01]

表の１行目を項目名にします。１行目を項目名にしないと、フィルターを使ったときに正しくフィルター処理されません。

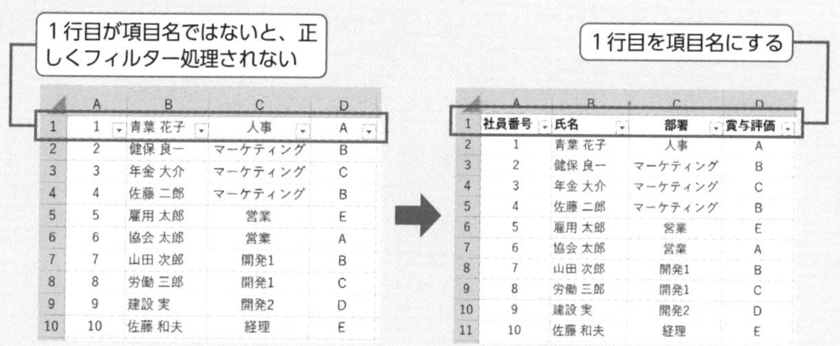

	A	B	C	D
1	1	青葉 花子	人事	A
2	2	健保 良一	マーケティング	B
3	3	年金 大介	マーケティング	C
4	4	佐藤 二郎	マーケティング	B
5	5	雇用 太郎	営業	E
6	6	協会 太郎	営業	A
7	7	山田 次郎	開発1	B
8	8	労働 三郎	開発1	C
9	9	建設 実	開発2	D
10	10	佐藤 和夫	経理	E

	A	B	C	D
1	社員番号	氏名	部署	賞与評価
2	1	青葉 花子	人事	A
3	2	健保 良一	マーケティング	B
4	3	年金 大介	マーケティング	C
5	4	佐藤 二郎	マーケティング	B
6	5	雇用 太郎	営業	E
7	6	協会 太郎	営業	A
8	7	山田 次郎	開発1	B
9	8	労働 三郎	開発1	C
10	9	建設 実	開発2	D
11	10	佐藤 和夫	経理	E

❷ 不要な空白行を削除する

Sample_01-01-コラム.xlsx[01-01-コラム-02]

表に不要な空白行がある場合は空白行を削除します。空白行があると正しくフィルターされません。

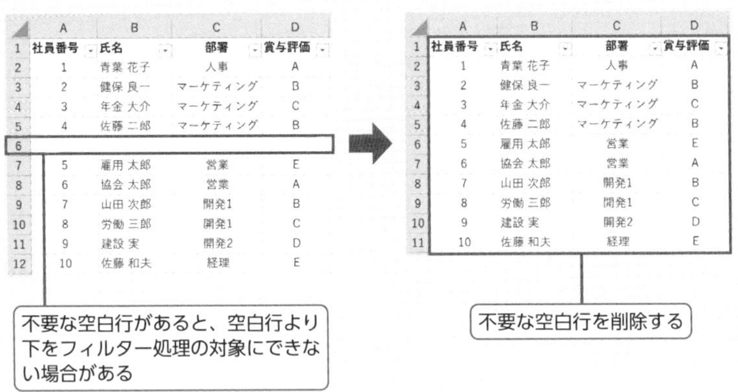

	A	B	C	D
1	社員番号	氏名	部署	賞与評価
2	1	青葉 花子	人事	A
3	2	健保 良一	マーケティング	B
4	3	年金 大介	マーケティング	C
5	4	佐藤 二郎	マーケティング	B
6				
7	5	雇用 太郎	営業	E
8	6	協会 太郎	営業	A
9	7	山田 次郎	開発1	B
10	8	労働 三郎	開発1	C
11	9	建設 実	開発2	D
12	10	佐藤 和夫	経理	E

	A	B	C	D
1	社員番号	氏名	部署	賞与評価
2	1	青葉 花子	人事	A
3	2	健保 良一	マーケティング	B
4	3	年金 大介	マーケティング	C
5	4	佐藤 二郎	マーケティング	B
6	5	雇用 太郎	営業	E
7	6	協会 太郎	営業	A
8	7	山田 次郎	開発1	B
9	8	労働 三郎	開発1	C
10	9	建設 実	開発2	D
11	10	佐藤 和夫	経理	E

❸ 1列の中で異なる項目を入力しない

Sample_01-01-コラム.xlsx[01-01-コラム-03]

表の1列の中には性質の異なる項目を入力しないようにします。異なる項目を入力するとフィルターとして機能しません。

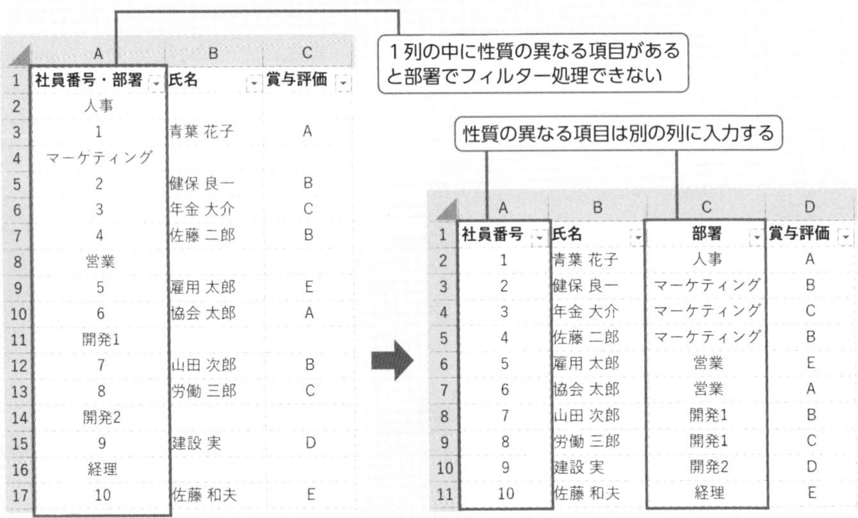

	A	B	C
1	社員番号・部署	氏名	賞与評価
2	人事		
3	1	青葉 花子	A
4	マーケティング		
5	2	健保 良一	B
6	3	年金 大介	C
7	4	佐藤 二郎	B
8	営業		
9	5	雇用 太郎	E
10	6	協会 太郎	A
11	開発1		
12	7	山田 次郎	B
13	8	労働 三郎	C
14	開発2		
15	9	建設 実	D
16	経理		
17	10	佐藤 和夫	E

	A	B	C	D
1	社員番号	氏名	部署	賞与評価
2	1	青葉 花子	人事	A
3	2	健保 良一	マーケティング	B
4	3	年金 大介	マーケティング	C
5	4	佐藤 二郎	マーケティング	B
6	5	雇用 太郎	営業	E
7	6	協会 太郎	営業	A
8	7	山田 次郎	開発1	B
9	8	労働 三郎	開発1	C
10	9	建設 実	開発2	D
11	10	佐藤 和夫	経理	E

❹ セルの結合を使わない

Sample_01-01-コラム.xlsx[01-01-コラム-04]

セルは結合しないようにします。表にセルの結合がある場合はセルの結合を解除します。セルの結合があると正しくフィルター処理されません。

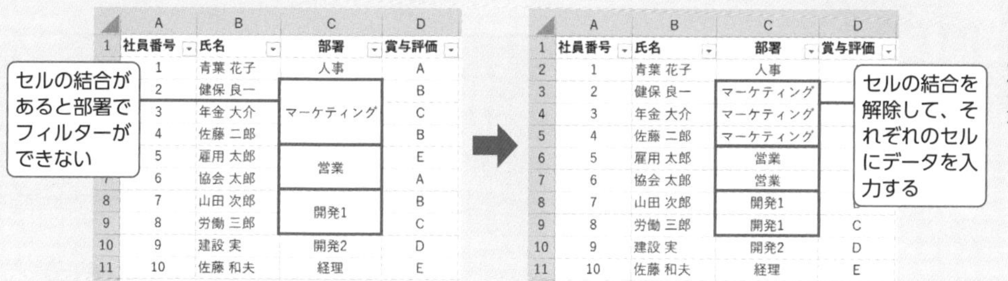

ワンポイントアドバイス

セル結合の解除は右の手順で行います。

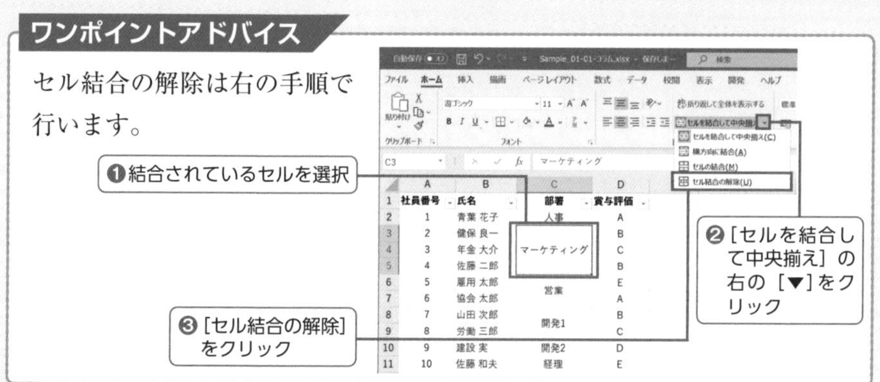

❺ 1列の中に入力された同じデータは同じ形式にする

Sample_01-01-コラム.xlsx[01-01-コラム-05]

データの形式や用語を統一します。同じデータの入力形式を変えてしまうと別データとしてフィルター処理されてしまうためです。

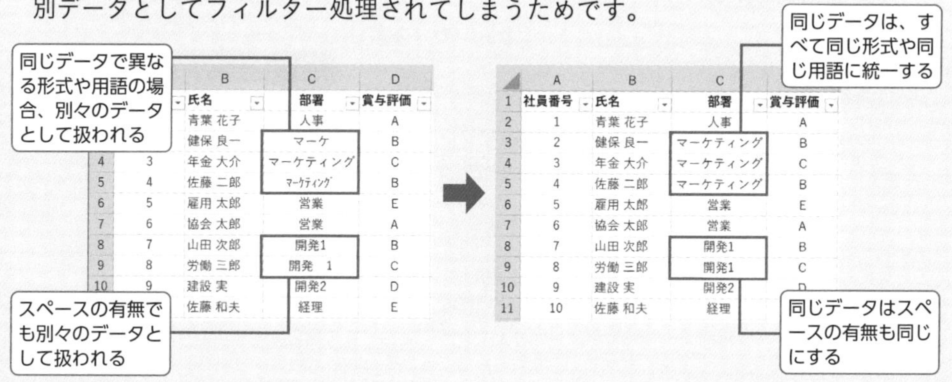

Part 02

使用頻度が高い機能を便利に使う

- よく使う機能をクイックアクセスツールバーに登録する
- 上書き保存を忘れて閉じたファイルを復元する
- 紙のタイムカードに打刻された時刻をExcelに転記する

ここでは人事業務をはじめ様々なシーンで使える基本の機能を解説します。

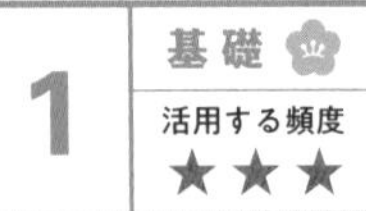

1 基礎 活用する頻度 ★★★ よく使う機能をワンクリックで使えるように登録する

サンプルファイルなし

ウィンドウ左上にある**クイックアクセスツールバー**には、［上書き保存］［元に戻す］［やり直し］のアイコンが初期設定されていますが、さらに［ユーザー設定］の中の［新規作成］［印刷プレビューと印刷］等を追加し、ワンクリックで機能を使えるようにできます。

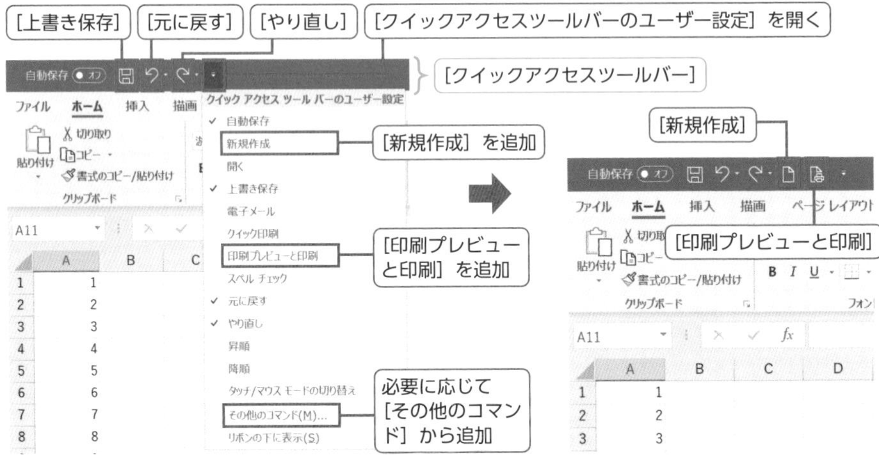

2 基礎 活用する頻度 ★☆☆ 上書き保存をせずに閉じてしまったファイルを復元する

サンプルファイルなし

上書き保存を忘れてExcelファイルを閉じてしまったり、予期せずアプリケーションが終了してしまった場合に心強いのが、ファイルを復元する**自動回復**の機能です。

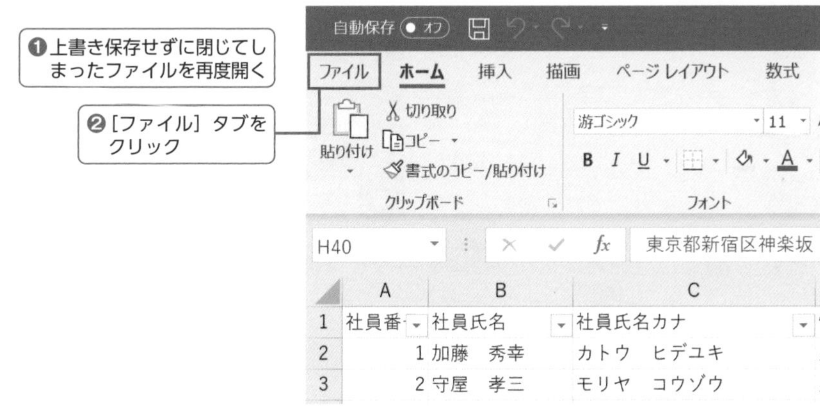

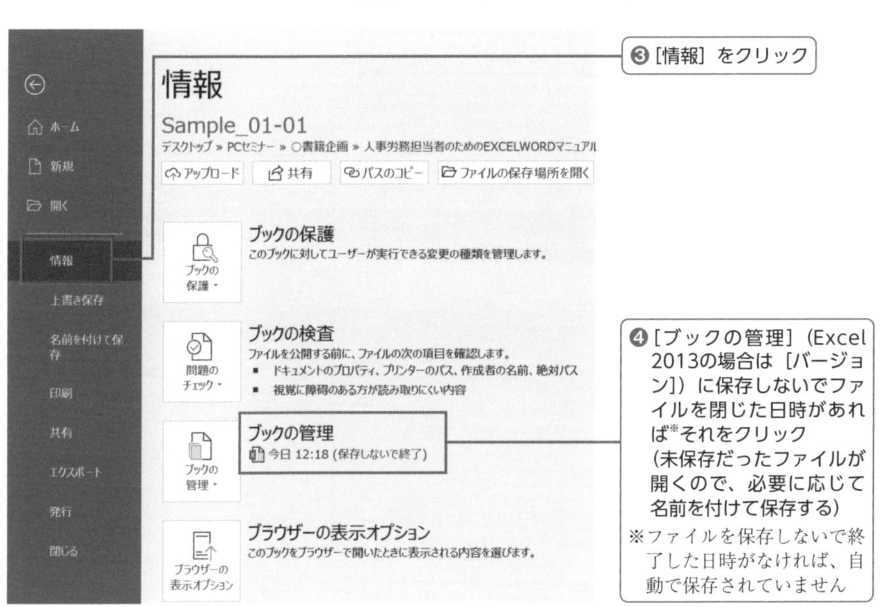

ワンポイントアドバイス

自動回復は、初期設定では10分ごとに自動回復用データが保存されますが、保存する間隔は以下の手順で分単位で変更することができます。

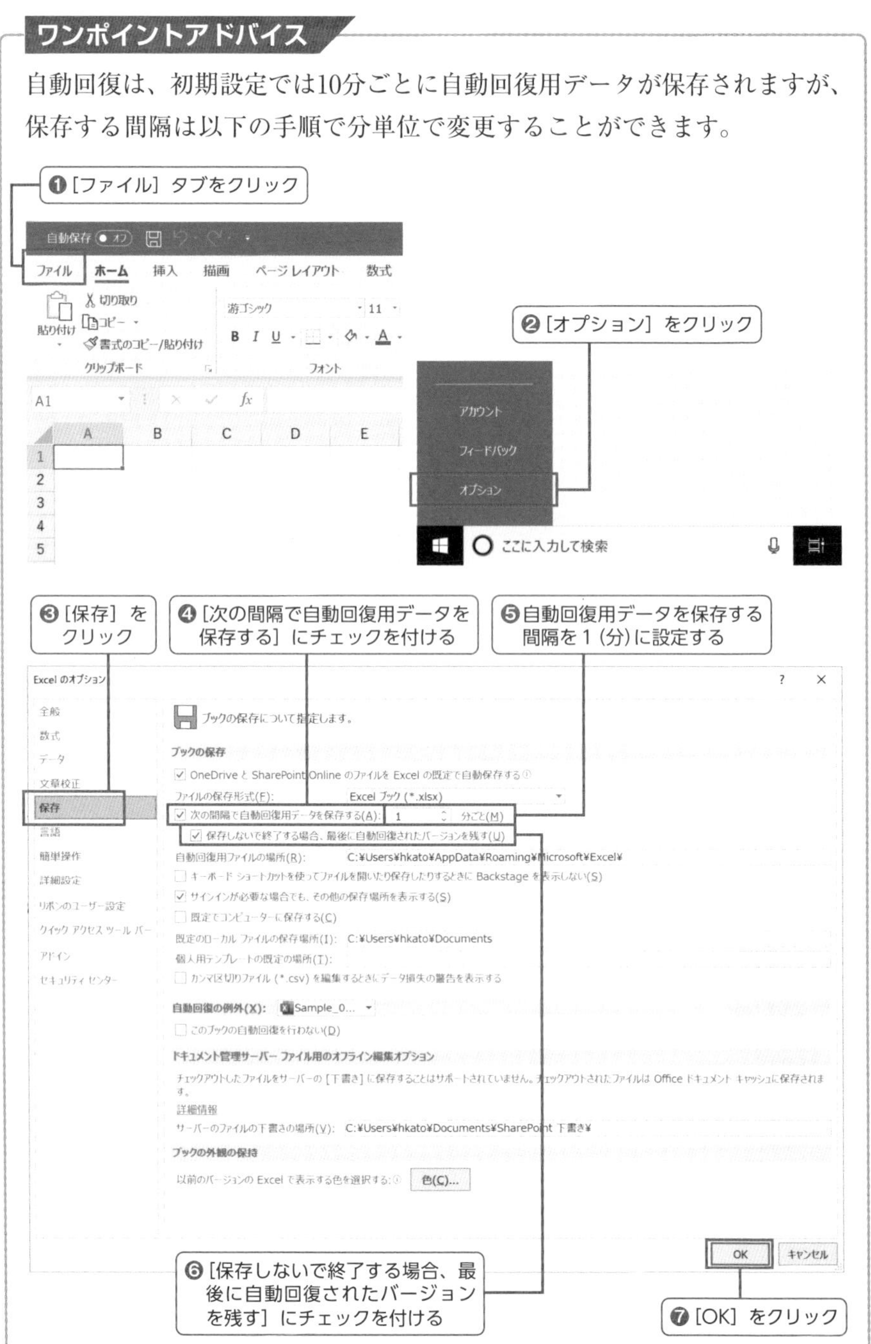

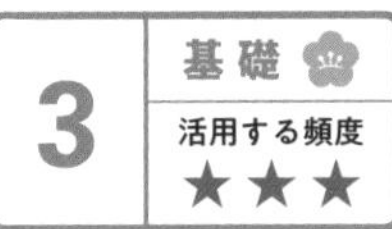

紙のタイムカードに打刻された時刻をExcelに転記する

Sample_01-02.xlsx[01-02-03]

タイムカードで把握した労働時間をExcelに入力する際、8:55であれば、8→:（コロン）→5→5→［Enter］の順番にキーを押しますが、**オートコレクト**により、8→.（ピリオド）→.（ピリオド）→5→5→［Enter］の順番にキーを押しテンキーだけを使って8:55と素早く入力することができます。

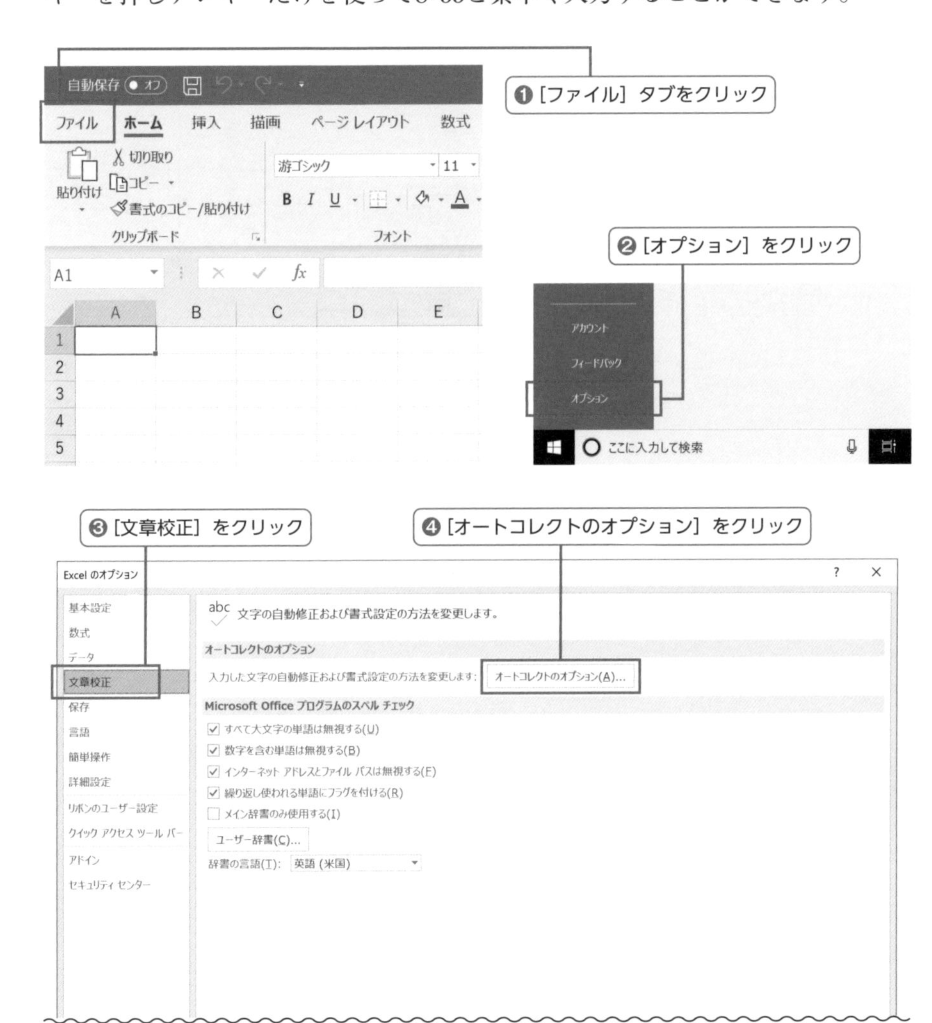

❶［ファイル］タブをクリック

❷［オプション］をクリック

❸［文章校正］をクリック

❹［オートコレクトのオプション］をクリック

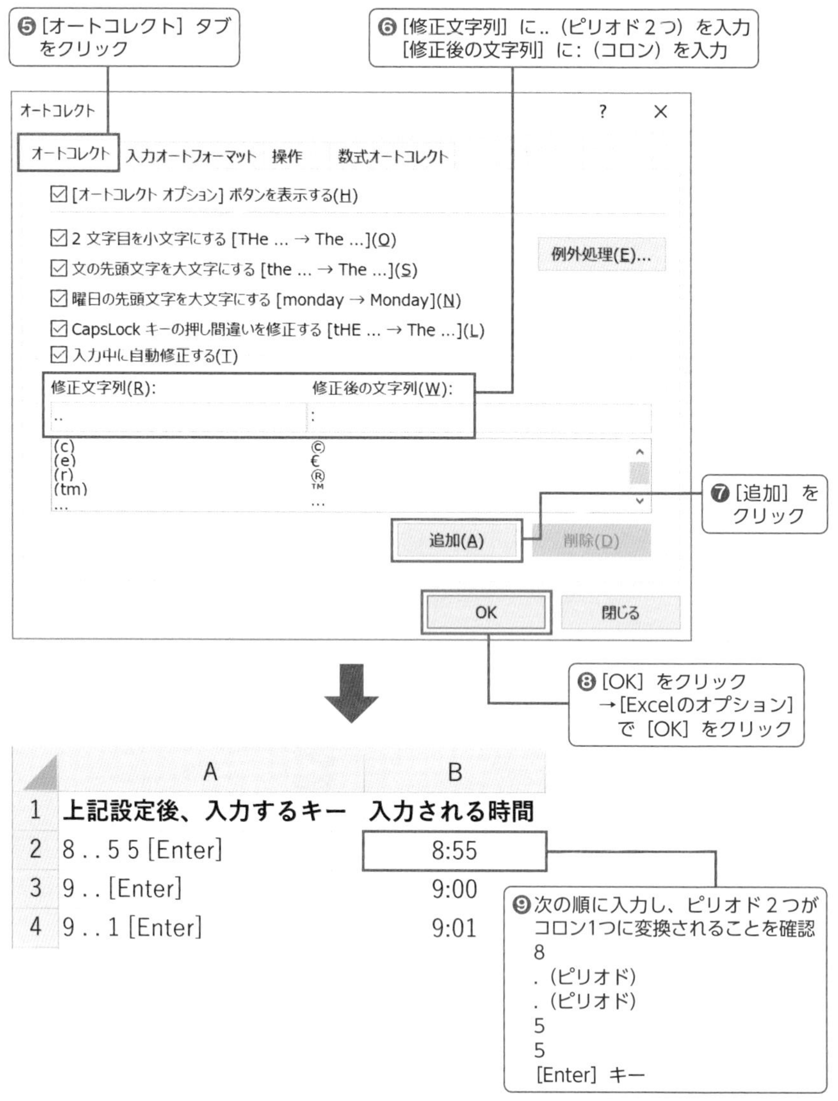

ワンポイントアドバイス

- この設定はファイルごとではなくユーザーごとの設定なので、ユーザーごとに設定してください。
- 追加した修正文字列と修正後文字列は上図［オートコレクト］タブで選択して削除することができます。

Part 03 表示や印刷・編集を工夫して効率的に作業をする

活用例
- 大きい表を扱う際、見出し行や列を常に表示する
- 前月と今月の賃金台帳のシートを左右に表示して比較・編集する
- 複数のシートを一括で編集する
- 大きい表を１枚の用紙に印刷する　など

大量のデータや複数のシートを扱う際は、表示や印刷の設定方法を見直すだけで作業がぐんとはかどります。その方法を解説しましょう。

1 大きい表を扱う際、見出し行や列を固定表示する

基礎　活用する頻度 ★★★

Sample_01-03.xlsx [01-03-01]

行や列が多い表は、セルの選択を下や右に移動したときに１行目の見出しや左の列がスクロールして見えなくなり不便です。以下の手順で**ウィンドウ枠の固定**をすると、常に見出し行や左の列を表示させることができます。

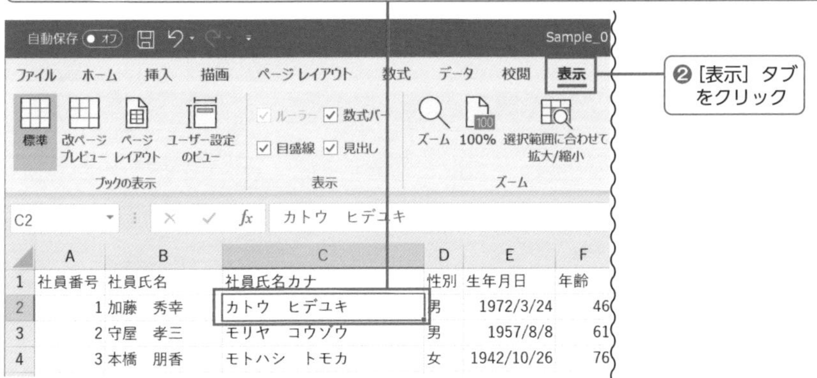

-03.xlsx - Excel　加藤 秀幸

開発　ヘルプ　実行したい作業を入力してください

新しいウィンドウを開く　整列　ウィンドウ枠の固定　分割　表示しない　再表示　並べて比較　同時にスクロール　ウィンドウの位置を元に戻す

❸［ウィンドウ枠の固定］をクリック

❹［ウィンドウ枠の固定］をクリック

ウィンドウ枠の固定(F)
(現在の選択範囲に基づいて) 行および列を表示したままで、ワークシートの残りの部分をスクロールできます。

先頭行の固定(R)
ワークシートの先頭行を表示したままで、他の部分をスクロールできます。

先頭列の固定(C)
ワークシートの最初の列を表示したままで、他の部分をスクロールできます。

	A	B	K	L	M	N
1	社員番号	社員氏名	メールアドレス	マイナンバー受領	入社年月日	退社年月日
80	79	梅原　晴奈	haruna@meito-office.com	有	2018/11/11	
81	80	山元　絢乃	ayanoy@meito-office.com	有	2018/11/16	
82	81	末吉　亜抄子	cntitg@meito-office.com	有	2018/11/23	
83	82	的場　美紀	mikim@meito-office.com	有	2018/11/25	
84	83	瀬戸　裕子	oseto@@meito-office.com	有	2018/12/6	
85	84	勝又　小夏	Konats@meito-office.com	有	2018/12/23	
86	85	大場　由里子	yuriko@meito-office.com	有	2019/1/13	
87	86	勝又　正春	masaha@meito-office.com	有	2019/1/19	
88	87	金井　柚季	yuzuki@meito-office.com	有	2019/1/22	
89	88	松田　耕一	kouich@meito-office.com	有	2019/1/29	
90	89	中井　美愛	mia483@meito-office.com	有	2019/1/31	
91	90	布施　慶子	keiko1@meito-office.com	有	2019/2/1	
92	91	西原　清作	unishi@meito-office.com	有	2019/2/18	
93	92	依田　久寛	hisahi@meito-office.com	有	2019/2/23	

❺セルの選択が移動しても、1行目の見出しとA・B列は常に表示される

ワンポイントアドバイス

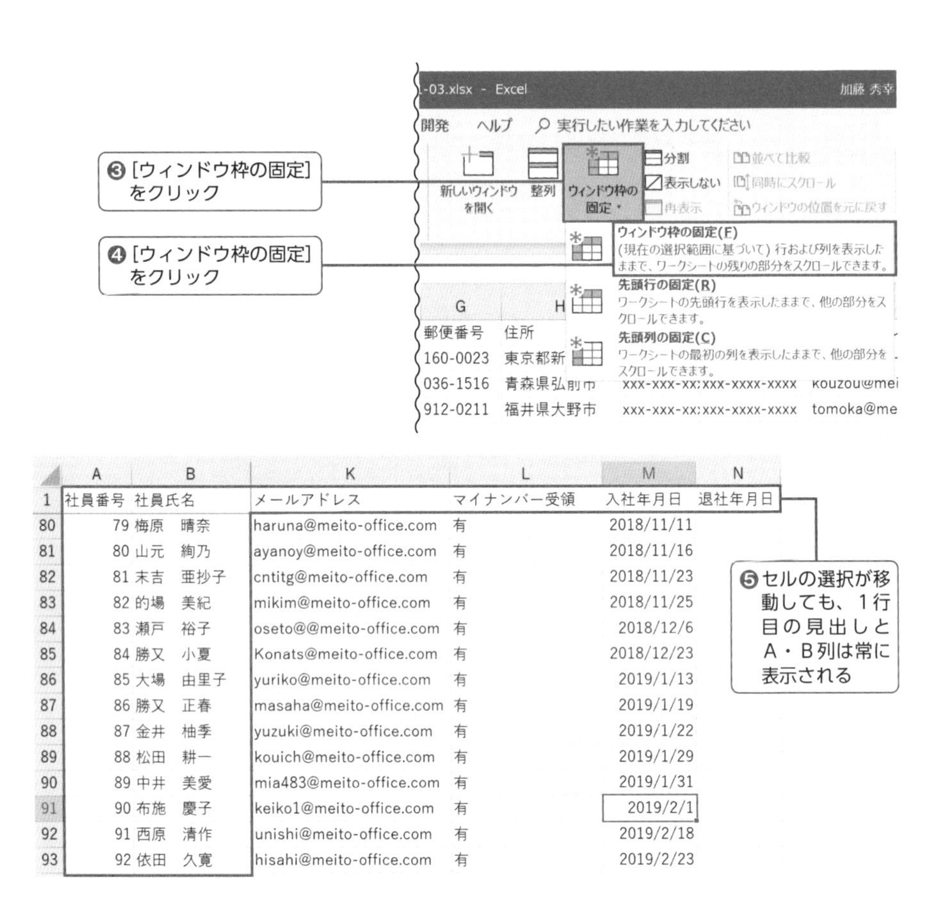

ウィンドウ枠固定の解除は下図の手順で設定します。

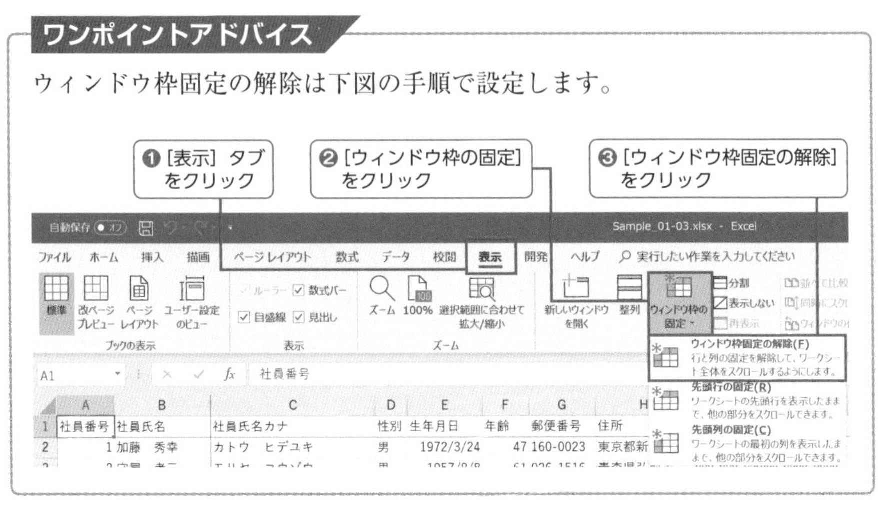

2つのシートを左右に表示し比較しながら編集する

Sample_01-03.xlsx[支給控除一覧表2018年10月]

Sample_01-03.xlsx[支給控除一覧表2018年11月]

例えば、支給控除一覧表の前月分と今月分を比較・編集するなど、1つのExcelファイルに収まっている2つのシートを、**新しいウィンドウを開く**ことで同時に表示しながら比較・編集できます。

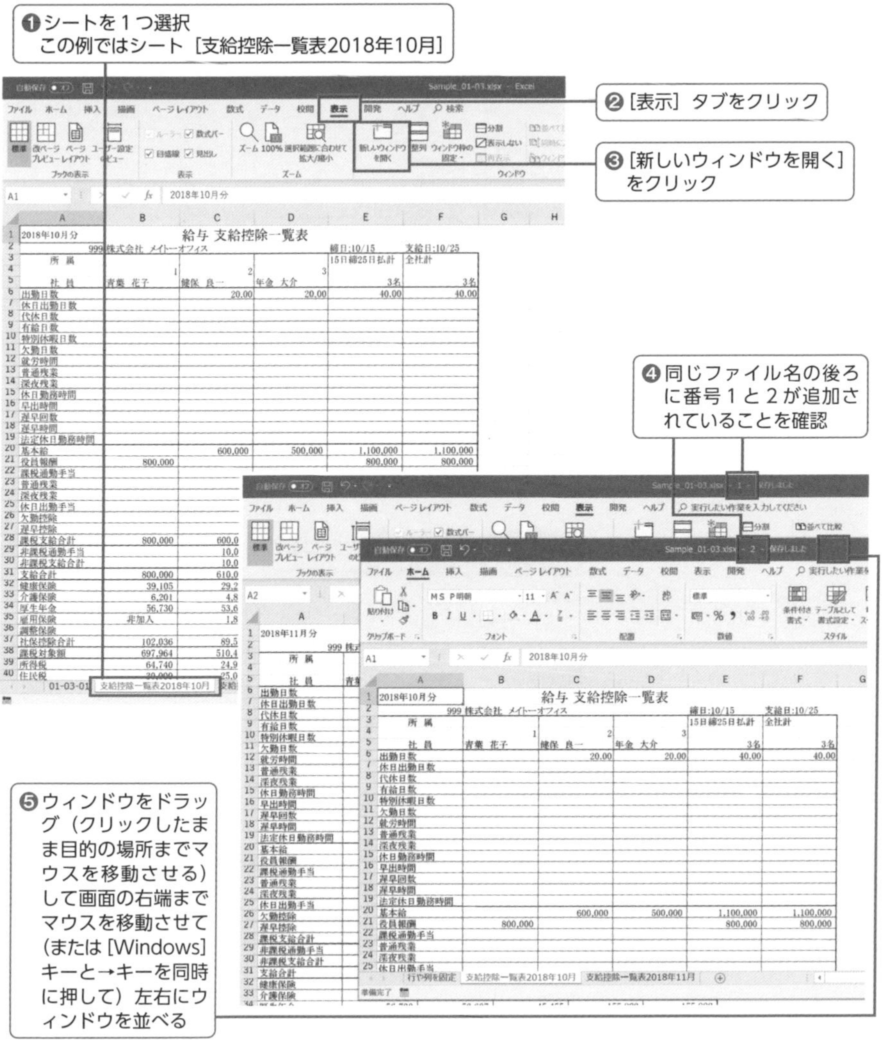

❶シートを1つ選択
この例ではシート［支給控除一覧表2018年10月］

❷［表示］タブをクリック

❸［新しいウィンドウを開く］をクリック

❹同じファイル名の後ろに番号1と2が追加されていることを確認

❺ウィンドウをドラッグ（クリックしたまま目的の場所までマウスを移動させる）して画面の右端までマウスを移動させて（または［Windows］キーと→キーを同時に押して）左右にウィンドウを並べる

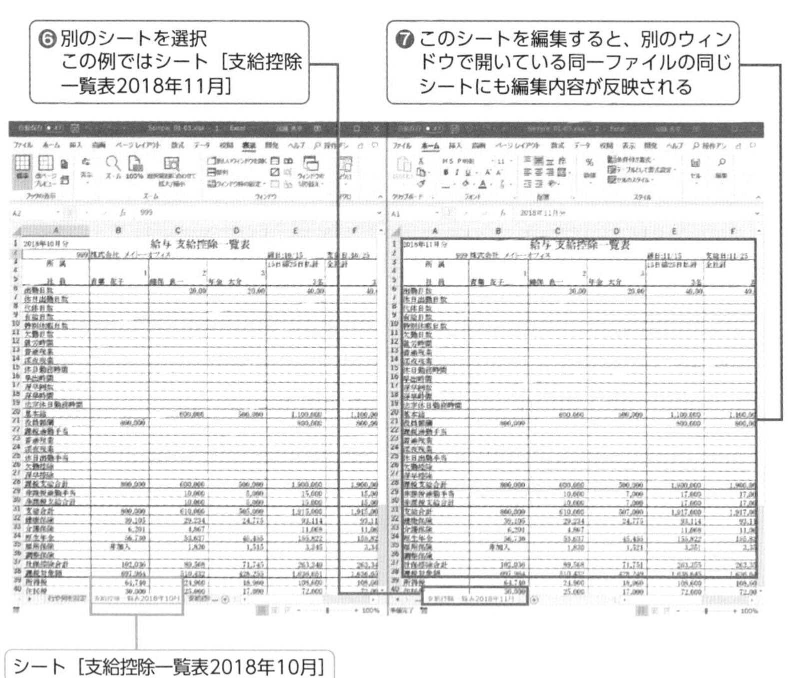

ワンポイントアドバイス

新しいウィンドウを閉じるにはウィンドウ右上の［閉じる］ボタンをクリックします。

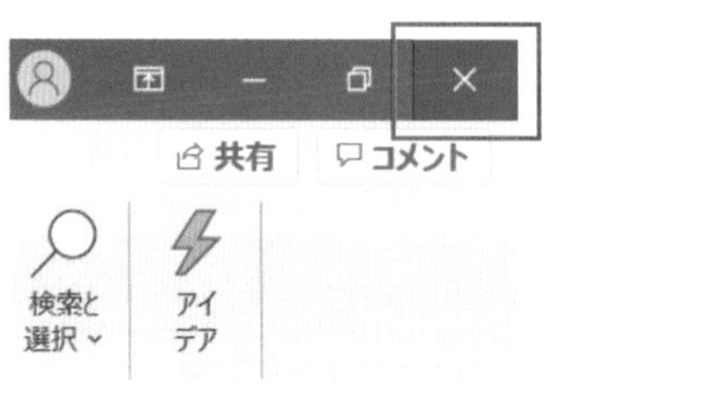

3 基礎 活用する頻度 ★★★ 複数のシートを一括編集する

Sample_01-03.xlsx［2健保 良一］ Sample_01-03.xlsx［3年金 大介］
Sample_01-03.xlsx［4佐藤 二郎］

ここでは、1つのExcelファイルに収められた複数のシートを選択し、すべてのシートのセルを一括で編集できる「シートの**グループ化**」を解説します。

具体例を挙げると、個人別に管理している労働時間管理表のシートの賃金計算期間開始日を、グループ化したシートに対して一括で変更します。以下の例では、1人1シートで管理している労働時間管理表の賃金計算期間の開始日を、複数シートで一括して翌月に変更します（例：2019/6/1 → 2019/7/1）。

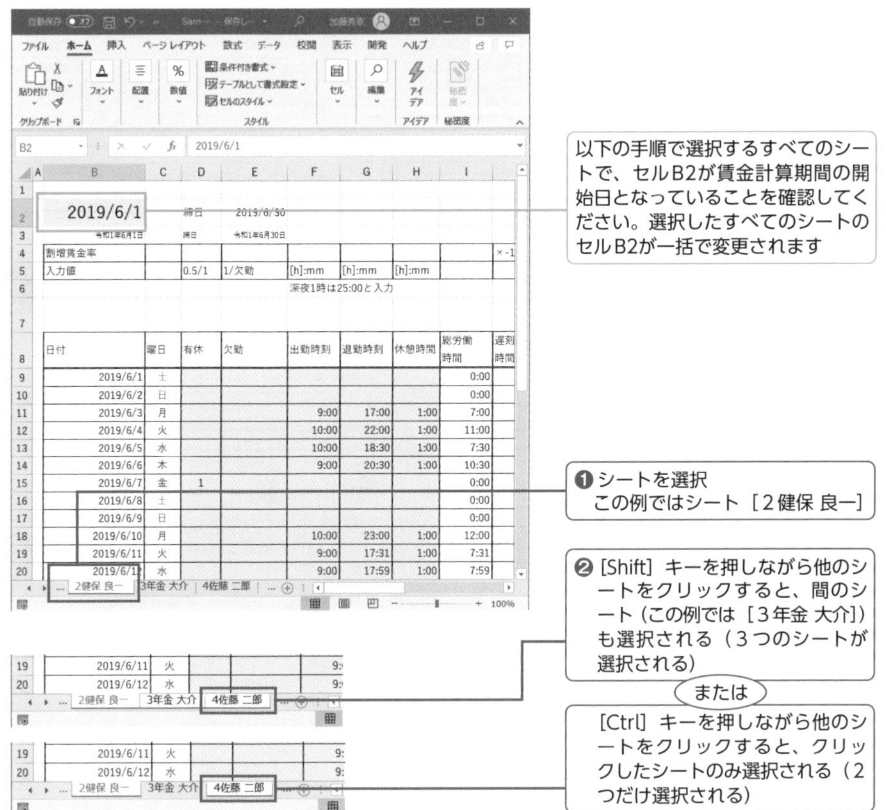

ワンポイントアドバイス

複数選択されたシートのグループ化をすべて解除するには、シートを右クリックし［シートのグループ解除］を選択します。また、複数選択されたシートを１つずつ解除するには、［Ctrl］を押したまま解除したいシートをクリックします。

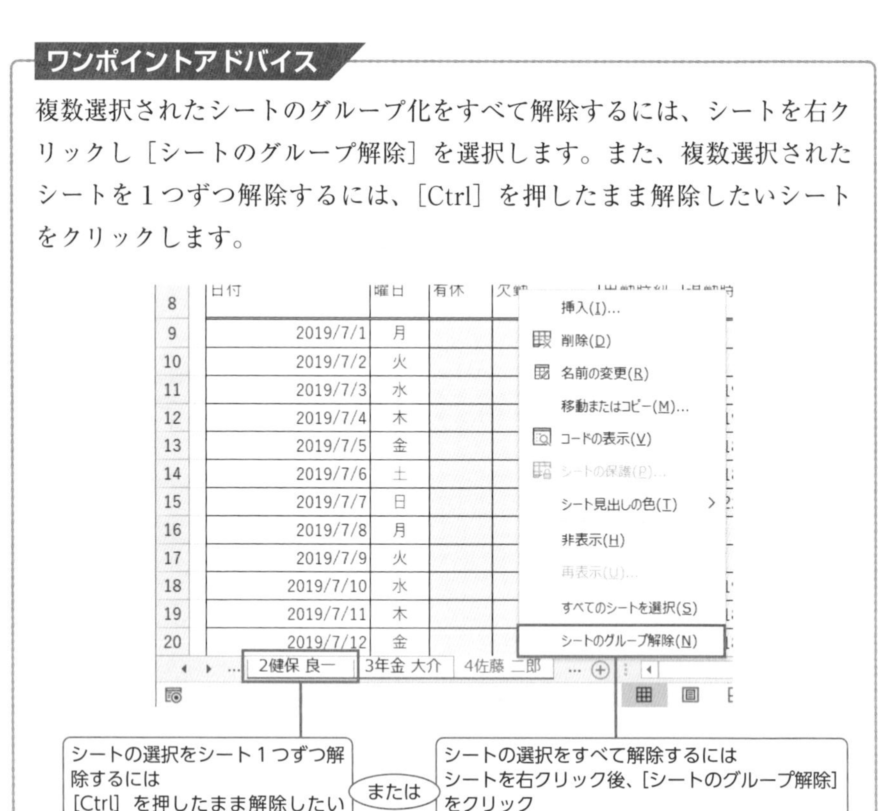

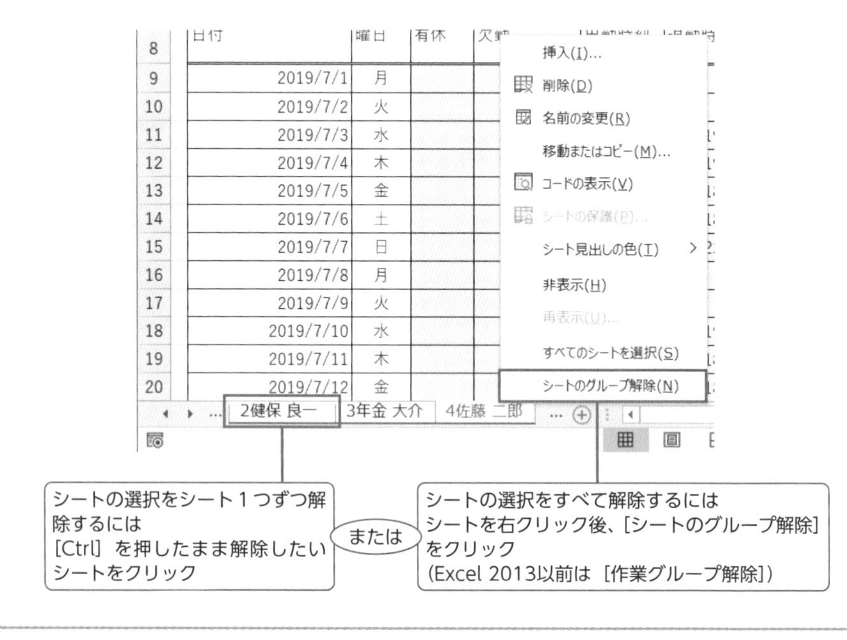

大きい表を1枚の用紙に印刷する

Sample_01-03.xlsx[3年金 大介]

既定の設定では1枚の用紙に入らない大きな表を、1ページに収まるように縮小して印刷する手順を解説します。

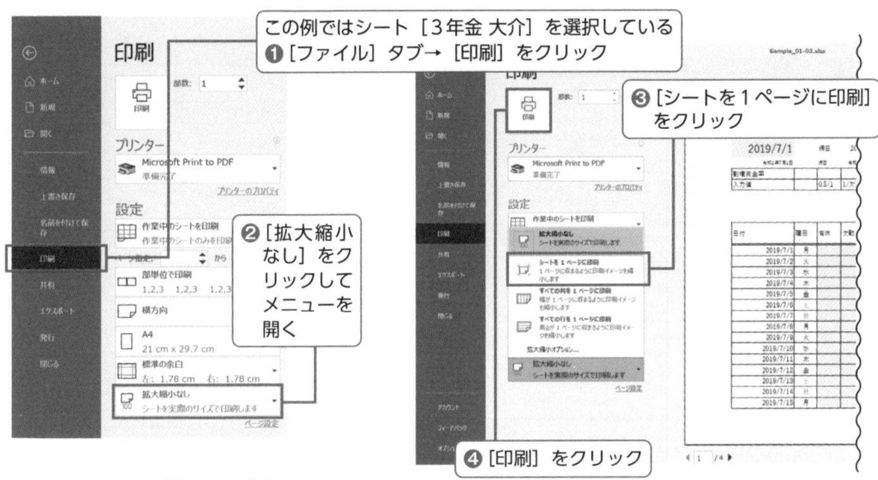

ステップアップ

上記手順❸で［すべての列を1ページに印刷］または［すべての行を1ページに印刷］を選択してサイズ調整することもできます。

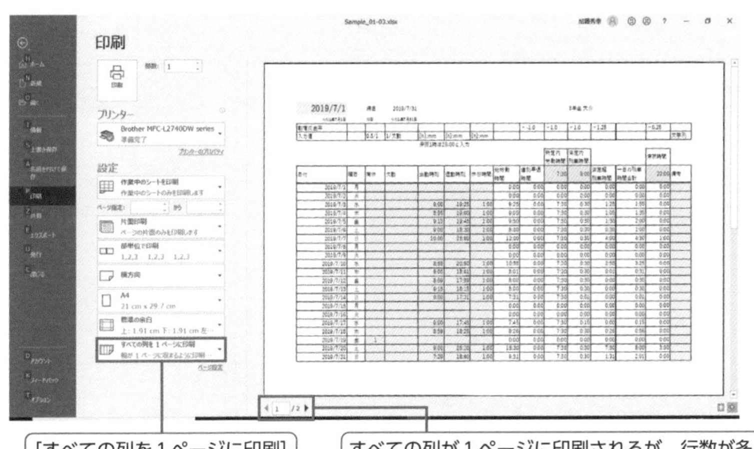

5 中級 活用する頻度 ★☆☆

ページ数の多い表の全ページに見出し行を入れて印刷する

Sample_01-03.xlsx [01-03-05]

行数が多い表を印刷すると、２ページ目以降には見出し行が印刷されないため、列の項目が何かわかりづらくなります。このような場合は**印刷タイトル**を設定してから印刷するとよいでしょう。

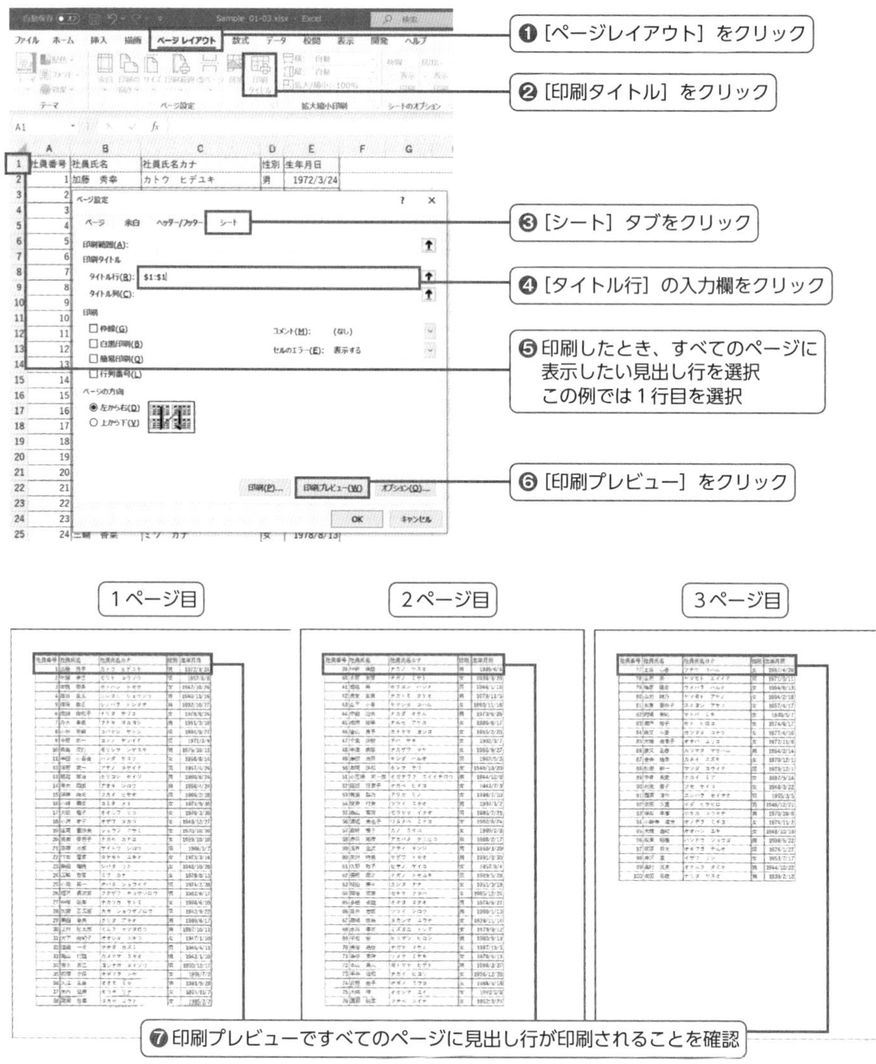

Part 04 文字や数字を検索・置換する

- 従業員の氏名を検索・変更する
- 複数のシートがあるExcelファイル全体を検索する
- 範囲を限定して文字を検索する

大量のデータから特定の文字や数字を検索・置換する方法を解説します。

1 複数のシートにある特定の文字・数字を一度に検索・置換する

基礎　活用する頻度 ★★★

Sample_01-04.xlsx

検索や**置換**は1シート内だけでなく、Excelファイル全体の複数シートに対しても可能です。ここでは、従業員の氏名変更が必要になったものの、どのシートにその従業員の氏名が記入されているかわからないケースを取り上げます。

まず、Excelファイル全体に対して変更前の氏名を検索します。

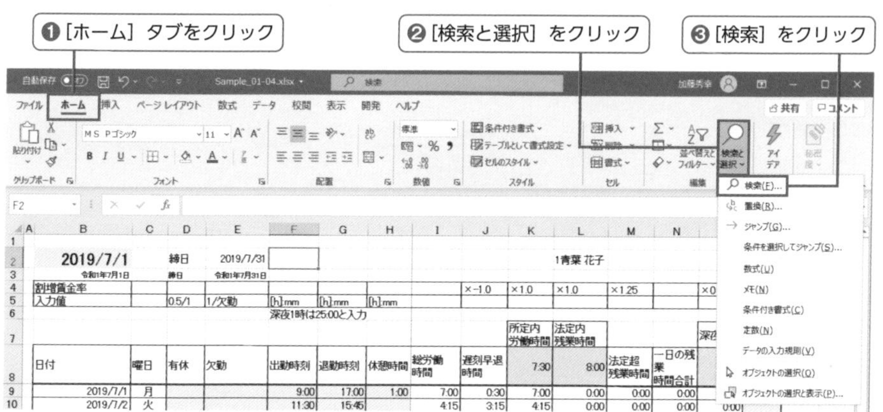

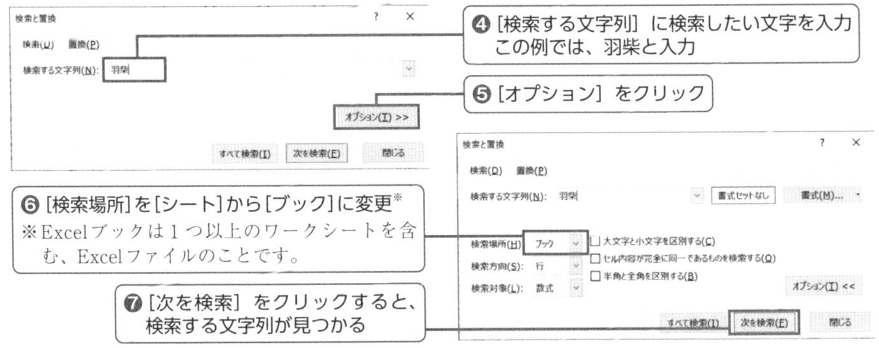

変更前の氏名が見つかったら、それを変更後の氏名に置換します。

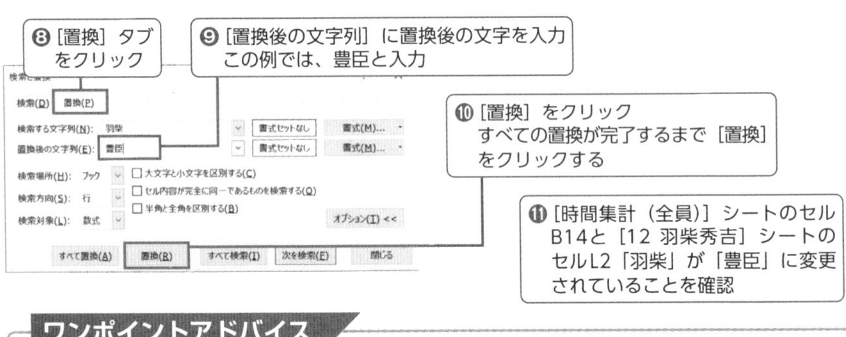

ワンポイントアドバイス

• 文字列を検索せず置換のみ行うこともできます。

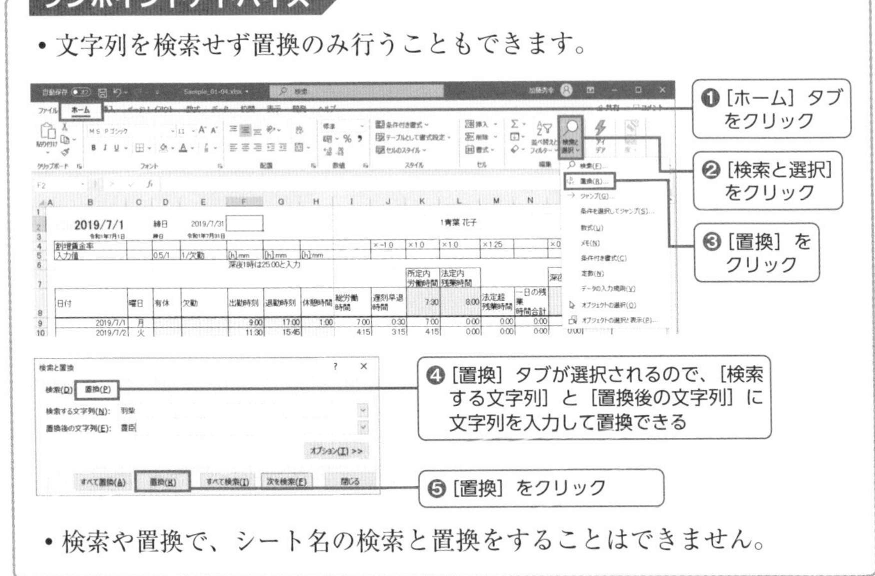

• 検索や置換で、シート名の検索と置換をすることはできません。

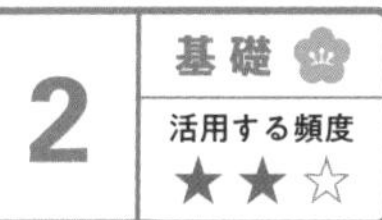

特定の範囲に絞って検索・置換する

Sample_01-04.xlsx[01-04-02]

例えば、郵便番号末尾が「2017」のデータを検索したい場合に、同じシートに西暦の「2017」等が混在していると支障があります。このようなときには、範囲指定した後で**検索**をすると便利です。以下の例では郵便番号のG列を範囲指定して「2017」という文字列を検索します。

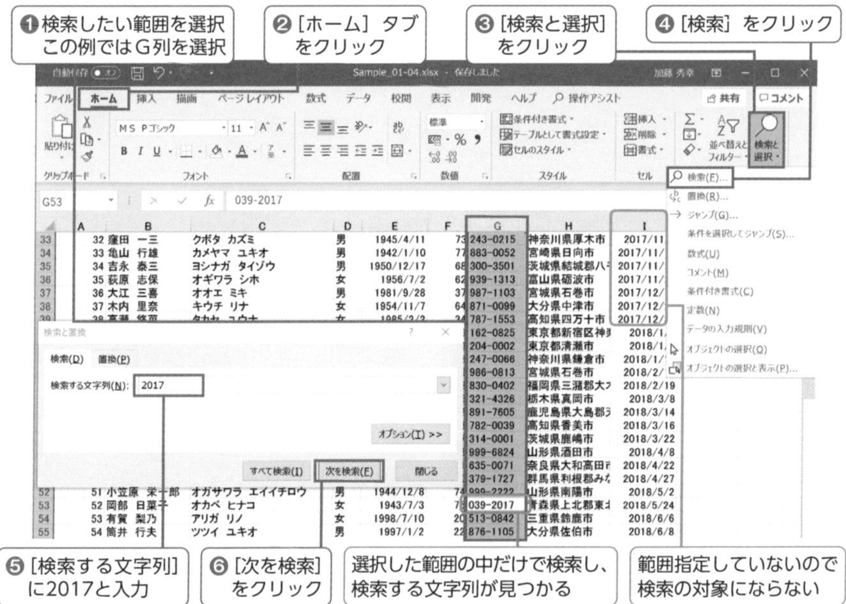

ワンポイントアドバイス

前ページから続けて操作した場合、検索場所が［ブック］になっているため、次の手順で検索場所を［シート］に変更してください。

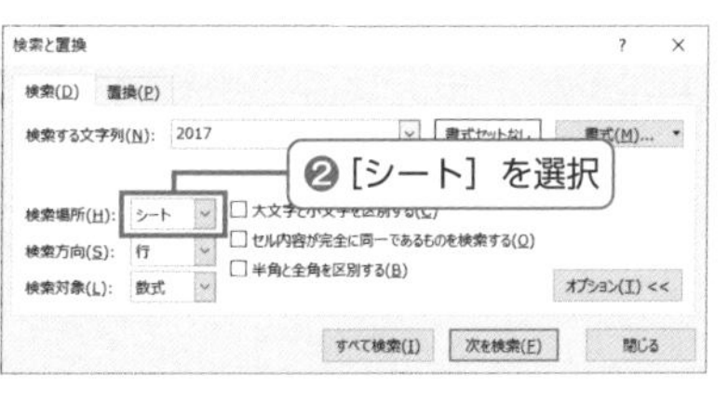

Part

05 表示形式を変更する

- 24:00以上の時間をセルに表示する
- 数字の後ろに「円」や「人」などの単位を自動で追加する
- 時給×労働時間を正しく計算する

人事業務をExcelで行う際、**表示形式**の理解は非常に重要です。入力するデータは、数値、日付、文字など様々ですが、それらをどのように表示するかによって作業効率が変わってきます。

42ページから表示形式の変更方法を解説しますが、その前に「入力ルールの統一」に関して、筆者が推奨するルールと推奨しないルールをお伝えします。まず、入力ルールが統一されていないケースでよく見かけるのが、次のような例です。

- 1つのセルに年月日を入力するのか、3つの各セルに年・月・日をそれぞれ入力するのか(107ページのDATE関数参照)
- 年を入力する場合に西暦にするか、和暦にするか
- 西暦で入力する場合、4桁(2020)か、2桁(20)か
- 和暦で入力する場合、漢字(令和)か、アルファベット(R)か
- 日付を入力する場合、年/月/日(2020/7/24)か月/日(7/24)か
- 時間を入力する場合、12時間制か、24時間制か
- 12時間制で時間を入力する場合、午前や午後はどのように表すのか
- セルに数字、アルファベット、記号、カタカナを入力する場合、半角か、全角か(138ページのASC関数とJIS関数参照)

上記を踏まえたうえで、次ページ表を参考に、社内や部署内で入力ルールの統一を図り、効率化を推進させましょう。お薦めでない例に記載したものは、データ利用する場合に加工する必要が生じます。

種類	お薦めの入力ルール	お薦めの入力例	お薦めでない入力例 (データ利用する場合、加工が必要)
日付	1つのセルに 西暦で年/月/日	2020/2/29 2020/02/29	20191101のようにスラッシュのない西暦の年月日は日付の表示形式にするために関数などで加工が必要です 19/11/01は最初の2桁が西暦なのか和暦なのか曖昧になります R1年11月1日のように和暦を全角アルファベットで記入すると日付の表示形式にするために関数などで加工が必要です
時間と表示形式	24時間制で表示形式は[h]:mm	午後8時は 20:00 退勤時刻 深夜1時は 25:00	午後8時を8:00とすると、午前8時か午後8時かわからなくなります 午後8時を2000のように10進数の数値にすると60進法で計算するために関数などで加工が必要です
数字アルファベット	半角	Office 365	Ｏｆｆｉｃｅ　３６５とすると文字幅が広すぎる場合があります ｈｔｔｐｓ：／／ｗｗｗ.ｍｅｉｔｏ－ｏｆｆｉｃｅ.ｃｏｍのように全角とするとURLとして機能しません
	例外として全角	東京都新宿区西新宿１－１１－１	文字幅のバランスやシステム要件により全角を使ってください
カタカナ	全角	メイトー社会保険労務士事務所	ﾒｲﾄｰ社会保険労務士事務所のように半角カタカナを使うと、文字として読みづらく、文字幅のバランスが悪くなります
	例外として半角	ﾄｳｷｮｳﾄｼﾝｼﾞｭｸｸﾆｼｼﾝｼﾞｭｸ 1-11-1	文字幅のバランスやシステム要件により半角を使ってください

Excelに入力したデータは給与計算システムで入力制限があるなど必要性がある場合を除き、上表のルールで入力するのがよいでしょう。データの統一化が図られ、汎用的なデータになります。

1 基礎 活用する頻度 ★★★ 24時間以上の時間を表示する(午前0時をまたぐ時間を計算する)

Sample_01-05.xlsx [01-05-01]

仮に深夜1時まで働いたなら「25:00」と表示されると労働時間の集計が簡単ですが、Excelで表示形式を「時刻」に設定すると0時0分0秒から23時59分59秒までの表示となってしまいます。このような場合は、**表示形式**の**ユーザー定義**から24時間以上を表示できるように**種類**を **[h] :mm**にします。

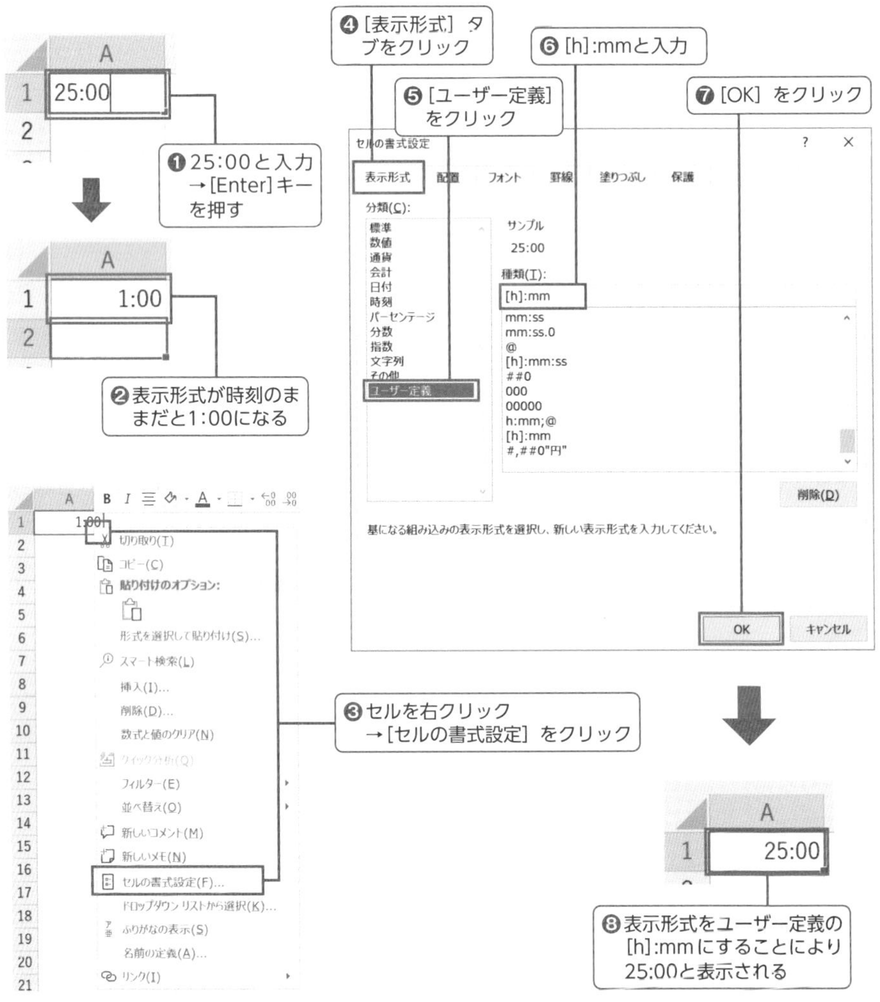

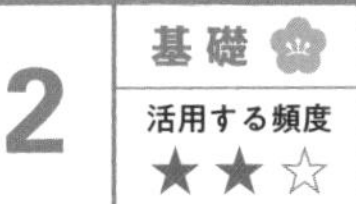

数字の後ろに「円」「人」などの単位を自動で追加する

Sample_01-05.xlsx[01-05-02]

セルに数字を入力して、自動で3桁区切りカンマ（,）と「円」を付ける場合は、**表示形式**の**ユーザー定義**を使います。自動で桁区切りのカンマと円を入力されるためセルが見やすくなるだけでなく、入力が速くなります。

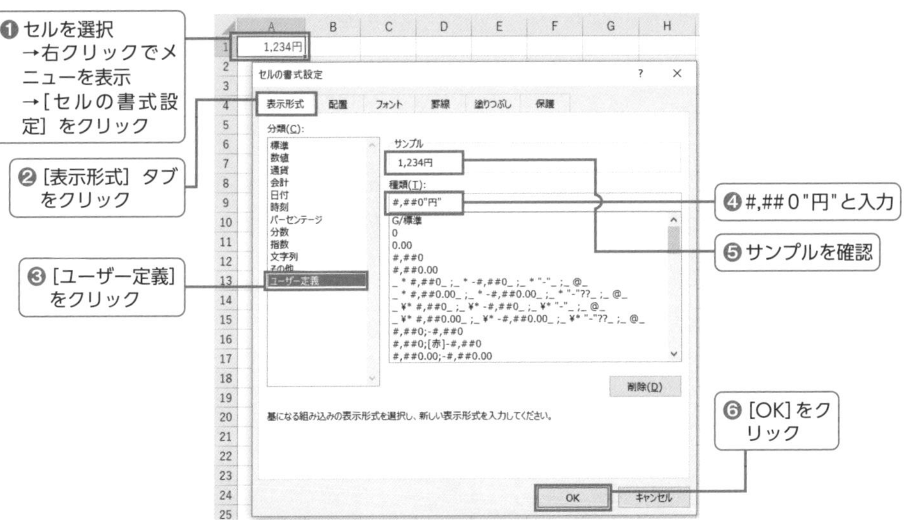

ワンポイントアドバイス

- セルに入力されているデータが文字列ではなく数値として扱われるため、そのセルに対して四則演算等ができるメリットもあります。
- 表示形式のユーザー定義を右図のように設定すると、数字を、入力ミスに気づきやすい5桁に揃えて表示することができます。

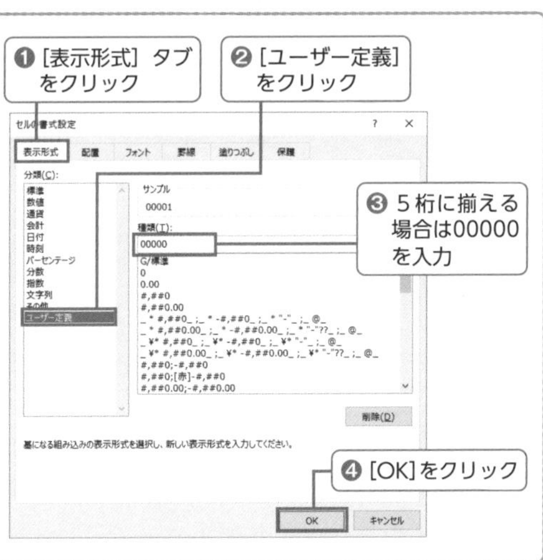

3 中級 活用する頻度 ★★★

時給×労働時間を正しく計算する

●シリアル値

Sample_01-05.xlsx[01-05-03-01]

Excelで時給を使った賃金計算をするには**シリアル値**の理解が必須です。この項ではシリアル値と時給の従業員の賃金を正しく計算する方法を解説します。

Excelの日付や時刻、時間は、一部の例外を除いて数値として扱います。これにより、日付や時間の計算が簡単になります。そして、この数値のことを「シリアル値」と呼びます。シリアル値はExcelで日時を計算するための独自の数値のとらえ方です。

実際に表示形式を日付からシリアル値に変更した例を見てみましょう。シリアル値を表示するには、日付や時間（時刻）のセルを選択して表示形式を［標準］に設定します。

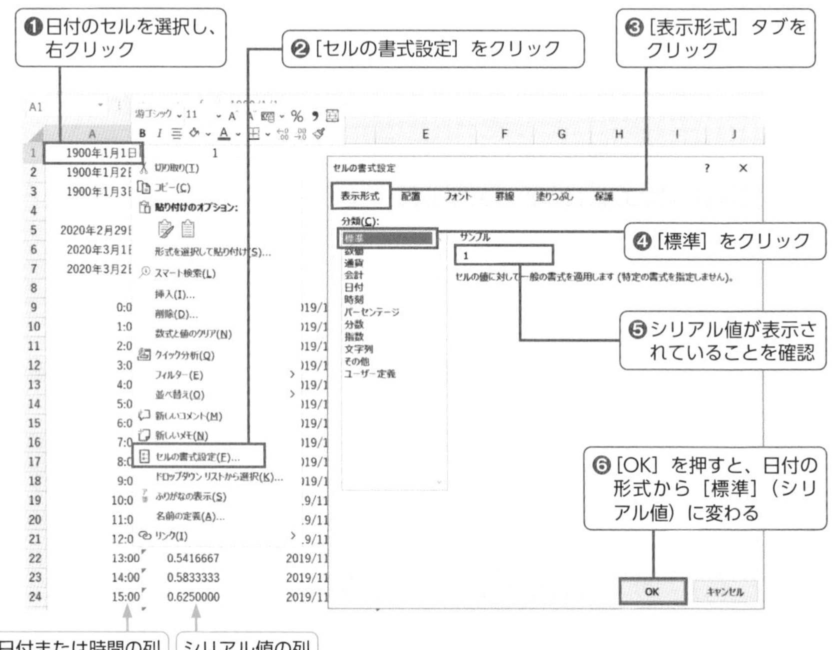

前述の手順で日付と時間（時刻）の表示形式を標準に変更して、表にそれぞれのシリアル値を記載してみました。

日付	シリアル値
1900年1月1日	1
1900年1月2日	2
1900年1月3日	3
2020年2月29日	43890
2020年3月1日	43891
2020年3月2日	43892

時間	シリアル値	計算式
0:00	0	=0÷24
1:00	0.0416667	=1÷24
2:00	0.0833333	=2÷24
6:00	0.25	=6÷24
12:00	0.5	=12÷24
24:00	1	=24÷24
25:00	1.0416667	=25÷24

シリアル値が1のときExcelで1日（24時間）とするため、1時間（1:00）は0.0416667（=1÷24）です（末尾が端数処理されています）。

つまり、シリアル値は表示形式を標準にすると見ることができ、表示形式を変更することによって、日付や時刻、24時間を超える時間の表示をすることができるようになります。

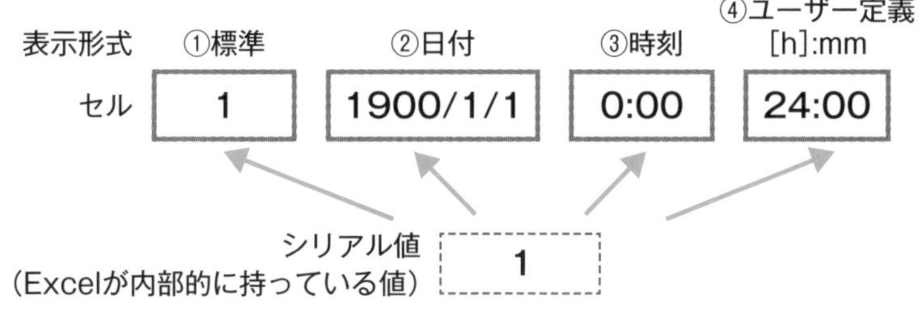

ワンポイントアドバイス

シリアル値のポイントをまとめると以下のようになります。

- 日付や時刻、時間は原則、数値として扱われる。Excelで日時を計算するための、この独自の数値のとらえ方がシリアル値である。
- シリアル値が1のとき1日を意味し、1時間（1:00）は0.0416667（=1÷24）となる。
- シリアル値が1ということはWindows版Excelの日付は1900年1月1日を意味し、シリアル値が1つずつ増えると1900年1月2日、1900年1月3日と日付も1日ずつ増える。
- 日付や時刻、時間のシリアル値を表示するためには、表示形式で［標準］に設定する。
- シリアル値はExcelの内部的な値で、表示形式を変えることによって日付や時刻、時間として表示できる。

●時給の従業員の賃金計算

Sample_01-05.xlsx [01-05-03-02]

時給と労働時間から賃金をExcelで計算する場合、**時給×労働時間（シリアル値）**では賃金の計算が適正にされません。正しく計算するには、**時給×労働時間（シリアル値）×24**という計算式を使います。

なぜ時給と労働時間のセルを掛けるだけだと賃金が正しく計算されないのか

Excelではセルに１を入力すると１日を表すことは前述のとおりです。

だから１時間（1:00）は1÷24＝0.04166667（端数処理されているため切り上げで末尾が７）となり、シリアル値は0.04166667となります。

下図セルC2の数式は時給のセルA2と労働時間のセルB2を掛け算しています。

数式はC2 ＝ A2＊B2ですが、これは

「時給1,000円」×「１:00のシリアル値である0.04166667」＝41.66667円

という式になるため、誤った計算結果になってしまいます。

時給と労働時間のセルから賃金を正しく計算するには

それではどのようにすれば正しい賃金を計算できるのでしょうか。

1:00のシリアル値が0.04166667であるため、時給1,000円に１（時間）を掛けるようにすると正しく計算されます。

つまり、シリアル値0.04166667が１になるようにすればよいわけです。そこでシリアル値0.04166667が１になるように0.04166667に24を掛けます。

以下のような数式にすると、正しく賃金を計算できるようになります。

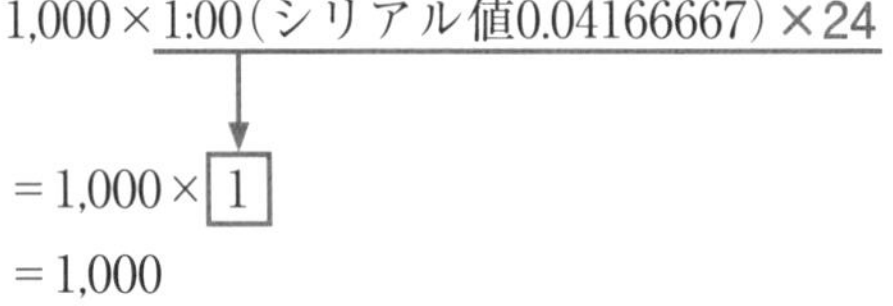

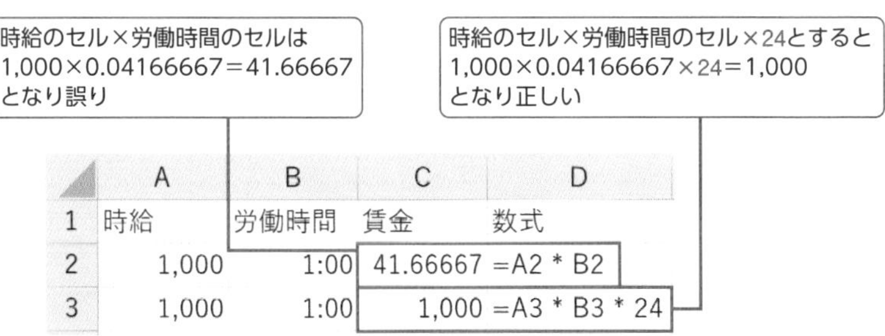

	A	B	C	D
1	時給	労働時間	賃金	数式
2	1,000	1:00	41.66667	=A2 * B2
3	1,000	1:00	1,000	=A3 * B3 * 24

▶ コラム

セルの「コピペ」を使いこなせるようになろう

セルをコピー＆ペースト（コピペ）して再利用する際、**形式を選択して貼り付け**を使うと作業がはかどります。ここでは5つのコピペ方法を解説します。

※このコラム図中の年齢には数式が入っているためサンプルファイルの年齢と図中の年齢は一致しない場合があります。

❶ 書式と数式をコピーしたい場合

Sample_01-05-コラム.xlsx［形式を選択して貼り付け］

コピーしたいセル（B4の書式と数式）を選択し、貼り付けたいセルにドラッグします。ただし、貼り付け先のセルの書式に、コピー元の書式が上書きされます。

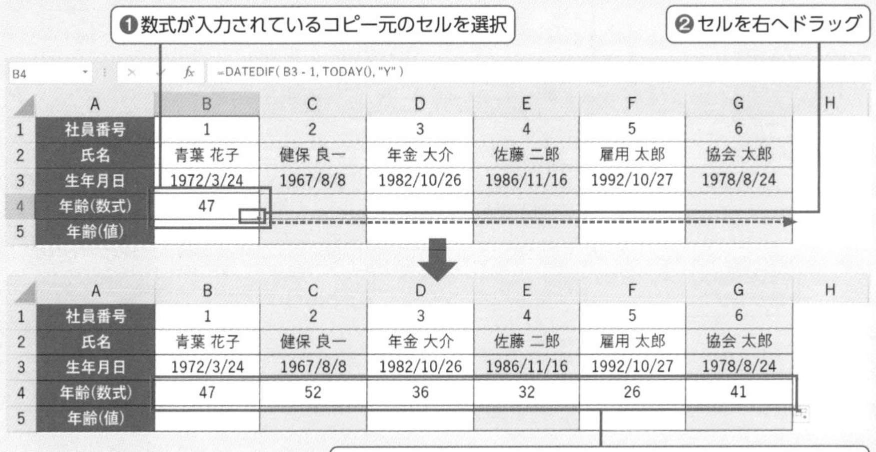

	A	B	C	D	E	F	G	H
1	社員番号	1	2	3	4	5	6	
2	氏名	青葉 花子	健保 良一	年金 大介	佐藤 二郎	雇用 太郎	協会 太郎	
3	生年月日	1972/3/24	1967/8/8	1982/10/26	1986/11/16	1992/10/27	1978/8/24	
4	年齢(数式)	47						
5	年齢(値)							

	A	B	C	D	E	F	G	H
1	社員番号	1	2	3	4	5	6	
2	氏名	青葉 花子	健保 良一	年金 大介	佐藤 二郎	雇用 太郎	協会 太郎	
3	生年月日	1972/3/24	1967/8/8	1982/10/26	1986/11/16	1992/10/27	1978/8/24	
4	年齢(数式)	47	52	36	32	26	41	
5	年齢(値)							

ワンポイントアドバイス

次ページの手順❹では［形式を選択して貼り付け］のダイアログボックスから数式を貼り付けていますが、他にも様々な貼り付け方があるので、好きな方法から選ぶことができます。

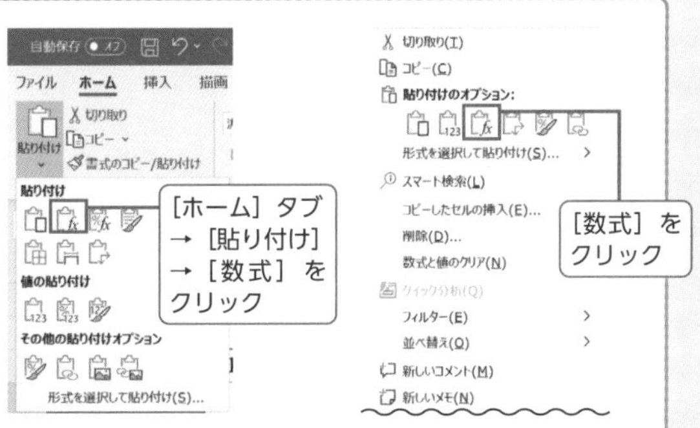

❷ 数式だけをコピーしたい場合（書式なしコピー）

Sample_01-05-コラム.xlsx［形式を選択して貼り付け］

手順は下記のとおりです。ただし、貼り付け先のセルに書式（網掛け等）が設定してある場合、コピー元のセルの数式のみが貼り付けられます。

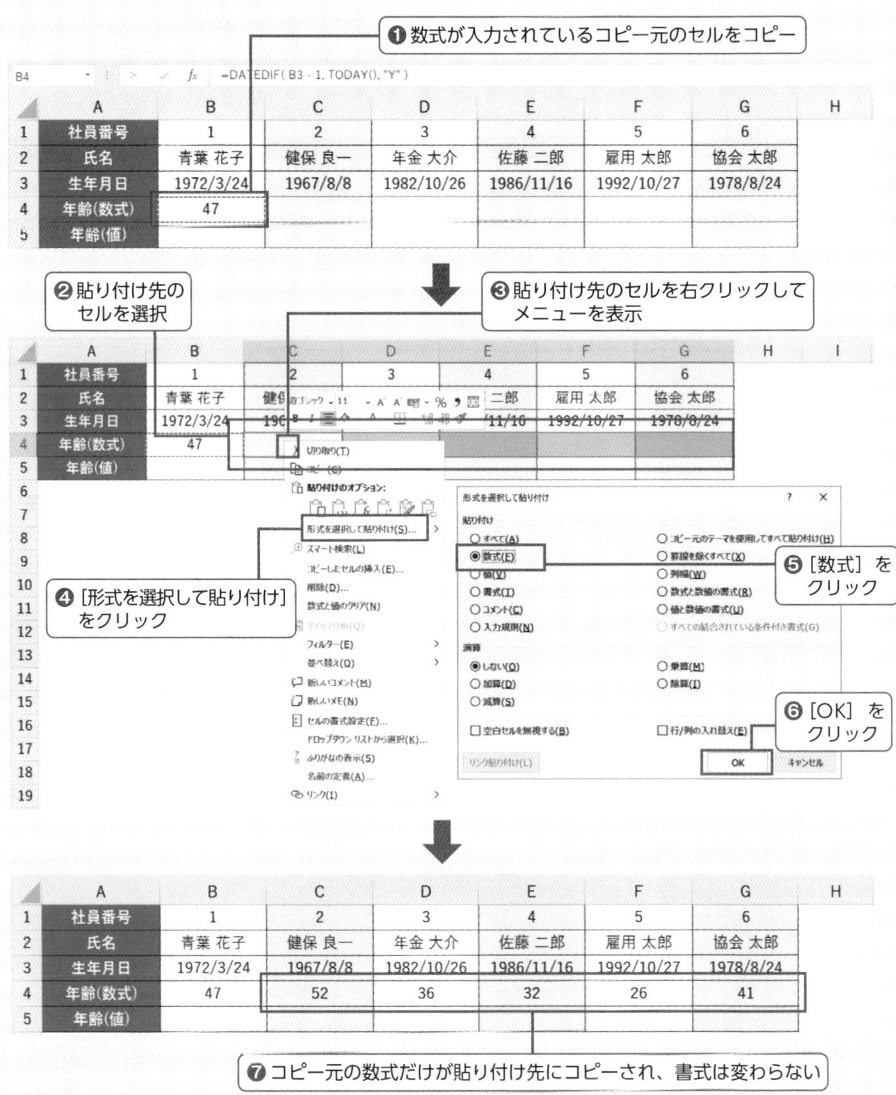

❸ 数値だけをコピーしたい場合（数式なしコピー）

Sample_01-05-コラム.xlsx[形式を選択して貼り付け]

コピー元のセルに数式が入力されており、貼り付け先のセルに値のみコピーが必要な場合（数式は必要ない場合）の手順は下記のとおりです。

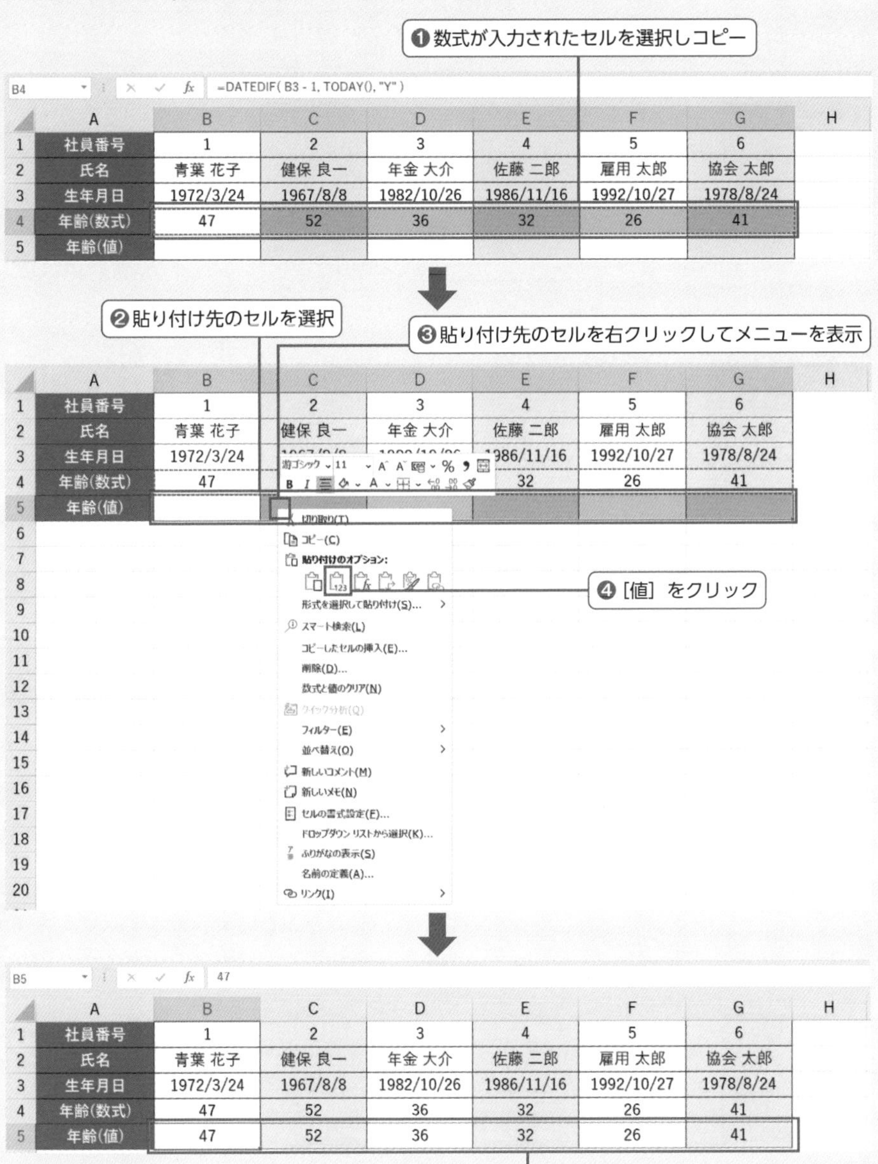

	A	B	C	D	E	F	G
1	社員番号	1	2	3	4	5	6
2	氏名	青葉 花子	健保 良一	年金 大介	佐藤 二郎	雇用 太郎	協会 太郎
3	生年月日	1972/3/24	1967/8/8	1982/10/26	1986/11/16	1992/10/27	1978/8/24
4	年齢(数式)	47	52	36	32	26	41
5	年齢(値)	47	52	36	32	26	41

❹ 書式だけをコピーしたい場合（数式・数値なしコピー）

Sample_01-05-コラム.xlsx [形式を選択して貼り付け]

書式のみを貼り付けるときの手順は下記のとおりです。

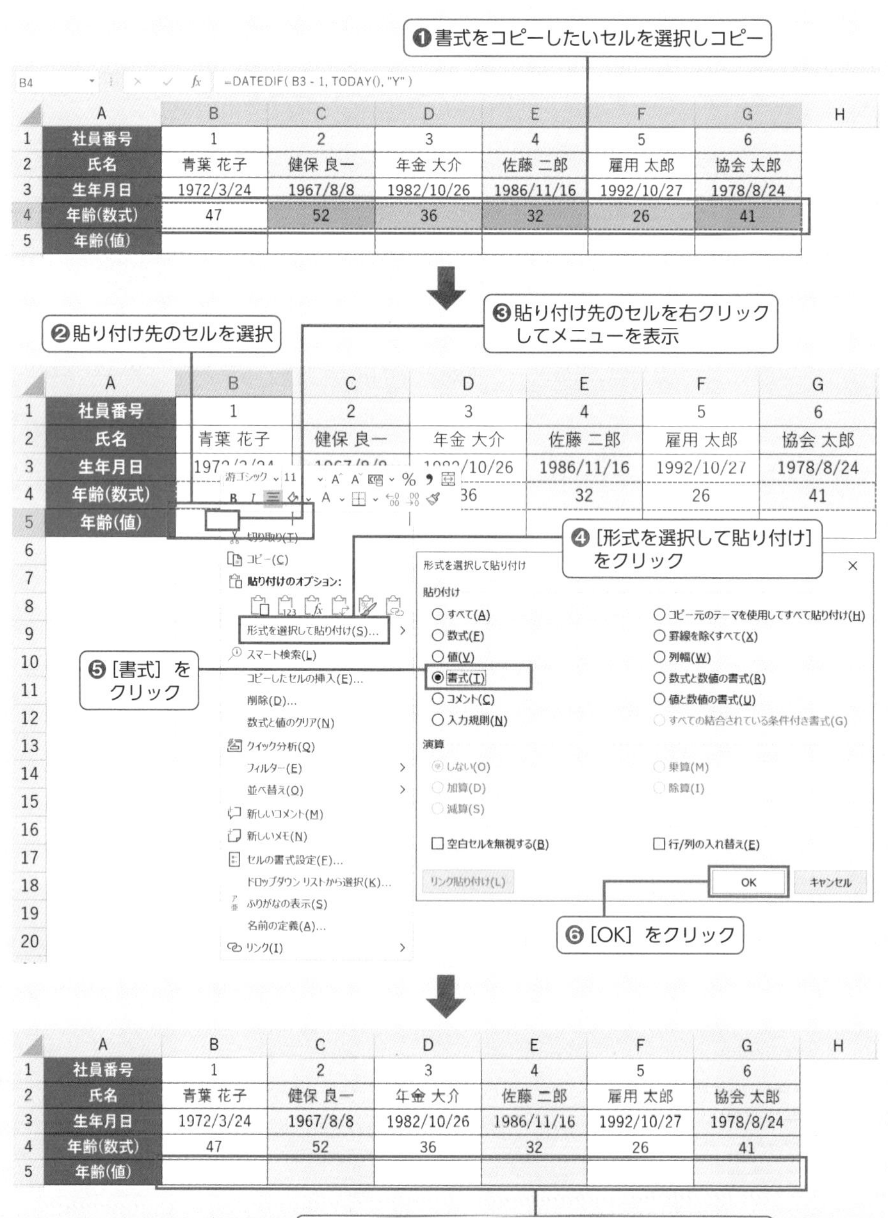

❺ 行と列を入れ替えたい場合

Sample_01-05-コラム.xlsx［形式を選択して貼り付け］

横長の表を、行と列を入れ替えて縦長の表にすることができます。縦方向に値を検索するVLOOKUP関数（124ページ参照）を使いたいときに知っておきたい方法です。

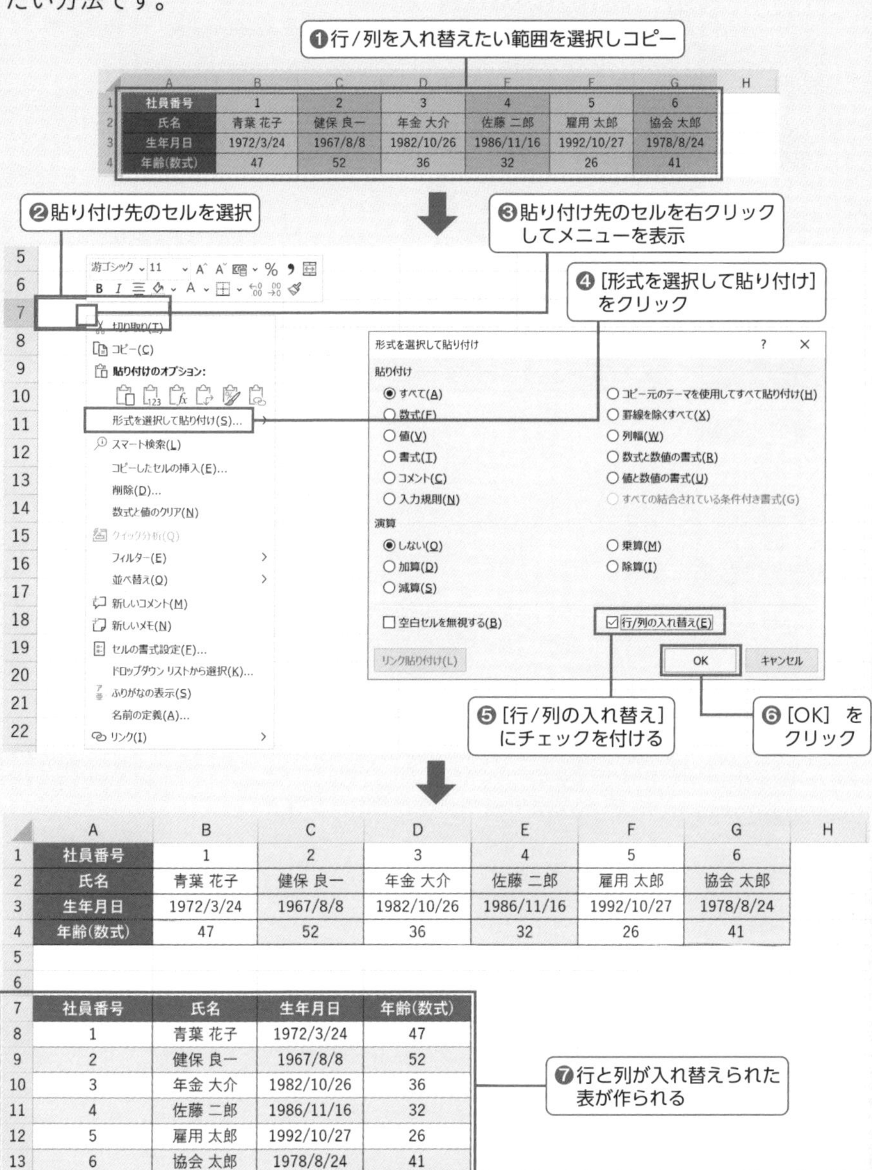

ワンポイントアドバイス

1行のみ選択して行/列の入れ替えをすれば「1行を1列」にすることができます。

❶行/列を入れ替えたい範囲（行）を選択

	A	B	C	D	E	F	G	H
1	社員番号	1	2	3	4	5	6	
2	氏名	青葉 花子	健保 良一	年金 大介	佐藤 二郎	雇用 太郎	協会 太郎	
3	生年月日	1972/3/24	1967/8/8	1982/10/26	1986/11/16	1992/10/27	1978/8/24	
4	年齢(数式)	47	52	36	32	26	41	
5	年齢(値)	47	52	36	32	26	41	

	A	B	C	D	E	F	G	H
1	社員番号	1	2	3	4	5	6	
2	氏名	青葉 花子	健保 良一	年金 大介	佐藤 二郎	雇用 太郎	協会 太郎	
3	生年月日	1972/3/24	1967/8/8	1982/10/26	1986/11/16	1992/10/27	1978/8/24	
4	年齢(数式)	47	52	36	32	26	41	
5	年齢(値)	47	52	36	32	26	41	
6								
7	氏名							
8	青葉 花子							
9	健保 良一							
10	年金 大介							
11	佐藤 二郎							
12	雇用 太郎							
13	協会 太郎							

❷行/列を入れ替えると、1行が1列で表示される

Part 06 条件に合うセルの書式を変更する

活用例

- 労働時間集計表のカレンダーで曜日が土日の場合に文字の色を変える
- 有給休暇管理表で年５日未満の有休取得日数の場合にセルの色を変える
- 有給休暇管理表で有休付与日数が10日以上かつ取得日数が５日未満の場合にセルの色を変える
- 労働時間集計表で２か月連続で法定超労働時間が45時間以上の場合にセルの色を変える

セルやフォントの色を変えて視認性を高める**条件付き書式**の設定方法を解説します。

1 基礎 活用する頻度 ★★★ カレンダーの土曜日と日曜日の文字色を変更する

Sample_01-06.xlsx[01-06-01]

労働時間の集計表で、所定休日である土曜日を青色、日曜日を赤色にすることで入力ミスを減らすようにしてみましょう。

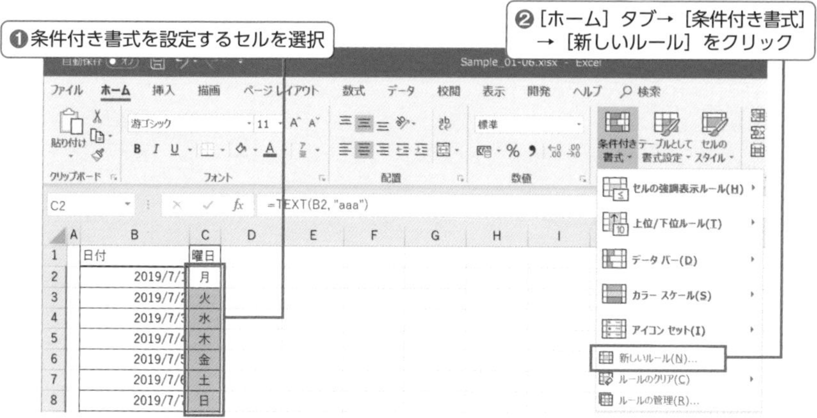

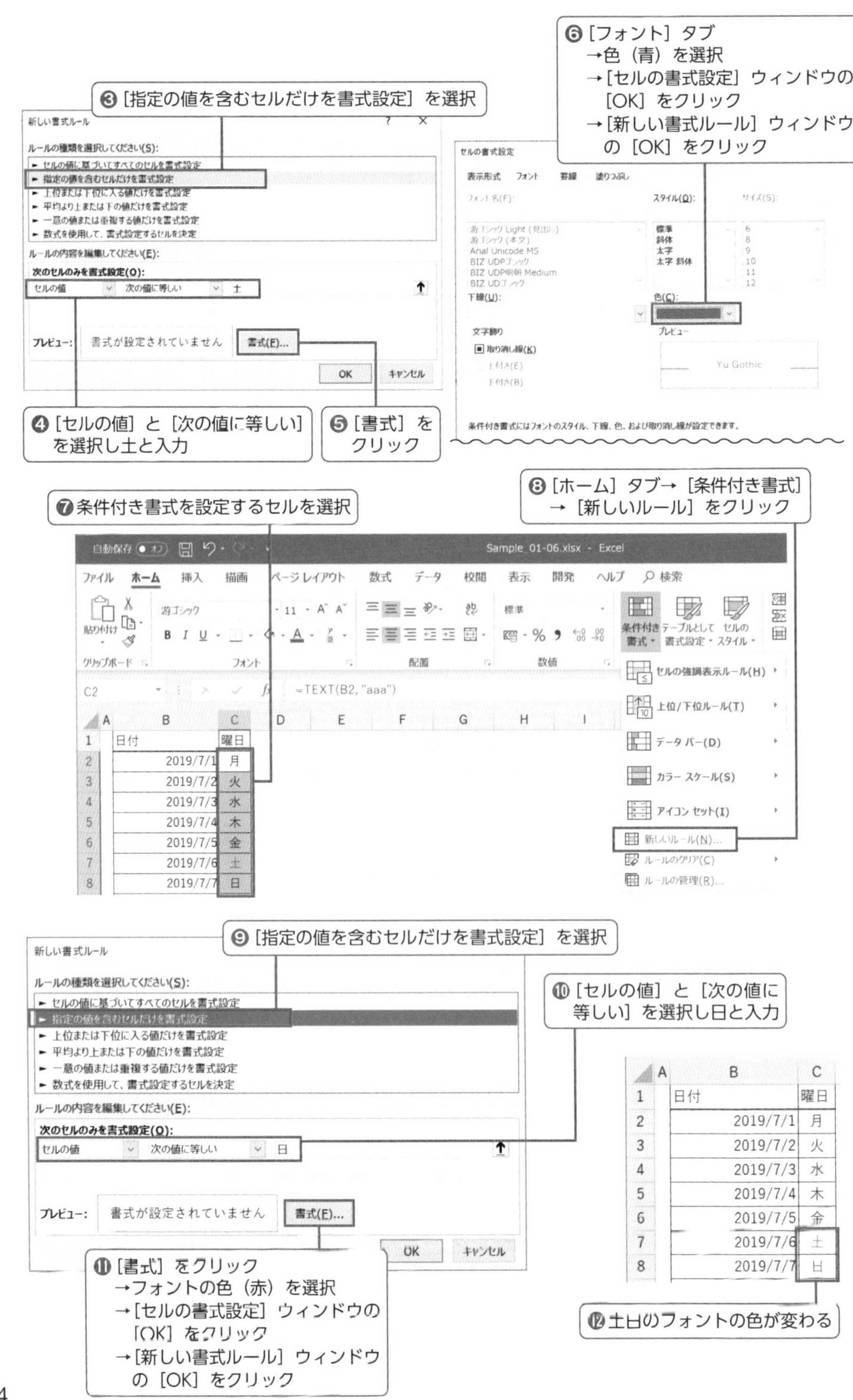

❸［指定の値を含むセルだけを書式設定］を選択
新しい書式ルール
ルールの種類を選択してください(S):
► セルの値に基づいてすべてのセルを書式設定
► 指定の値を含むセルだけを書式設定
► 上位または下位に入る値だけを書式設定
► 平均より上または下の値だけを書式設定
► 一意の値または重複する値だけを書式設定
► 数式を使用して、書式設定するセルを決定
ルールの内容を編集してください(E):
次のセルのみを書式設定(O):
セルの値
次の値に等しい
土
プレビュー:
書式が設定されていません
書式(F)...
OK
キャンセル
❹［セルの値］と［次の値に等しい］を選択し土と入力
❺［書式］をクリック
❻［フォント］タブ
→色（青）を選択
→［セルの書式設定］ウィンドウの［OK］をクリック
→［新しい書式ルール］ウィンドウの［OK］をクリック
セルの書式設定
表示形式
フォント
罫線
塗りつぶし
スタイル(O):
標準
斜体
太字
太字 斜体
下線(U):
色(C):
文字飾り
取り消し線(K)
プレビュー
Yu Gothic
条件付き書式にはフォントのスタイル、下線、色、および取り消し線が設定できます。
❼条件付き書式を設定するセルを選択
❽［ホーム］タブ→［条件付き書式］→［新しいルール］をクリック
Sample_01-06.xlsx - Excel
ファイル
ホーム
挿入
描画
ページレイアウト
数式
データ
校閲
表示
開発
ヘルプ
検索
条件付き書式
テーブルとして書式設定
セルのスタイル
=TEXT(B2, "aaa")
セルの強調表示ルール(H)
上位/下位ルール(T)
データ バー(D)
カラー スケール(S)
アイコン セット(I)
新しいルール(N)...
ルールのクリア(C)
ルールの管理(R)...
日付
曜日
2019/7/1 月
2019/7/2 火
2019/7/3 水
2019/7/4 木
2019/7/5 金
2019/7/6 土
2019/7/7 日
❾［指定の値を含むセルだけを書式設定］を選択
新しい書式ルール
ルールの種類を選択してください(S):
► セルの値に基づいてすべてのセルを書式設定
► 指定の値を含むセルだけを書式設定
► 上位または下位に入る値だけを書式設定
► 平均より上または下の値だけを書式設定
► 一意の値または重複する値だけを書式設定
► 数式を使用して、書式設定するセルを決定
ルールの内容を編集してください(E):
次のセルのみを書式設定(O):
セルの値
次の値に等しい
日
プレビュー:
書式が設定されていません
書式(F)...
OK
キャンセル
❿［セルの値］と［次の値に等しい］を選択し日と入力
⓫［書式］をクリック
→フォントの色（赤）を選択
→［セルの書式設定］ウィンドウの［OK］をクリック
→［新しい書式ルール］ウィンドウの［OK］をクリック
日付
曜日
2019/7/1 月
2019/7/2 火
2019/7/3 水
2019/7/4 木
2019/7/5 金
2019/7/6 土
2019/7/7 日
⓬土日のフォントの色が変わる

ワンポイントアドバイス

- 「土」の場合には青、「日」の場合には赤にするなど、1つのセルに複数の条件を指定できます。
- 設定した条件付き書式は、以下の手順で変更できます。

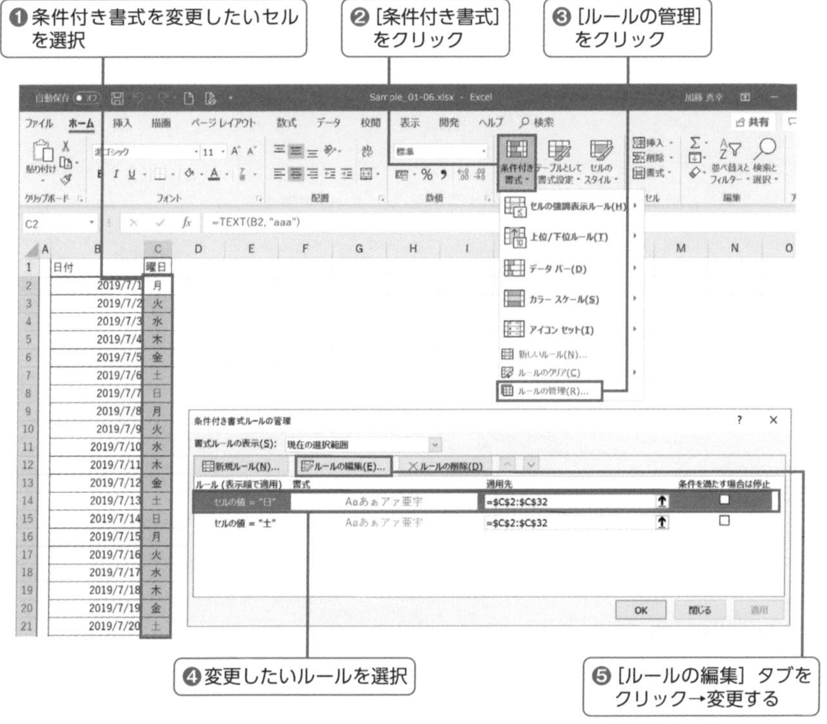

- 一度設定した条件付き書式を変更ではなく解除したい場合は、上記の手順❸で［ルールの管理］の上にある［ルールのクリア］をクリックし、［選択したセルからルールをクリア］または［シート全体からルールをクリア］を選ぶことにより設定を解除できます。

2 基礎 活用する頻度 ★★★ 有休取得日数が5日未満のセルの色を変更する

Sample_01-06.xlsx [01-06-02]

特定の数値のセルを目立たせたいときも**条件付き書式**を使います。例えば、1年間の年次有給休暇の取得日数が5日未満の場合に、その条件を満たすセルの色を変更し、わかりやすく管理してみましょう。

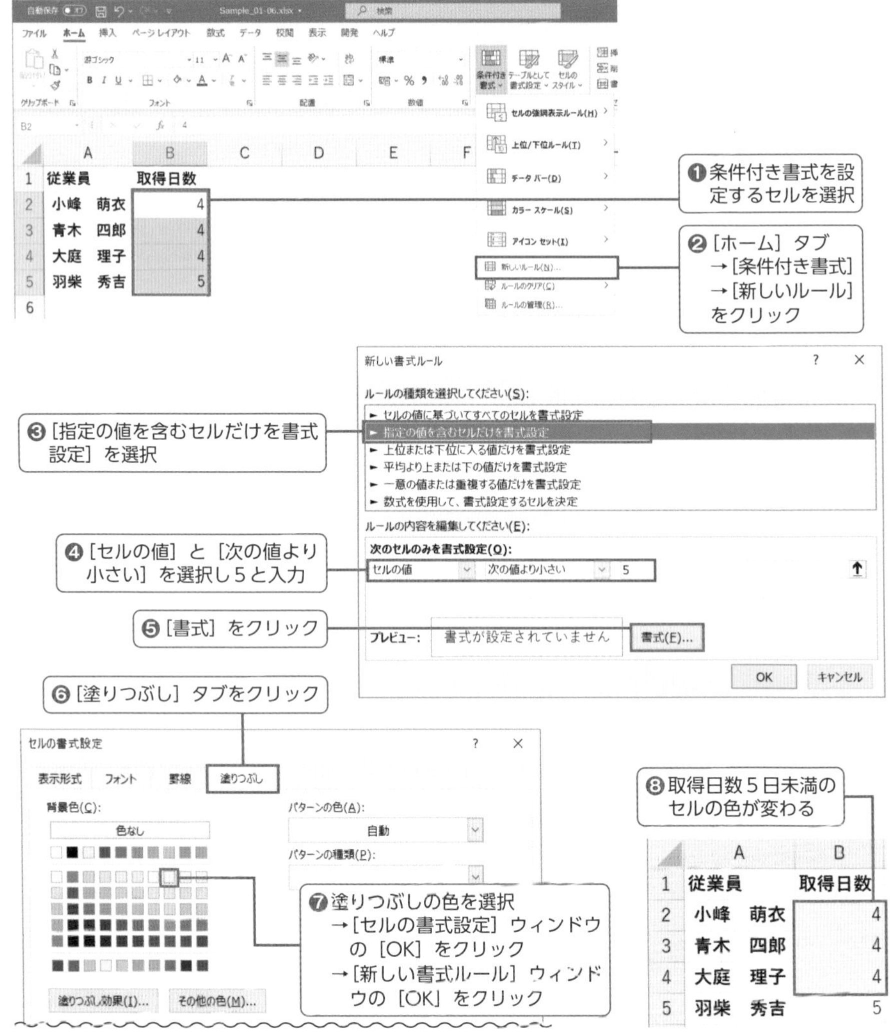

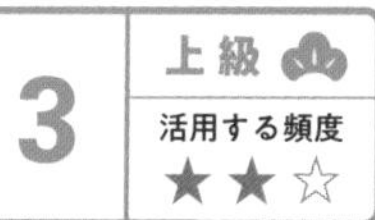

有休付与日数が10日以上かつ取得日数5日未満のセルの色を変更する

Sample_01-06.xlsx[01-06-03]

複数の条件に合致したセルを目立たせる際も**条件付き書式**を使います。ここでは、1年間の年次有給休暇の付与日数が10日以上かつ取得日数が5日未満の条件を満たすセルの色を変更してみます。

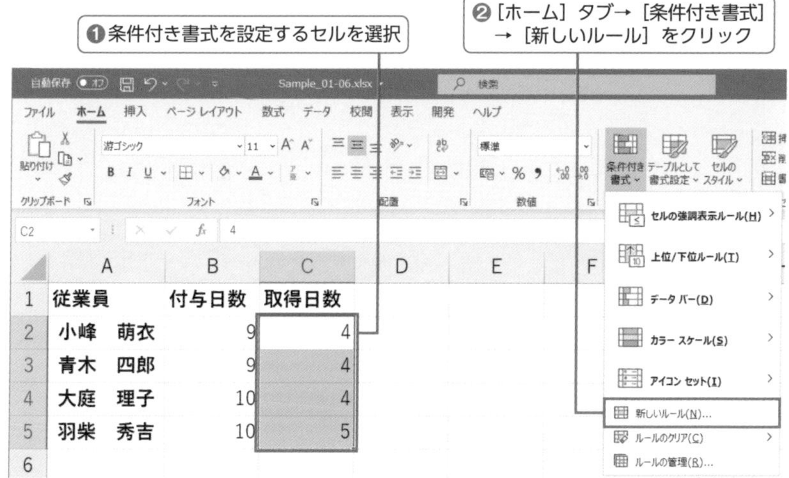

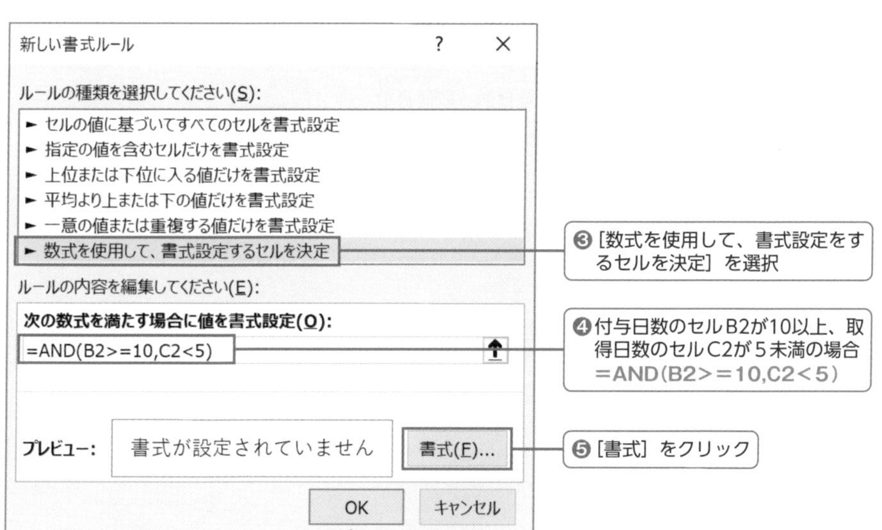

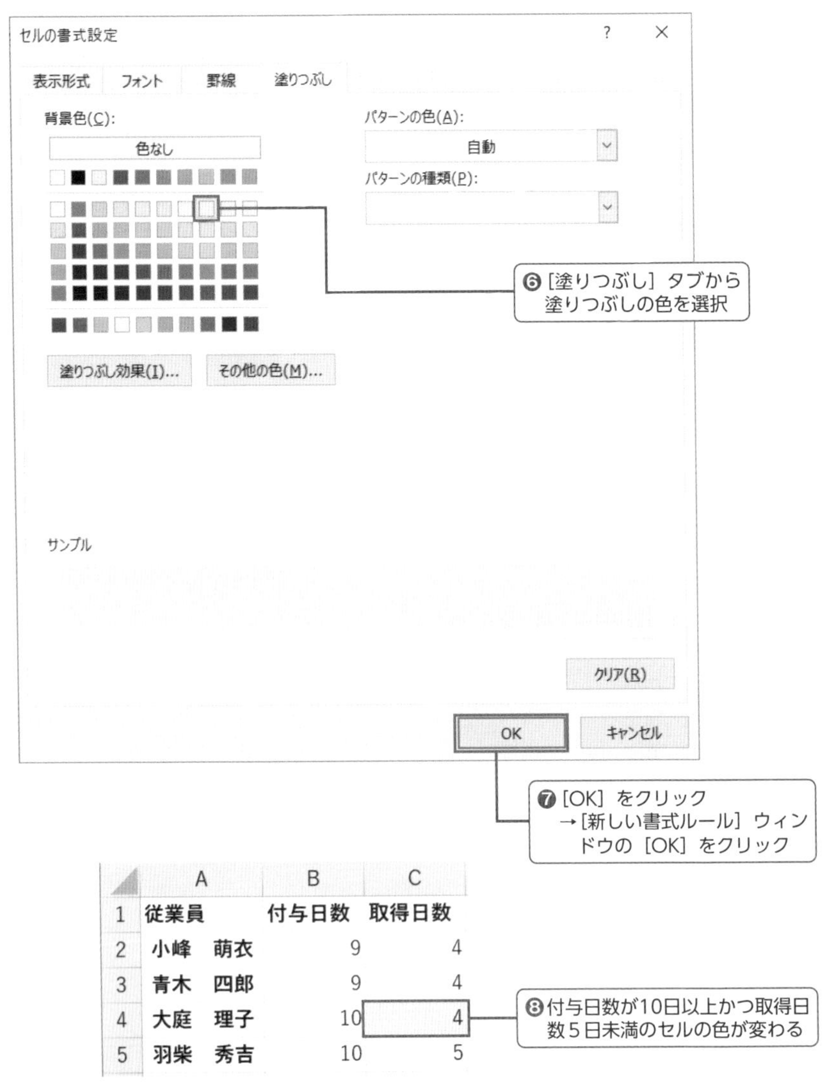

ワンポイントアドバイス

手順❹で入力する数式は相対参照（75ページ参照）とします。

Part 07 作成したExcelファイルを自分以外の人にも使ってもらう

- 労働時間集計表や有休管理表の数式の部分を編集禁止にする
- 社員番号やフリガナなど入力できる文字を制限する
- 社内で作成編集したファイルを社外へ送信する前に検査する

作成したExcelファイルを自分以外の人にも使ってもらう場合は、閲覧や編集できる内容に制限をする設定をしましょう。

1 一部のセルだけを編集できるようにする

上級
活用する頻度 ★★☆

Sample_01-07.xlsx[01-07-01]

ファイルを他の人に使ってもらう際、数式が入っている等の理由で一部のセルをむやみに編集してほしくない場合は**セルのロック**と**シートの保護**をしましょう。

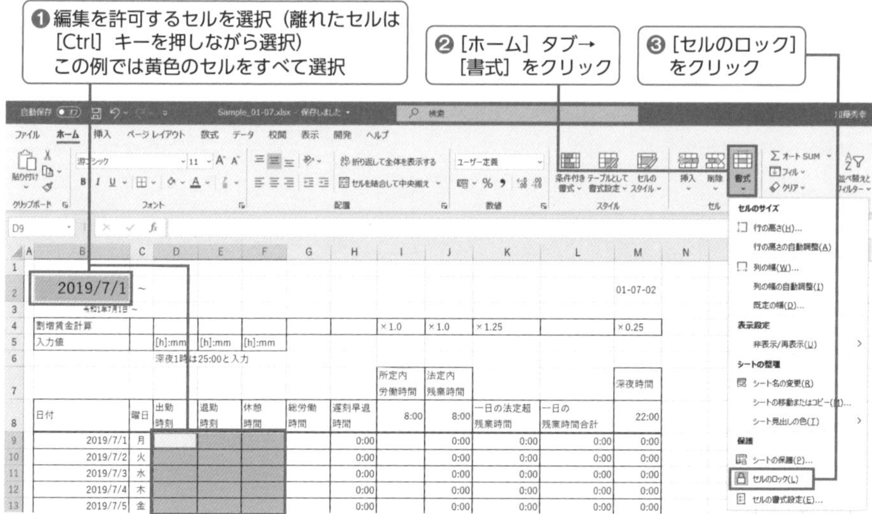

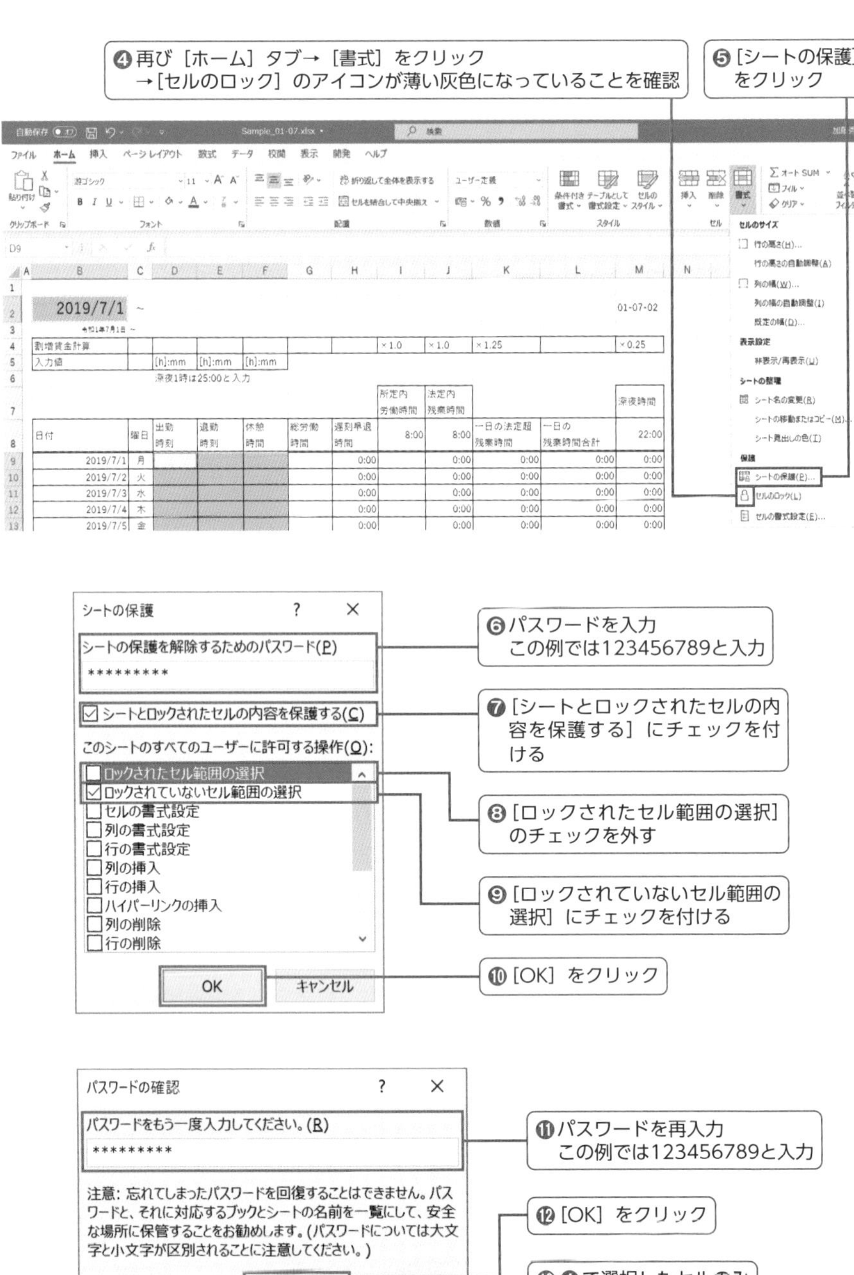

❹再び［ホーム］タブ→［書式］をクリック
→［セルのロック］のアイコンが薄い灰色になっていることを確認
❺［シートの保護］をクリック
シートの保護
シートの保護を解除するためのパスワード(P)
****
シートとロックされたセルの内容を保護する(C)
このシートのすべてのユーザーに許可する操作(O):
ロックされたセル範囲の選択
ロックされていないセル範囲の選択
セルの書式設定
列の書式設定
行の書式設定
列の挿入
行の挿入
ハイパーリンクの挿入
列の削除
行の削除
OK
キャンセル
❻パスワードを入力
この例では123456789と入力
❼［シートとロックされたセルの内容を保護する］にチェックを付ける
❽［ロックされたセル範囲の選択］のチェックを外す
❾［ロックされていないセル範囲の選択］にチェックを付ける
❿［OK］をクリック
パスワードの確認
パスワードをもう一度入力してください。(R)
****
注意：忘れてしまったパスワードを回復することはできません。パスワードと、それに対応するブックとシートの名前を一覧にして、安全な場所に保管することをお勧めします。（パスワードについては大文字と小文字が区別されることに注意してください。）
OK
キャンセル
⓫パスワードを再入力
この例では123456789と入力
⓬［OK］をクリック
⓭❶で選択したセルのみ編集できるようになる

ワンポイントアドバイス

- シートの保護を解除する手順は右図のとおりです。なお、パスワードを忘れると解除できなくなるので注意しましょう。

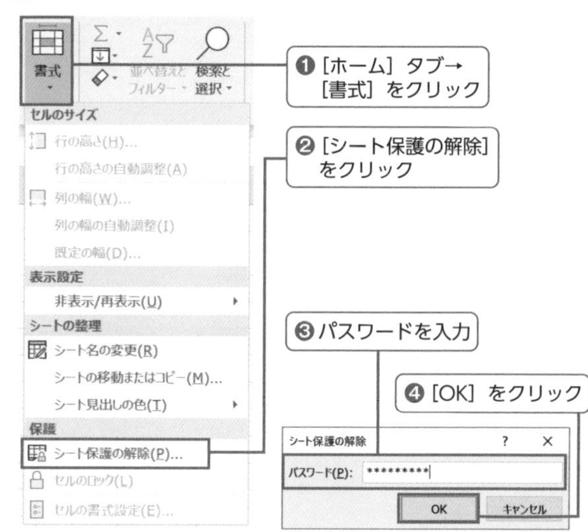

- パスワードは他人に推測されにくく強度の高いものをご使用ください。パスワードは大文字と小文字が区別されます。

セルに入力できる文字を制限する

Sample_01-07.xlsx [01-07-02]

入力規則で入力できる文字を制限しておくと入力ミスを減らすことができます。社員情報の入力欄に氏名や生年月日、部署名を入力するとき等に便利です。

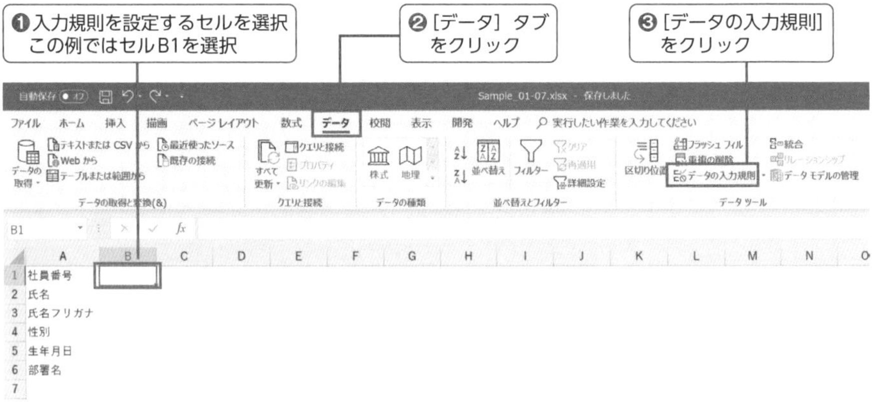

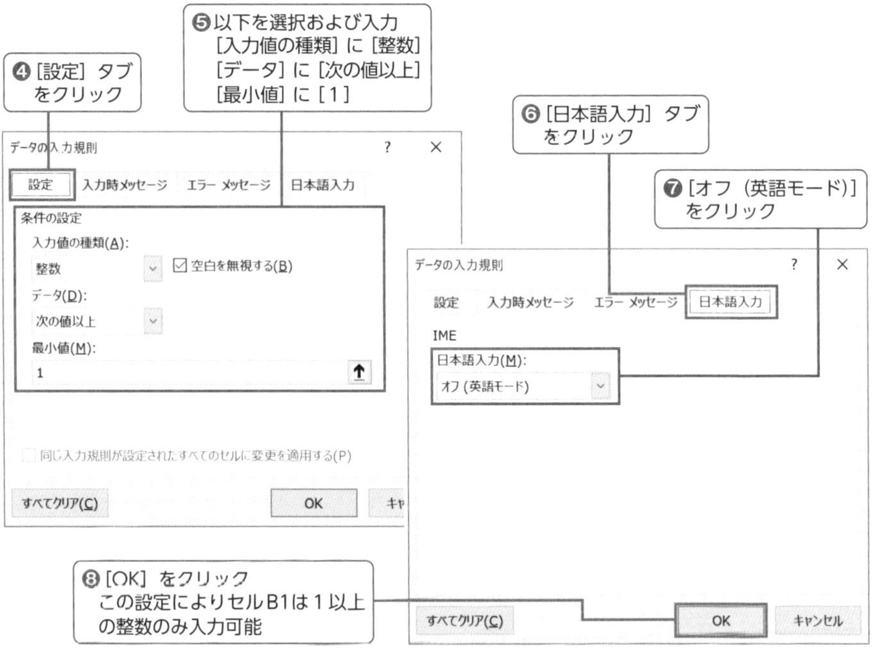

❶入力規則を設定するセルを選択
この例ではセルB1を選択

❷[データ]タブをクリック

❸[データの入力規則]をクリック

❹[設定]タブをクリック

❺以下を選択および入力
[入力値の種類]に[整数]
[データ]に[次の値以上]
[最小値]に[1]

❻[日本語入力]タブをクリック

❼[オフ(英語モード)]をクリック

❽[OK]をクリック
この設定によりセルB1は1以上の整数のみ入力可能

別に作ったリスト（E2～E7）から項目を選択して入力する場合（例：セルB6）は、下図の手順❺でリストを選択します。

	A	B	C	D	E
1	社員番号	1			
2	氏名	加藤　秀幸			人事
3	氏名フリガナ	カトウ　ヒデユキ			総務
4	性別	男			経理
5	生年月日	1972/3/24			営業
6	部署名				開発
7					マーケティング

❶セルを選択
この例ではセルB6を選択
❷［データ］タブをクリック
❸［データの入力規則］をクリック
❹［設定］タブをクリック
❺［リスト］を選択
❻別に作っておいた部署の表（E2～E7）を選択
この例では
＝$E$2:$E$7
❼［OK］をクリック

データの入力規則
設定　入力時メッセージ　エラー メッセージ　日本語入力
条件の設定
入力値の種類(A):
リスト
☑ 空白を無視する(B)
☑ ドロップダウン リストから選択する(I)
データ(D):
次の値の間
元の値(S):
=$E$2:$E$7
同じ入力規則が設定されたすべてのセルに変更を適用する(P)
すべてクリア(C)　OK　キャンセル

6	部署名	人事
7		人事
8		総務
9		経理
10		営業
		開発
		マーケティング

❽［▼］をクリックして、部署名をリストから選択できることを確認

ワンポイントアドバイス

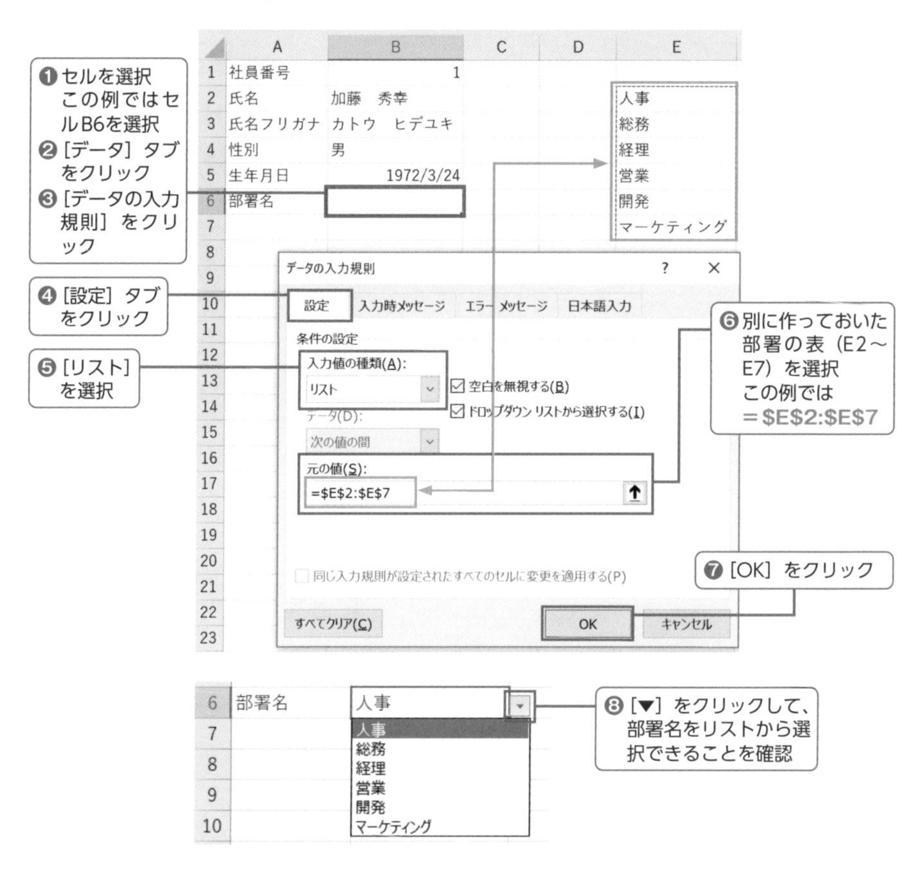

データの入力規則をクリアする場合には、入力規則が設定されているセルを選択して、［データ］タブ→［データの入力規則］→［すべてクリア］をクリックします。

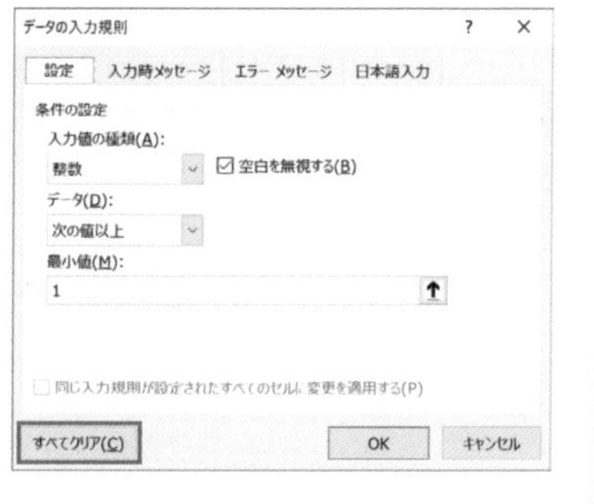

3 中級 活用する頻度 ★☆☆

社外にファイルを送る前に不要な情報がないか確認する

Sample_01-07-03.xlsx [01-07-03]

個人的なメモとして入力しておいたコメントや、念のため残しておいた非表示の列を削除していないファイルを社外に送信することを避けるため、**ドキュメント検査**で個人情報（次ページのワンポイントアドバイス参照）やコメント、非表示の列等がないか確認すると安全です。

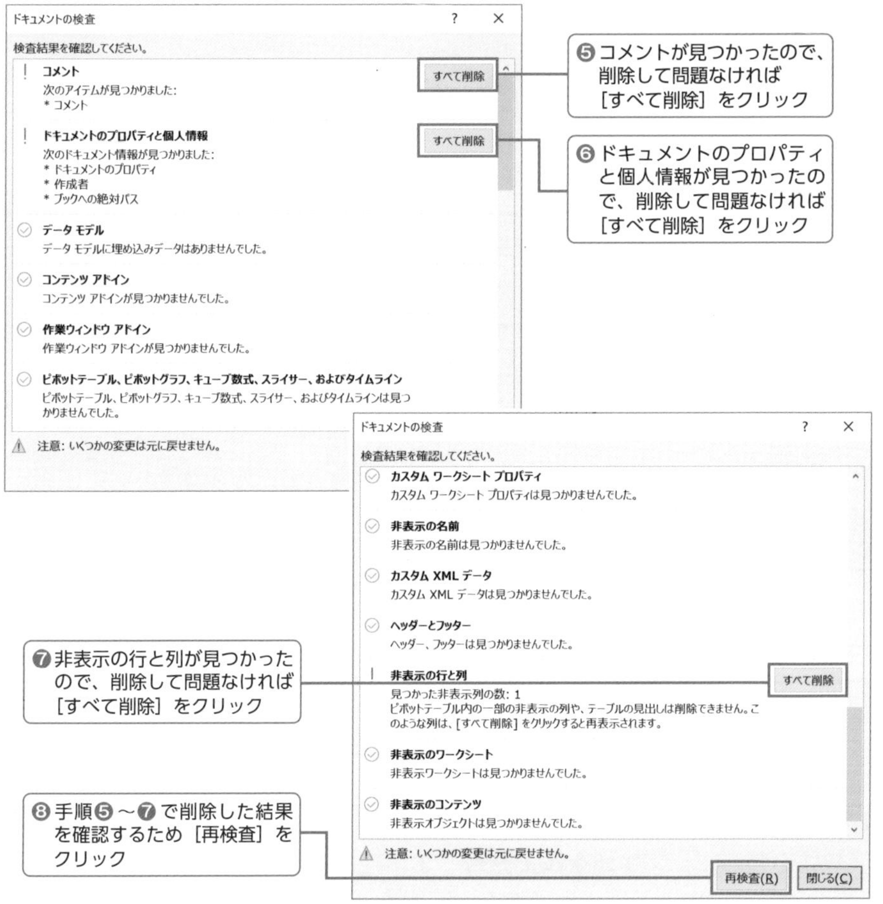

ワンポイントアドバイス

- ドキュメント検査をする前に、名前を付けて保存しておきましょう。ドキュメント検査で見つかったものを削除してファイルを保存すると元に戻せなくなってしまうため、別名で保存したファイルに対してドキュメント検査をするほうが安全です。
- ここでいう「個人情報」とは、いわゆる個人情報保護法の個人情報ではなく、Officeによって自動的に保持されている、ブックを最後に保存したユーザーの名前、ドキュメントが作成された日付、ドキュメントの場所（Excel 2013以降のバージョン）等を指します。

Part
08
数式や関数の基礎を学ぶ

- 1日の総労働時間を計算する
- 労働時間集計表のカレンダーを作る
- 1か月の有給休暇の合計を出す
- 複数の従業員の割増賃金単価をまとめて計算する　など

Excelではセル内のデータの先頭に「＝」が付いていると数式として認識され、自動的に計算されます。また、関数を使うことで、面倒な計算や複雑な作業をシンプルな数式で簡潔に処理することができます。ここでは数式の基礎を解説します。様々な関数を活用する際、このパートの理解が必須です。

1　基礎　活用する頻度 ★★★　文字列を結合する（別々のセルに入力されている姓と名を結合）

Sample_01-08.xlsx[01-08-01]

数式を使って、**文字列を＆で結合**します。例えば、別々のセルに入力されている姓と名を結合し、末尾に文字列の「様」を付けることができます。なお、**数式の中で使用する文字列**（74ページ参照）**はダブルコーテーションで囲み**ます。

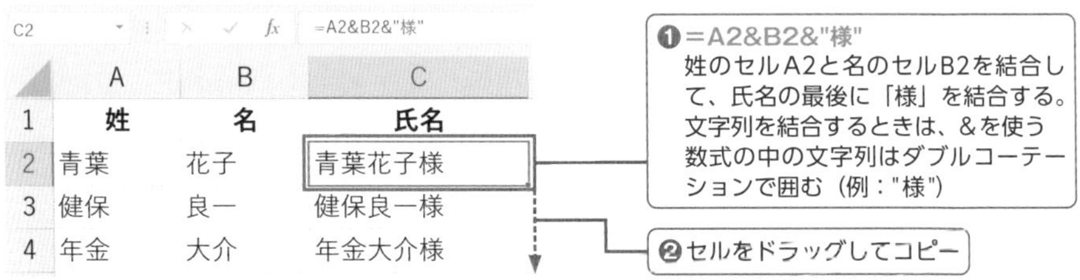

ワンポイントアドバイス

関数を使って文字列を結合することもできます。
（CONCAT関数とCONCATENATE関数については90ページ参照）

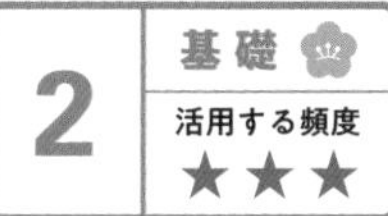

四則演算とべき乗の計算をする（1日の総労働時間を計算）

Sample_01-08.xlsx [01-08-02]

数式を使って、**四則演算**（足し算・引き算・掛け算・割り算）や**べき乗**（累乗。例「2の3乗＝8」など）の計算をすることができます。

四則演算やべき乗をするための記号は次の表のとおりです。

演算	記号	使用例 （セルA1とセルB1を使用する場合）
加算	＋	＝A1＋B1
減算	－	＝A1－B1
乗算	*	＝A1*B1
除算	/	＝A1/B1
べき乗	^	＝A1^B1

出勤時刻、退勤時刻、休憩時間が入力されているセルから、四則演算で1日の総労働時間を求めます。

I7　=G7-F7-H7

	A	B	C	D	E	F	G	H	I	J
1										
2		2020/8/1		締日	2020/8/31					
3		令和2年8月1日		締日	令和2年8月31日					
4										
5							深夜1時は25:00と入力			
6		日付	曜日	有休	欠勤	出勤時刻	退勤時刻	休憩時間	総労働時間	遅刻早退時間
7		2020/8/1	土			9:00	18:00	1:00	8:00	0:00
8		2020/8/2	日			10:00	22:00	1:00	11:00	0:00
9		2020/8/3	月						0:00	0:00
10		2020/8/4	火						0:00	0:00

❶＝G7－F7－H7
1日の総労働時間は、退勤時刻のセルG7から出勤時刻のセルF7と休憩時間のセルH7を引く

❷セルをドラッグしてコピー

3 基礎 活用する頻度 ★★★ 値を代入する（セル参照）

Sample_01-08.xlsx [01-08-03]

「値の代入」とは、同じ値を何度も入力することを避け、作業を効率化することができる機能です。以下の例では、労働時間集計表に賃金計算期間の開始日（締日の翌日）を入力（下図のセルB2）して、その開始日から31日間のカレンダーを作る手順を解説します。

B9 =B2

	A	B	C	D	E
1					
2		2019/8/1	締日		2019/8/31
3		令和1年8月1日	締日		令和1年8月31日
4		割増賃金率			
5		入力値		0.5/1	1/欠勤
6					
7					
8		日付	曜日	有休	欠勤
9		2019/8/1	木		
10		2019/8/2	金		
11		2019/8/3	土		
12		2019/8/4	日		
13		2019/8/5	月		
14		2019/8/6	火		
15		2019/8/7	水	1	
16		2019/8/8	木		
17		2019/8/9	金		
18		2019/8/10	土		

❶ =B2
B9に「= B2」と入力
イコール（=）で、セルB2の賃金計算期間の開始日を代入する

❷ =B9＋1
セルB10はセルB9に1日（シリアル値1）を足して計算する

❸ セルB10を選択後、ドラッグしてセルB39までコピーする

ワンポイントアドバイス

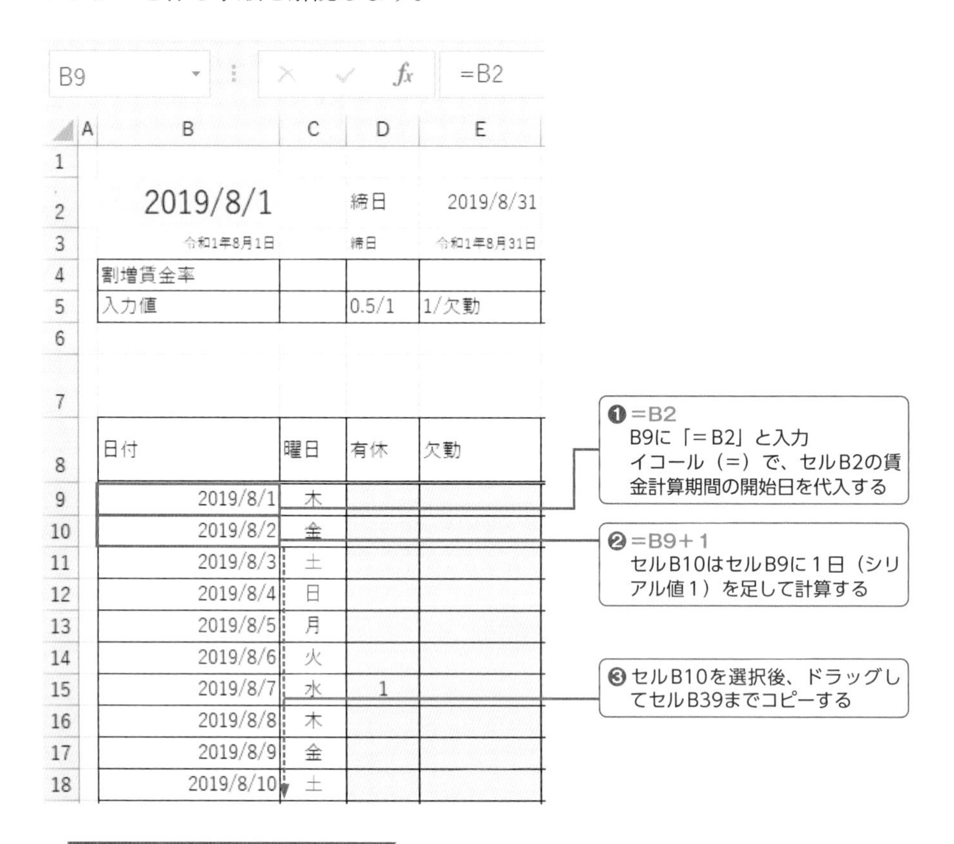

数式を作ったら必ず正しい結果になるか確認する習慣を付けましょう。確認することでミスを発見できます。確認して正しい結果にならなかったら修正します。

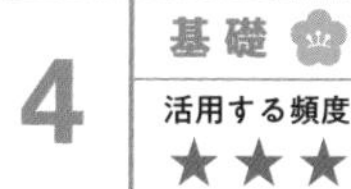

関数を使う場合と使わない場合を比べる（1か月の有給休暇日数の合計）

Sample_01-08.xlsx[01-08-04]

1か月間の年次有給休暇の取得日数を合計する計算は、数式の足し算を使い、31日分のセルを1つずつ指定して行うことができますが、時間がかかりますし、セルの加算忘れによりミスが生じるリスクもあります。

このような場合は、**SUM（サム）関数**を使うと効率的です。

D40 =SUM(D9:D39)

	A	B	C	D	E	F	G	H
9		2019/8/1	木			9:00	18:00	1:00
10		2019/8/2	金			10:00	22:00	1:00
11		2019/8/3	土					
12		2019/8/4	日					
13		2019/8/5	月			10:00	18:30	1:00
14		2019/8/6	火			9:00	20:30	1:00
15		2019/8/7	水	1				
16		2019/8/8	木			10:00	23:00	1:00
17		2019/8/9	金			9:00	17:31	1:00
18		2019/8/10	土					
19		2019/8/11	日					
20		2019/8/12	月			9:00	17:59	1:00
21		2019/8/13	火			8:59	18:00	1:00
22		2019/8/14	水			9:01	18:01	1:00
23		2019/8/15	木			8:45	19:00	1:00
24		2019/8/16	金			9:00	25:30	1:00
25		2019/8/17	土					
26		2019/8/18	日					
27		2019/8/19	月			9:00	18:00	1:00
28		2019/8/20	火		欠勤			
29		2019/8/21	水			7:30	18:00	1:00
30		2019/8/22	木			9:00	17:30	1:00
31		2019/8/23	金			8:00	18:00	1:00
32		2019/8/24	土					
33		2019/8/25	日					
34		2019/8/26	月			9:00	22:00	1:00
35		2019/8/27	火	1				
36		2019/8/28	水			10:00	18:30	1:00
37		2019/8/29	木			9:45	21:00	1:00
38		2019/8/30	金			8:55	17:31	1:00
39		2019/8/31	土					
40		合計		2	1	19		19:00

(ア)～(ウ)はすべて同じ計算結果になるが、SUM関数を使うと効率的に計算でき、セルの記入漏れなどミスを防ぐことができる（D列が有給休暇の取得日）

(ア)数式の足し算を使いセルを1つずつ指定する場合
=D9+D10+D11+D12+D13+D14+D15+D16+D17+D18+D19+D20+D21+D22+D23+D24+D25+D26+D27+D28+D29+D30+D31+D32+D33+D34+D35+D36+D37+D38+D39

(イ)合計するセルを1つずつ指定してSUM関数を使う場合
=SUM(D9,D10,D11,D12,D13,D14,D15,D16,D17,D18,D19,D20,D21,D22,D23,D24,D25,D26,D27,D28,D29,D30,D31,D32,D33,D34,D35,D36,D37,D38,D39)

(ウ)合計するセルを範囲指定してSUM関数を使う場合
=SUM(D9:D39)

計算式や関数を実行した結果としてセルに入るもの

関数のアルファベットの後ろの括弧の中を引数（ひきすう）という。引数で関数に対して詳細な指示ができる

戻り値=SUM(数値1,[数値2],...)
　　　　　　　　❶　　　❷

SUM関数は数値として指定したセルや範囲を加算する

❶ 数値1は必須で、セル、セルの範囲（例 D9:D39）、列（例 D:D）や行（例 2:2）を指定する

❷ 数値2以降は省略可能です。セル、セル範囲、列や行を指定する

5 基礎 活用する頻度 ★★★

関数を挿入する①（ダイアログボックスから関数を入力する）

Sample_01-08.xlsx [01-08-05]

リボンの下に**数式バー**があります。この数式バーにある［**関数の挿入］ダイアログボックス**を使って関数を入力します。

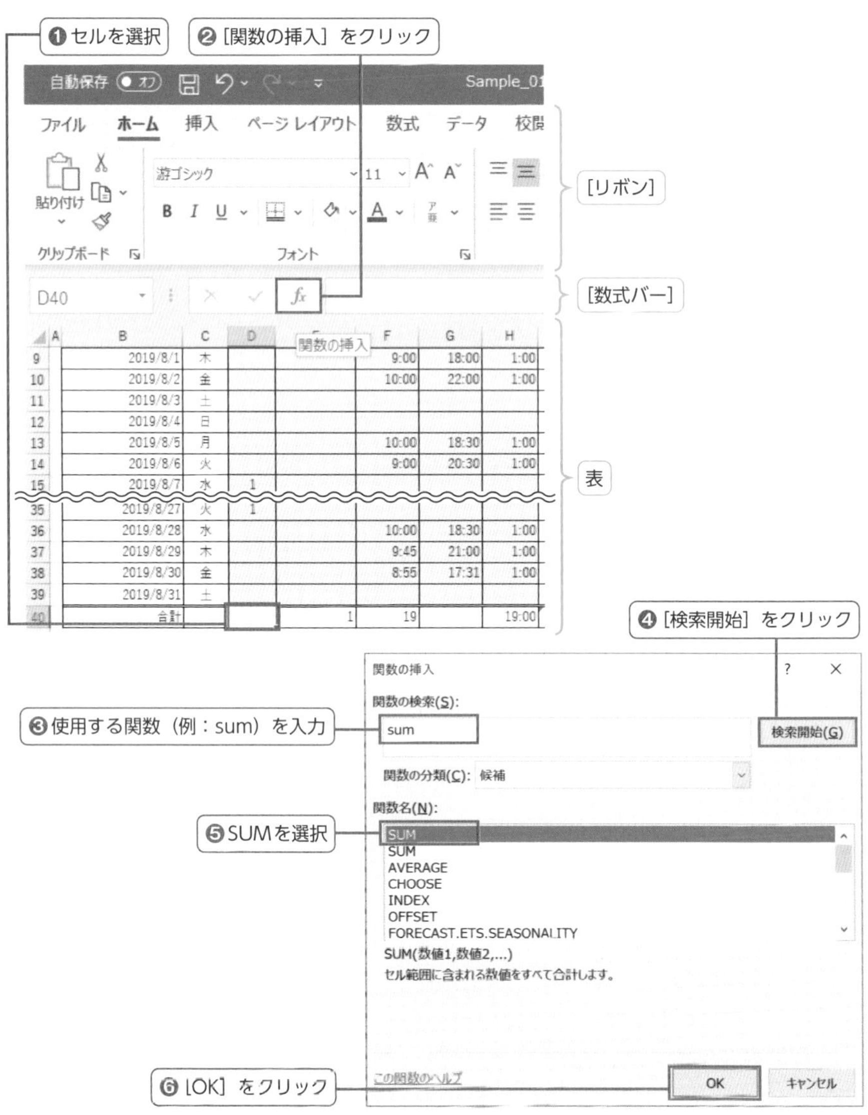

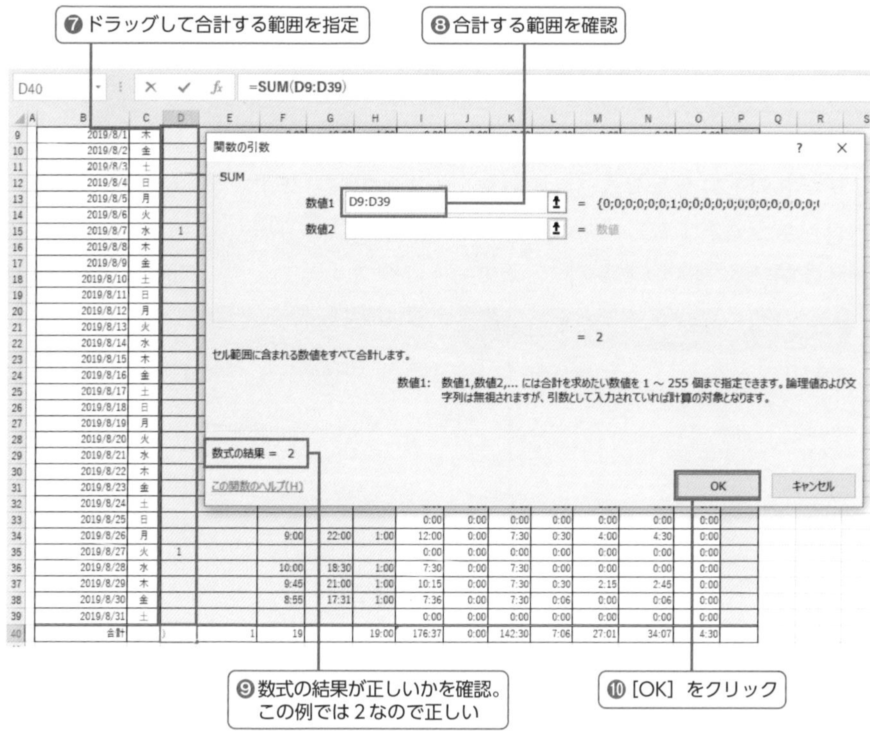

ワンポイントアドバイス

- ［関数の挿入］ダイアログボックスから入力できない関数があるので（例：103ページのDATEDIF関数参照）、その場合には数式バー（次ページ参照）から関数を入力します。
- ［関数の挿入］ダイアログボックスは引数（ひきすう）の指定がわかりやすく、数式の結果を確認できるなど便利な一面があります。しかし、効率的な関数の入力という観点からは、次ページで解説する数式バーからの入力のほうが速くてお薦めです。引数の指定に慣れたら数式バーを使ってみましょう。

6 基礎 活用する頻度 ★★★ 関数を挿入する②（数式バーから関数を入力する）

Sample_01-08.xlsx [01-08-06]

リボンの下にある数式バーに関数を入力していきます。

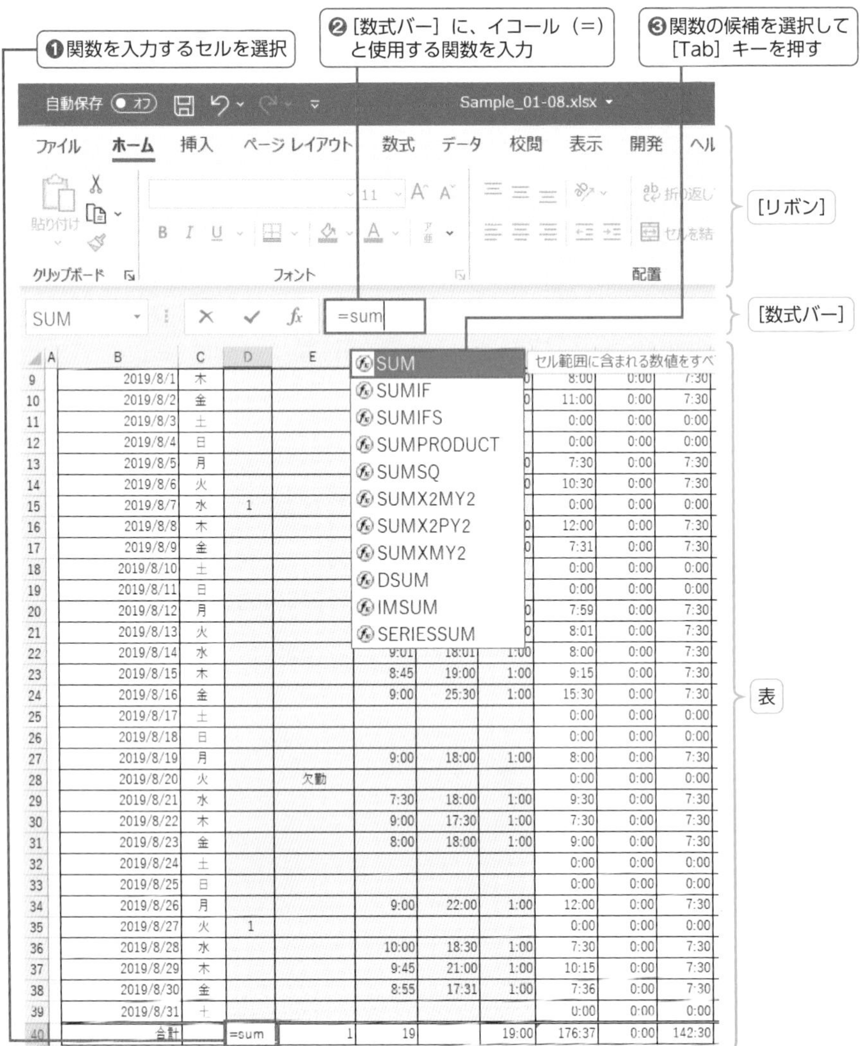

D9 =SUM(D9:D39

SUM(**数値1**, [数値2], ...)

	A	B	C	D	E	F	G	H
9		2019/8/1	木			9:00	18:00	1:00
10		2019/8/2	金			10:00	22:00	1:00
11		2019/8/3	土					
12		2019/8/4	日					
13		2019/8/5	月			10:00	18:30	1:00
14		2019/8/6	火			9:00	20:30	1:00
15		2019/8/7	水	1				
16		2019/8/8	木			10:00	23:00	1:00
17		2019/8/9	金			9:00	17:31	1:00
18		2019/8/10	土					
19		2019/8/11	日					
20		2019/8/12	月			9:00	17:59	1:00
21		2019/8/13	火			8:59	18:00	1:00
22		2019/8/14	水			9:01	18:01	1:00
23		2019/8/15	木			8:45	19:00	1:00
24		2019/8/16	金			9:00	25:30	1:00
25		2019/8/17	土					
26		2019/8/18	日					
27		2019/8/19	月			9:00	18:00	1:00
28		2019/8/20	火		欠勤			
29		2019/8/21	水			7:30	18:00	1:00
30		2019/8/22	木			9:00	17:30	1:00
31		2019/8/23	金			8:00	18:00	1:00
32		2019/8/24	土					
33		2019/8/25	日					
34		2019/8/26	月					
35		2019/8/27	火	1				
36		2019/8/28	水					
37		2019/8/29	木					
38		2019/8/30	金					
39		2019/8/31	土					
40		合計		=SUM(D9:D39				

❹合計する範囲をドラッグして引数として指定

D40 =SUM(D9:D39)

	A	B	C	D	E	F	G	H
9		2019/8/1	木			9:00	18:00	1:00
10		2019/8/2	金			10:00	22:00	1:00
11		2019/8/3	土					
12		2019/8/4	日					
13		2019/8/5	月			10:00	18:30	1:00
14		2019/8/6	火			9:00	20:30	1:00
15		2019/8/7	水	1				
16		2019/8/8	木			10:00	23:00	1:00
17		2019/8/9	金			9:00	17:31	1:00
18		2019/8/10	土					
19		2019/8/11	日					
20		2019/8/12	月			9:00	17:59	1:00
21		2019/8/13	火			8:59	18:00	1:00
22		2019/8/14	水			9:01	18:01	1:00
23		2019/8/15	木			8:45	19:00	1:00
24		2019/8/16	金			9:00	25:30	1:00
25		2019/8/17	土					
26		2019/8/18	日					
27		2019/8/19	月			9:00	18:00	1:00
28		2019/8/20	火		欠勤			
29		2019/8/21	水			7:30	18:00	1:00
30		2019/8/22	木			9:00	17:30	1:00
31		2019/8/23	金			8:00	18:00	1:00
32		2019/8/24	土					
33		2019/8/25	日					
34		2019/8/26	月			9:00	22:00	1:00
35		2019/8/27	火	1				
36		2019/8/28	水			10:00	18:30	1:00
37		2019/8/29	木			9:45	21:00	1:00
38		2019/8/30	金			8:55	17:31	1:00
39		2019/8/31	土					
40		合計		=SUM(D9:D39)		19		19:00

❺閉じ括弧「)」を入力して［Enter］キーを押す
括弧を入力せず［Enter］キーを押しても括弧が自動で入力される

7	中級 活用する頻度 ★★★

値(データ)の4つの種類を把握する

Sample_01-08.xlsx[01-08-07]

Excelで表示される値（データ）は、①**数値**、②**文字列**(もじれつ)、③**論理値**、④**エラー値**の4種類あります。いろいろな関数を使いこなすうえで、4つの違いを把握しておくと関数の理解が深まります。特に数値と文字列の使い分けは重要です。

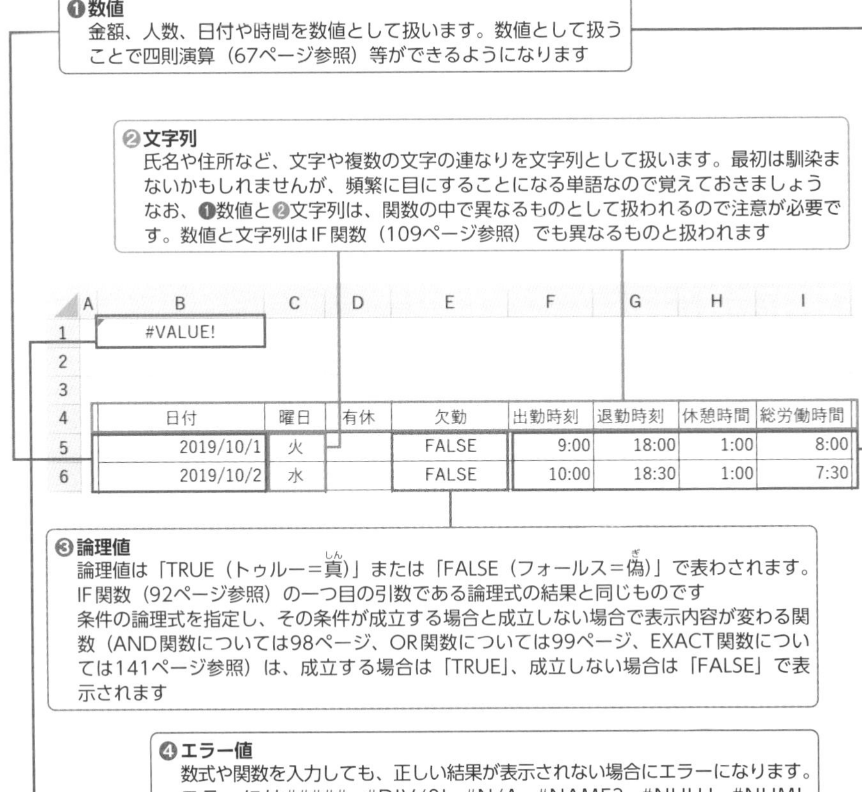

8 中級 活用する頻度 ★★★ 数式をコピーする（相対参照と絶対参照）

Sample_01-08.xlsx [01-08-08]

セルをコピーしたときには通常、参照先のセルが連動してずれます（これを「**相対参照**」といいます）。相対参照が原因で意図しない計算結果になってしまう場合があります。このような場合に、参照先のセルを固定する方法（これを「**絶対参照**」といいます）があります。常に同じセルを参照したい場合に**絶対参照**を使います。

以下の例のように、複数の従業員の割増賃金単価を計算する場合に、相対参照（参照先のセルが連動してずれる）では適正に計算されないため、絶対参照（参照先のセルを固定する方法）を使用します。他にも雇用保険料など、率が決まっている場合で1つのセルを常に参照するケースで活用できます。

●絶対参照を使っていない誤った例

まず、絶対参照を使っていない例を見てみましょう。セルB4～B7の通常の時給に、セルC1の割増賃金率（1.25）を掛けて、割増賃金単価を計算してみます。

①セルC4に

＝B4 * C1

と入力します。

②セルC4をドラッグしてセルC7までコピーします。

③セルC4は正しく割増賃金単価を計算できていますが、セルC5～C7の計算結果は誤っています。これはセルC4をコピーしたときに、参照先のセルC1もずれてしまうためです。

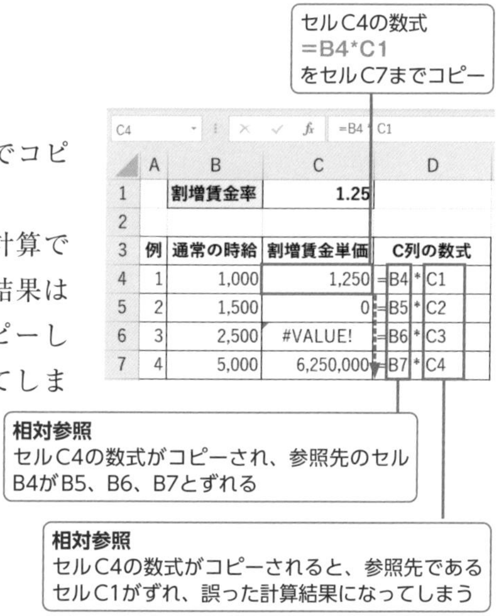

セルC4＝B4 * C1
セルC5＝B5 * C2
セルC6＝B6 * C3
セルC7＝B7 * C4

セルC4の数式
=B4*C1
をセルC7までコピー

C4 =B4 * C1

	A	B	C	D
1		割増賃金率	1.25	
2				
3	例	通常の時給	割増賃金単価	C列の数式
4	1	1,000	1,250	=B4*C1
5	2	1,500	0	=B5*C2
6	3	2,500	#VALUE!	=B6*C3
7	4	5,000	6,250,000	=B7*C4

相対参照
セルC4の数式がコピーされ、参照先のセルB4がB5、B6、B7とずれる

相対参照
セルC4の数式がコピーされると、参照先であるセルC1がずれ、誤った計算結果になってしまう

●絶対参照を使っている正しい例

次に、絶対参照を正しく使っている例を見てみましょう。

①セルC4に

＝B4 * $C$1

と入力します。C1ではなく$C$1と入力することによって、常にセルC1が参照されます。

②セルC4をドラッグしてセルC7までコピーします。

③セルC4～C7で正しく計算されています。これはセルC4をコピーしたときにも、常に参照先はセルC1になっているためです。

セルC4＝B4 * $C$1

セルC5＝B5 * $C$1

セルC6＝B6 * $C$1

セルC7＝B7 * $C$1

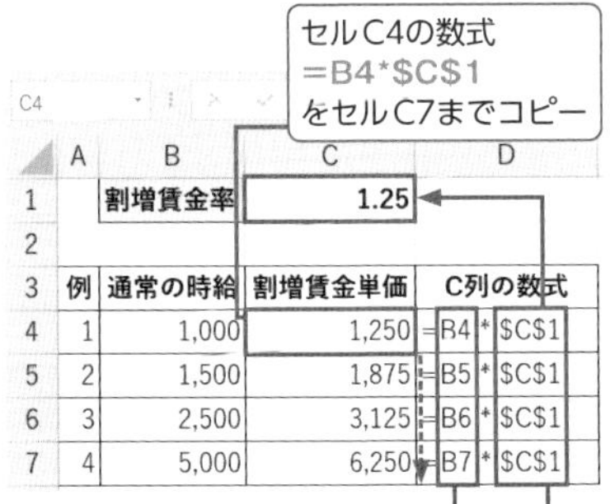

ワンポイントアドバイス

セルを絶対参照にするため$を付けますが、下図のように数式バーでC1にカーソルを置き、［F4］キーを押すと一度に2つ$を付けることができます。

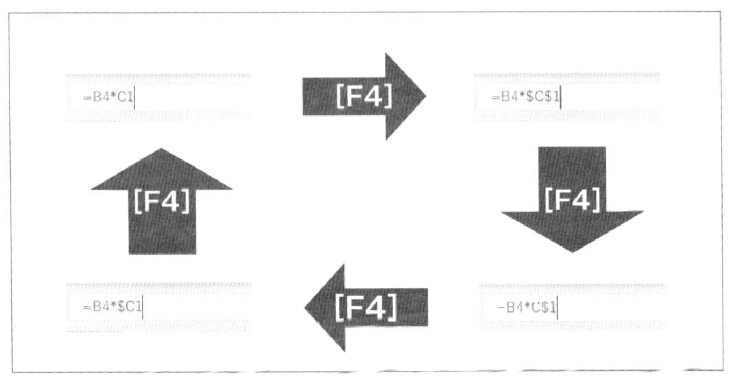

▶ コラム

セルの中で改行したいときは…

セルに文字数が多い単語を入力しているとき、きれいに収まらないのでセルの中で改行したいということはないでしょうか。しかしセルに入力中、[Enter]キーを押すとセルの編集が確定するだけでセルの中で改行はできません。そこで、セルの中で簡単に改行して下図のように表示する方法について解説します。

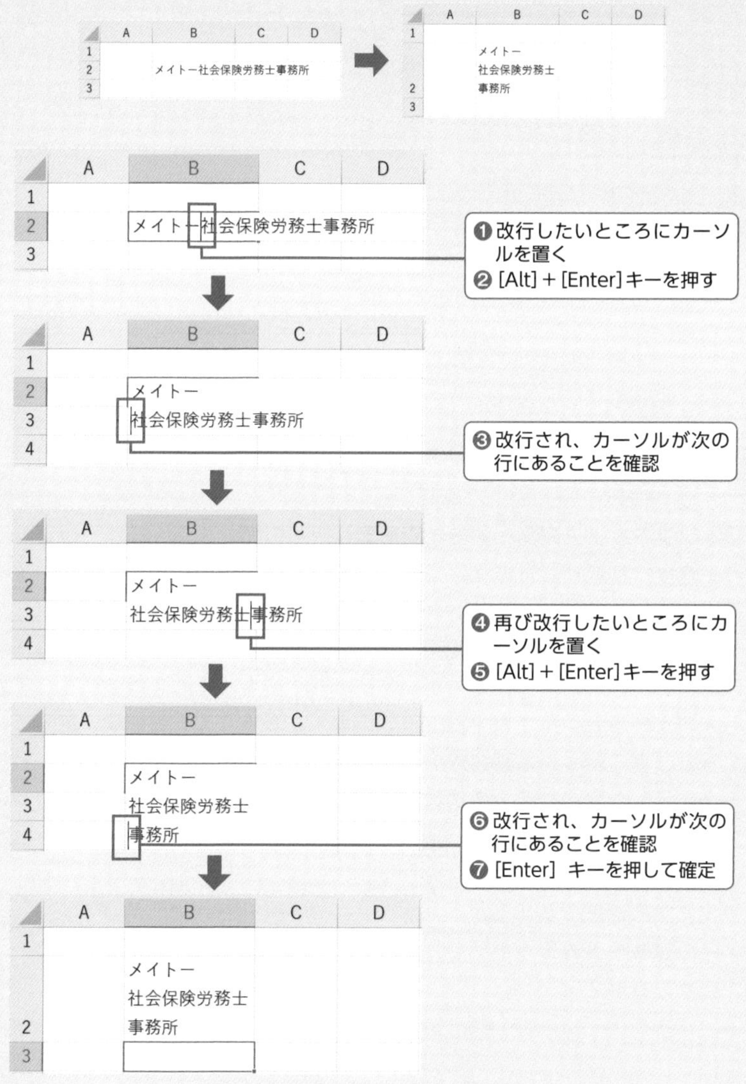

数式クイズ

私はソフトウェア開発に約15年間従事し、その間、人事・総務を担当している人と直接やり取りしたのは数える程度で、人事の仕事がどんなものかまったくと言っていいほどわかっていませんでした。

その後、社会保険労務士になり、人事や労務管理に携わってみると、「しんどいな」と思うこともありますが、会社にとっても、そして社会にとってもとても大切な仕事ということを実感しています。おそらく本書を手に取っていらっしゃる読者の皆さんも同じ想いをお持ちなのではないでしょうか。

下表に示した数式は、人事業務に携わり始めた約５年前のそんな自分へのメッセージ、そして読者の皆さんに対するちょっとした謎解きです。本書を読み進めながら、その意味を汲み取っていただければ幸いです。

	A	B
1	自分	=SUM(誕生 , 学生 , 新卒 , … , 前職 , 現職)
2	人事	=PRODUCT(人事の知識 , ITスキル , 人間力)
3	効率化	=SUBSTITUTE(人事業務 , 紙 , 電子)
4	会社の力	=CONCAT(社員の力 , 経営の力)
5	疲れたとき	=IF(OR(気力=0, 体力=0), 休む , あと一歩前へ)

Excel

第2章

使用頻度が高い Excel関数を使いこなせるようになろう

Excelでは400以上の関数を利用できますが、
人事業務をする人が、これらすべてを
知っておく必要はありません。何事も優先順位が大切です。
この章では、人事業務で使用頻度が高く、
業務の効率化に必須の関数を解説します。

※第２章では、第１章 Part08「数式や関数の基礎を学ぶ」（66～76ページ参照）の理解が必須となります。

Part 01 合計を求める（SUM関数）

- 有休取得日数や労働時間等の合計を調べる
- 支給控除一覧表の控除合計を調べる

合計は加算でセルを１つずつ指定して求めることもできますが、**SUM**（サム）**関数**（次ページ上の構文参照）を使ったほうが効率的です。

1 基礎 活用する頻度 ★★★ 1か月の有休取得日数と労働時間の合計を計算する（SUM関数）

Sample_02-01.xlsx [02-01-01]

労働時間管理表でセル範囲を指定し、有休の取得日数や労働時間等の合計を計算してみましょう。有休取得日にはD列に１が入力されています。

	A	B	C	D	E	F	G	H	I	J	K	L	M	N	O	P
1		2019/10/1									5:00	8:00			22:00	
2		日付	曜日	有休	欠勤	出勤時刻	退勤時刻	休憩時間	総労働時間	遅刻早退時間	所定内労働時間	法定内残業時間	法定超残業時間	残業時間合計	深夜時間	備考
3		2019/10/1	火			9:55	16:10	1:00	5:15	0:00	5:00	0:15	0:00	0:15	0:00	
4		2019/10/2	水			9:53	16:07	1:00	5:14	0:00	5:00	0:14	0:00	0:14	0:00	
5		2019/10/3	木			9:45	16:01	1:00	5:16	0:00	5:00	0:16	0:00	0:16	0:00	
6		2019/10/4	金			9:53	16:05	1:00	5:12	0:00	5:00	0:12	0:00	0:12	0:00	
7		2019/10/5	土						0:00	0:00	0:00	0:00	0:00	0:00	0:00	
8		2019/10/6	日						0:00	0:00	0:00	0:00	0:00	0:00	0:00	
9		2019/10/7	月			9:47	16:06	1:00	5:19	0:00	5:00	0:19	0:00	0:19	0:00	
10		2019/10/8	火			9:55	16:10	1:00	5:15	0:00	5:00	0:15	0:00	0:15	0:00	
11		2019/10/9	水			9:48	16:15	1:00	5:27	0:00	5:00	0:27	0:00	0:27	0:00	
12		2019/10/10	木			9:50	16:07	1:00	5:17	0:00	5:00	0:17	0:00	0:17	0:00	
13		2019/10/11	金	1					0:00	0:00	0:00	0:00	0:00	0:00	0:00	
23		2019/10/21	月	1					0:00	0:00	0:00	0:00	0:00	0:00	0:00	
24		2019/10/22	火						0:00	0:00	0:00	0:00	0:00	0:00	0:00	即位礼正殿の儀
25		2019/10/23	水			9:40	16:01	1:00	5:21	0:00	5:00	0:21	0:00	0:21	0:00	
26		2019/10/24	木			9:45	16:20	1:00	5:35	0:00	5:00	0:35	0:00	0:35	0:00	
27		2019/10/25	金			9:45	16:15	1:00	5:30	0:00	5:00	0:30	0:00	0:30	0:00	
28		2019/10/26	土						0:00	0:00	0:00	0:00	0:00	0:00	0:00	
29		2019/10/27	日						0:00	0:00	0:00	0.00	0:00	0:00	0:00	
30		2019/10/28	月			9:54	16:05	1:00	5:11	0:00	5:00	0:11	0:00	0:11	0:00	
31		2019/10/29	火			9:55	16:08	1:00	5:13	0:00	5:00	0:13	0:00	0:13	0:00	
32		2019/10/30	水			9:49	16:03	1:00	5:14	0:00	5:00	0:14	0:00	0:14	0:00	
33		2019/10/31	木			9:51	16:04	1:00	5:13	0:00	5:00	0:13	0:00	0:13	0:00	
34		合計		2	0	19		19:00	100:38	0:00	95:00	5:38	0:00	5:38	0:00	

＝SUM(D3:D33)
セルD3～D33の有休取得日数を合計

＝SUM(K3:K33)
セルK3～K33の所定内労働時間を合計

● SUM（サム）関数の構文

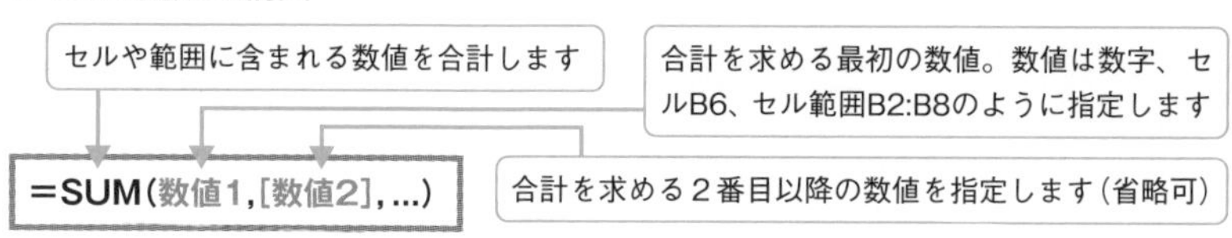

ワンポイントアドバイス

- 表示形式の設定で24時間以上の時間を表示することができます（42ページ参照）。
- 合計するセルを範囲指定するには、引数を指定する手順のときに対象のセルをドラッグします（73ページ参照）。

離れたセル範囲の控除合計を計算する（SUM関数）

Sample_02-01.xlsx[02-01-02]

離れた場所に入力されている「社会保険料（健康保険、介護保険、厚生年金、雇用保険）」と「税金（所得税、住民税）」の控除合計を計算したい場合は、カンマ（,）で区切って複数のセル範囲を指定していきます。

C42　=SUM(C32:C35,C39:C40)

	A	B	C	D	E	F
1	2018年10月分	給与 支給控除一覧表				
2	999	株式会社 メイトーオフィス			締日:10/15	支給日:10/25
3	所 属				15日締25日払計	全社計
4		1	2	3		
5	社 員	青葉 花子	健保 良一	年金 大介	3名	3名
24	深夜残業					
25	休日出勤手当					
26	欠勤控除					
27	遅早控除					
28	課税支給合計	800,000	600,000	500,000	1,900,000	1,900,000
29	非課税通勤手当		10,000	5,000	15,000	15,000
30	非課税支給合計		10,000	5,000	15,000	15,000
31	支給合計	800,000	610,000	505,000	1,915,000	1,915,000
32	健康保険	39,105	29,234	24,775	93,114	93,114
33	介護保険	6,201	4,867		11,068	11,068
34	厚生年金	56,730	53,637	45,455	155,822	155,822
35	雇用保険	非加入	1,830	1,515	3,345	3,345
36	調整保険					
37	社保控除合計	102,036	89,568	71,745	263,349	263,349
38	課税対象額	697,964	510,432	428,255	1,636,651	1,636,651
39	所得税	64,740	24,900	18,960	108,600	108,600
40	住民税	30,000	25,000	17,000	72,000	72,000
41	その他控除合計	94,740	49,900	35,960	180,600	180,600
42	控除合計	196,776	139,468	107,705	443,949	443,949
43	差引支給額	603,224	470,532	397,295	1,471,051	1,471,051
44	現金支給額					
45	振込支給額	603,224	470,532	397,295	1,471,051	1,471,051
46	税制扶養数		1			
47	税表区分	甲欄	甲欄	甲欄		

=SUM(C32:C35,C39:C40)
セルC32～C35と
セルC39～C40を合計

Part 02 平均を求める（AVERAGE関数）

- 平均年齢を調べる
- 平均有休取得日数を調べる
- 平均残業時間を調べる

人事では従業員データの平均値から現状把握することも重要な業務です。この場合は**AVERAGE**（アベレージ）**関数**（次ページ上の構文参照）を使います。

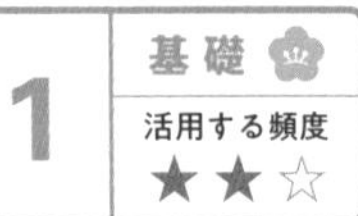

平均年齢を調べる（AVERAGE関数）

Sample_02-02.xlsx [02-02-01-01]

ここではAVERAGE（アベレージ）関数を使って、社員の平均年齢を求めてみます。この方法は平均有休取得日数や平均残業時間の計算にも活用できます。

F101　=AVERAGE(F2:F100)

	A	B	C	D	E	F
1	社員番号	社員氏名	社員氏名カナ	性別	生年月日	年齢
2	1	守屋　孝三	モリヤ　コウゾウ	男	1957/8/8	62
3	2	本橋　朋香	モトハシ　トモカ	女	1952/10/26	66
4	3	西谷　良三	ニシタニ　リョウゾウ	男	1960/11/16	58
5	4	篠原　敏正	シノハラ　トシマサ	男	1972/10/27	46
6	5	成田　佐和子	ナリタ　サワコ	女	1968/8/24	51
7	6	舟木　孝義	フナキ　タカヨシ	男	1951/3/10	68
8	7	小林　智嗣	コバヤシ　サトシ	男	1974/9/27	44
9	8	今野　剣一	コンノ　ケンイチ	男	1971/3/9	48
10	9	森島　茂行	モリシマ　シゲユキ	男	1975/10/11	43
11	10	半田　小百合	ハンダ　サユリ	女	1958/8/14	61
12	11	浅野　武一	アサノ　タケイチ	男	1967/4/26	52
90	89	布施　慶子	フセ　ケイコ	女	1988/3/22	31
91	90	西原　清作	ニシハラ　セイサク	男	1955/3/5	64
92	91	依田　久寛	イダ　ヒサヒロ	男	1978/12/21	40
93	92	保坂　孝吉	ホサカ　コウキチ	男	1970/10/6	48
94	93	小野寺　道世	オノデラ　ミチヨ	女	1974/11/2	44
95	94	大橋　由紀	オオハシ　ユキ	女	1968/10/19	50
96	95	坂東　昭吾	バンドウ　ショウゴ	男	1992/5/22	27
97	96	荻原　照夫	オギワラ　テルオ	男	1970/1/27	43
98	97	[illegible]	イザワ　リン	女	1953/7/17	66
99	98	奥村　民男	オクムラ　タミオ	男	1994/10/22	24
100	99	成田　泰雄	ナリタ　ヤスオ	男	1989/2/12	30
101						43.82

=AVERAGE(F2:F100)
セルF2～F100の平均

AVERAGE関数の構文

セルや範囲に含まれる数値の平均を計算します

=AVERAGE(数値1,[数値2],…)

平均を求める最初の数値。数値は数字、セルB6、セル範囲B2：B8のように指定します

平均を求める２番目以降の数値を指定します（省略可）

ステップアップ

Sample_02-02.xlsx[02-02-01-02]

- 平均を計算する関数としてAVERAGE関数の他にAVERAGEA関数という関数があります。この２つの関数の使い分けに注意しましょう。セルの文字列の有無によって結果が大きく変わります。AVERAGEを使うべきところにAVERAGEAを使わないでください。

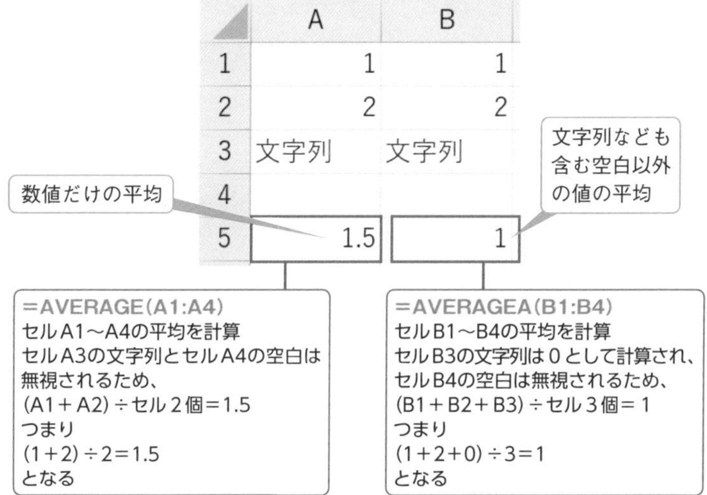

- AVERAGE関数は、引数で指定した範囲内の数値のみを対象に平均を求めます。文字列や数式は無視されます。
- AVERAGEA関数は、引数で指定した範囲内の数値、文字列や数式など空白以外を対象に平均を求めます。

※AVERAGE関数、AVERAGEA関数いずれも空白は無視されます。

Part 03 データの個数を数える（COUNT関数・COUNTA関数）

活用例 ●出勤日数や欠勤日数を数える

給与計算業務や雇用保険被保険者離職証明書の作成では、各従業員の出勤日数や欠勤日数を正確に数えなくてはなりません。労働時間管理表のデータから特定のセルの個数（賃金計算期間の出勤日数と欠勤日数）を数える際は、**COUNT（カウント）関数**や**COUNTA（カウントエー/カウンタ）関数**を使います。

1 出勤日数と欠勤日数を数える（COUNT関数・COUNTA関数）

基礎　活用する頻度 ★★★

Sample_02-03.xlsx [02-03-01]

賃金計算期間の出勤日数と欠勤日数を計算するときは、数値が入力されているセルの個数を数えるCOUNT関数や、空白でないセルの個数を数えるCOUNTA関数を活用します。

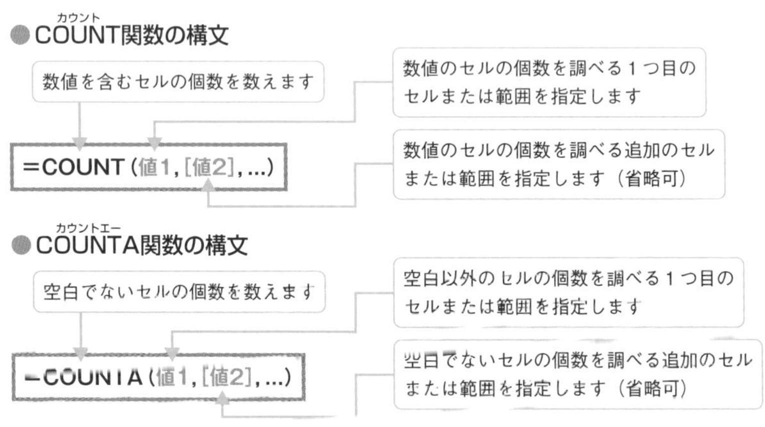

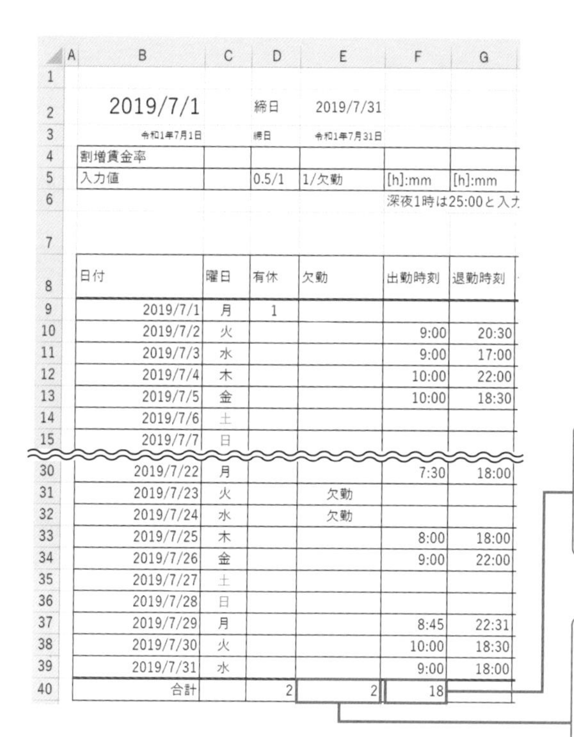

	A	B	C	D	E	F	G
1							
2		2019/7/1		締日	2019/7/31		
3		令和1年7月1日		締日	令和1年7月31日		
4		割増賃金率					
5		入力値		0.5/1	1/欠勤	[h]:mm	[h]:mm
6						深夜1時は25:00と入力	
7							
8		日付	曜日	有休	欠勤	出勤時刻	退勤時刻
9		2019/7/1	月	1			
10		2019/7/2	火			9:00	20:30
11		2019/7/3	水			9:00	17:00
12		2019/7/4	木			10:00	22:00
13		2019/7/5	金			10:00	18:30
14		2019/7/6	土				
15		2019/7/7	日				
30		2019/7/22	月			7:30	18:00
31		2019/7/23	火		欠勤		
32		2019/7/24	水		欠勤		
33		2019/7/25	木			8:00	18:00
34		2019/7/26	金			9:00	22:00
35		2019/7/27	土				
36		2019/7/28	日				
37		2019/7/29	月			8:45	22:31
38		2019/7/30	火			10:00	18:30
39		2019/7/31	水			9:00	18:00
40		合計		2	2	18	

=COUNT(F9:F39)
セルF9～F39の数値のセルのみ個数を数える
(文字列のセルの数はカウントしない)

=COUNTA(E9:E39)
セルE9～E39の空白ではないセルの個数を数える
(文字列のセルの数もカウントする)

ワンポイントアドバイス

- 「COUNTAの〈A〉はAll（すべて）の〈A〉なので、空白ではない（数値、文字列、関数などの）セルの個数をすべて数える」と覚えるとよいでしょう。
- COUNT関数の引数に文字列が入力されているセル範囲を指定しても、数値しかカウントしません。

	A	B
1	9:00	9:00
2	9:00	9:00
3	欠勤	欠勤
4	欠勤	欠勤
5	9:00	9:00
6	3	5

=COUNT(A1:A5)
セルA1～A5の中で数値のセルの個数を数える。「欠勤」という文字列が入っていても、数値以外のセルの数はカウントしない

=COUNT(B1:B5)
セルB1～B5の中で空白以外のセルの個数を数える

Part 04

端数処理をする（切り上げ、四捨五入、切り捨てなど）（ROUNDUP関数・ROUND関数・ROUNDDOWN関数・MAX関数）

活用例

- 1時間あたりの賃金額や割増賃金額を計算する（小数点以下四捨五入等）
- 給与から控除する雇用保険料や社会保険料の被保険者負担分を計算する（50銭以下切り捨て、50銭超切り上げ）
- 標準賞与額を計算する（千円未満切り捨て）
- 生命保険料控除額を計算する（小数点以下切り上げ）
- 年度更新の労働者数を計算する（小数点以下切り捨て）
- 労働基準法における平均賃金の銭未満の端数処理をする（銭未満切り捨て）

給与計算業務に端数処理はつきものです。切り上げは**ROUNDUP関数**、四捨五入は**ROUND関数**、切り捨ては**ROUNDDOWN関数**を使います。また、50銭以下切り捨て50銭超切り上げ（五捨六入）は**ROUNDUP関数**を応用します。

ROUNDUP関数・ROUND関数・ROUNDDOWN関数の構文

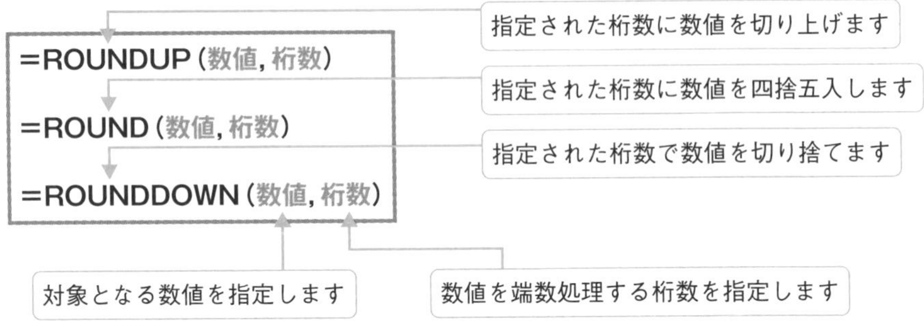

数値の端数処理に使用するROUNDUP関数、ROUND関数、ROUNDDOWN関数は、いずれも引数は2つです。1つ目の引数で端数処理をする対象の数値（セル）を指定し、2つ目の引数で端数処理をする桁数を指定するので、2つ目の引数を正しく指定することが、これらの関数を使ううえで重要です。

下表に、数値1234.5678を切り捨てする場合のROUNDDOWN関数の使用例を、端数処理する桁数別に掲載しました。特にROUNDDOWN関数の2つ目の引数とその計算結果に注目してご覧ください。

桁数の指定	関数の端数処理	ROUNDDOWN関数（切り捨て）の数式例	左記ROUNDDOWN関数の計算結果
3	小数点第四位を端数処理して小数点第三位までの数にする	=ROUNDDOWN（1234.5678, 3）	1234.567
2	小数点第三位を端数処理して小数点第二位までの数にする	=ROUNDDOWN（1234.5678, 2）	1234.56
1	小数点第二位を端数処理して小数点第一位までの数にする	=ROUNDDOWN（1234.5678, 1）	1234.5
0	小数点以下（小数点第一位）を端数処理して整数にする	=ROUNDDOWN（1234.5678, 0）	1234
−1	一の位を端数処理して一の位を0にする	=ROUNDDOWN（1234.5678, −1）	1230
−2	十の位を端数処理して十の位と一の位を0にする	=ROUNDDOWN（1234.5678, −2）	1200
−3	百の位を端数処理して百の位と十の位と一の位を0にする	=ROUNDDOWN（1234.5678, −3）	1000

1 中級 活用する頻度 ★★★ 1時間あたりの賃金額の端数処理をする (ROUNDUP関数・ROUND関数・ROUNDDOWN関数)

Sample_02-04.xlsx[02-04-01-01]

給与計算業務で割増賃金や遅刻早退時間の控除をするため、1時間あたりの賃金を計算しますが、割り切れず端数処理する場合に**ROUNDUP**(ラウンドアップ)**関数**、**ROUND**(ラウンド)**関数**や**ROUNDDOWN**(ラウンドダウン)**関数**を使います。

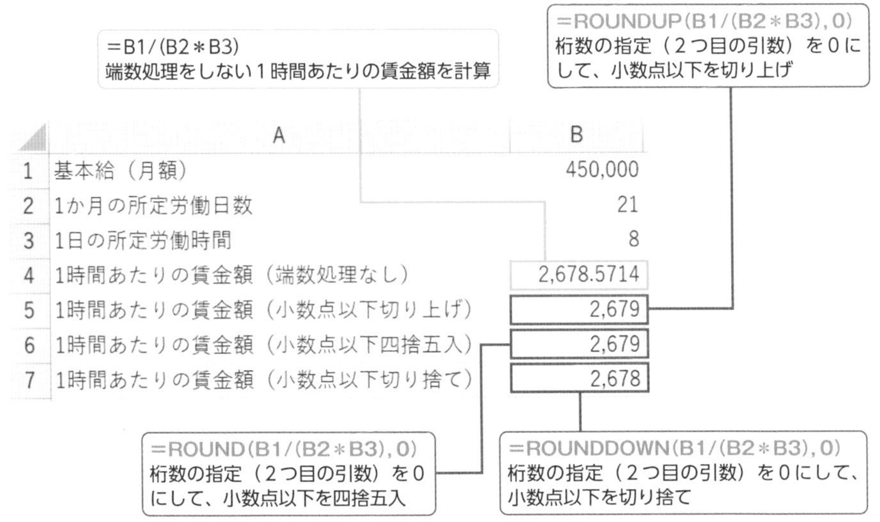

	A	B
1	基本給（月額）	450,000
2	1か月の所定労働日数	21
3	1日の所定労働時間	8
4	1時間あたりの賃金額（端数処理なし）	2,678.5714
5	1時間あたりの賃金額（小数点以下切り上げ）	2,679
6	1時間あたりの賃金額（小数点以下四捨五入）	2,679
7	1時間あたりの賃金額（小数点以下切り捨て）	2,678

ワンポイントアドバイス

Sample_02-04.xlsx[02-04-01-02]

被保険者賞与支払届の賞与額は千円未満を切り捨てで記入するので、関数の2つ目の引数を「−3」とします。

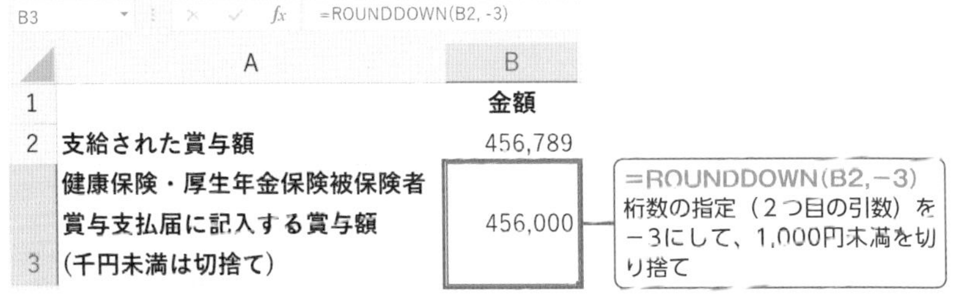

	A	B
1		金額
2	支給された賞与額	456,789
3	健康保険・厚生年金保険被保険者賞与支払届に記入する賞与額(千円未満は切捨て)	456,000

50銭以下切り捨て50銭超切り上げの端数処理をする(MAX関数・ROUNDUP関数)

Sample_02-04.xlsx [02-04-02]

社会保険料に関して、事業主が給与から被保険者負担分を控除する場合、被保険者負担分の端数は50銭以下の場合は切り捨て、50銭を超える場合は切り上げて1円とすることが一般的です（正確な言い回しではありませんが本書では「五捨六入」という言い方をしています)。

しかし、小数点以下を五捨六入できるExcelの関数はないため、MAX関数（101ページ参照）と前述の**ROUNDUP関数**を以下の数式のように組み合わせて計算します。

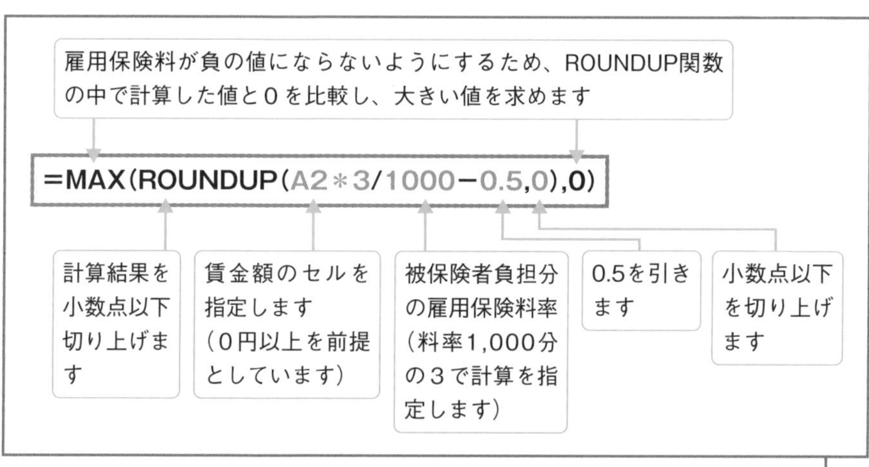

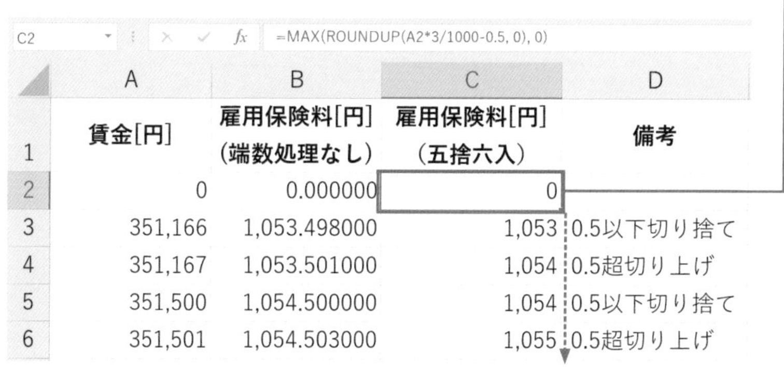

C2 =MAX(ROUNDUP(A2*3/1000-0.5, 0), 0)

	A	B	C	D
1	賃金[円]	雇用保険料[円] (端数処理なし)	雇用保険料[円] (五捨六入)	備考
2	0	0.000000	0	
3	351,166	1,053.498000	1,053	0.5以下切り捨て
4	351,167	1,053.501000	1,054	0.5超切り上げ
5	351,500	1,054.500000	1,054	0.5以下切り捨て
6	351,501	1,054.503000	1,055	0.5超切り上げ

Part 05 複数の文字列を結合して1つのセルに表示する（CONCAT関数・CONCATENATE関数）

活用例
- 給与計算システムに取り込むため「姓＋全角スペース＋名」を結合する
- 「社員番号＋氏名」となるようにセルを結合する

第1章 Part 08の 1 「文字列を結合する」で文字列を＆で結合する例を挙げましたが（66ページ参照）、ここでは**CONCAT関数**や**CONCATENATE関数**を使う方法を解説します。

●CONCAT関数の構文

複数の範囲や文字列を１つの文字列に結合します（引数の範囲指定ができます）※

=CONCAT（文字列1, [文字列2], ...）

- 文字列1：結合する最初の文字列またはセルの範囲を指定します
- [文字列2]：結合するその他の文字列またはセルの範囲を指定します（省略可）

※CONCAT関数の引数で範囲指定すると以下の順番で文字列が結合されます。

	A	B	C	D	E
1	A1	B1	C1	D1	
2	A2	B2	C2	D2	
3	A3	B3	C3	D3	
4					
5			A1B1C1D1A2B2C2D2A3B3C3D3		

=CONCAT(A1:D3)
引数でセルの範囲A1:D3を指定する
範囲指定した場合、A1→B1→C1→D1→A2→B2→C2→D2→A3→B3→C3→D3の順で文字列が結合される

●CONCATENATE関数の構文

２つ以上の文字列を１つの文字列に結合します（引数の範囲指定はできません）

=CONCATENATE（文字列1, [文字列2], ...）

- 文字列1：結合する最初の文字列を指定します
- [文字列2]：結合するその他の文字列を指定します（省略可）

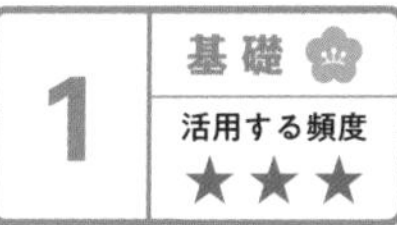

「姓＋全角スペース＋名」のセルを作る（CONCAT関数・CONCATENATE関数）

Sample_02-05.xlsx[02-05-01]

姓と名で分かれているセルを1つのセルに結合し、「姓＋全角スペース＋名」と表示する3つの方法を紹介します。

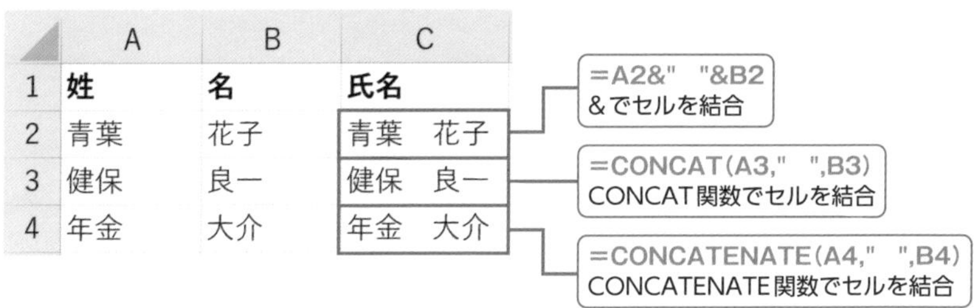

	A	B	C
1	姓	名	氏名
2	青葉	花子	青葉　花子
3	健保	良一	健保　良一
4	年金	大介	年金　大介

「社員番号＋氏名」のセルを作る（CONCAT関数・CONCATENATE関数）

Sample_02-05.xlsx[02-05-02]

同姓同名の従業員がいても情報管理がしやすいように、「社員番号＋氏名」にしてみましょう。表示法を3つ紹介します。

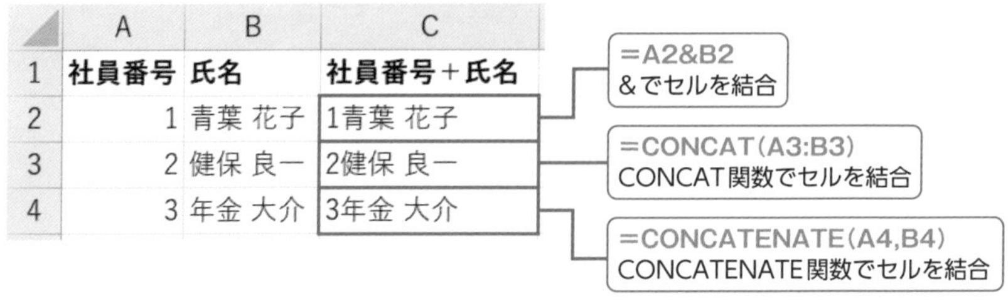

	A	B	C
1	社員番号	氏名	社員番号＋氏名
2	1	青葉 花子	1青葉 花子
3	2	健保 良一	2健保 良一
4	3	年金 大介	3年金 大介

ワンポイントアドバイス

CONCAT関数はOffice 2019以降またはMicrosoft 365で利用できます。Office 2016以前では利用できません。

Part 06

条件で処理を分ける①（IF関数）

- 法定超労働時間を集計する
- 遅刻早退時間を計算する　など

条件によって処理を分けるときに使用する**IF関数**は、人事業務において最も利用頻度が高い関数の１つです。また、IF関数を理解することは他の関数（SUMIF関数、SUMIFS関数、COUNTIF関数、COUNTIFS関数など）への応用には必須となります。ここではIF関数の活用シーンと用法を解説します。

● IF関数の構文

条件を論理式で指定すると、その結果が真（TRUE）の場合は真の場合の値になり、偽（FALSE）の場合は偽の場合の値になります

＝IF(論理式, [真の場合], [偽の場合])

- 論理式：条件式を指定します
- [真の場合]：１つ目の引数である論理式が成立した（真＝TRUEになる）場合の数式や値を指定します
- [偽の場合]：１つ目の引数である論理式が成立しなかった（偽＝FALSEになる）場合の数式や値を指定します

IF関数と一緒に覚えておきたい論理式	
AがB以上	A＞＝B
AがB以下	A＜＝B
AがBより大きい	A＞B
AがBより小さい	A＜B
AがBと等しい	A＝B
AがBと等しくない	A＜＞B

実際にExcelでIF関数を利用する前に、「条件で処理を分ける」とはどういうことか例を見ていきましょう。

労働基準法第89条（就業規則作成及び届出の義務）

常時10人以上の労働者を使用する使用者は、次に掲げる事項について就業規則を作成し、行政官庁に届け出なければならない。

常時10人以上の労働者がいる場合は、就業規則の作成と届け出義務が発生し、逆に、常時10人以上の労働者がいない場合には、法的な義務は発生しません（下図参照）。Excelを使っていて条件によって処理を分けるケースに直面したら、このような図を描いて整理するのがよいでしょう。

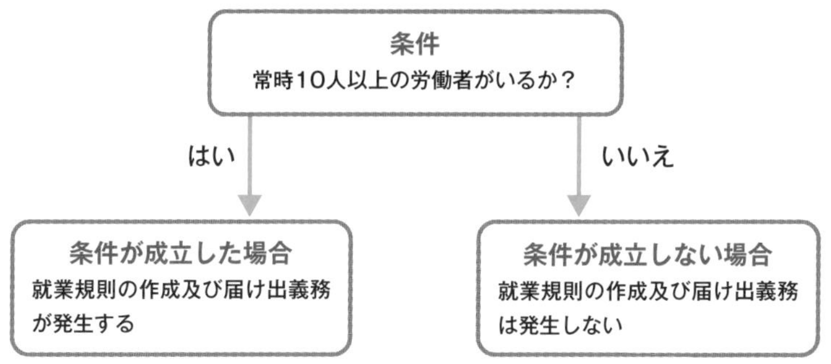

1	基礎	活用する頻度 ★★★

法定超労働時間を集計する（IF関数）

Sample_02-06.xlsx[02-06-01]

法定超労働時間は、一日の総労働時間が法定労働時間8時間を超えている場合に、総労働時間から法定労働時間を引いて算出します。一方、8時間を超えていない日の法定超労働時間は0となります（週40時間を超える労働時間は、この場合考慮しないことにします）。

このように条件により処理を分ける場合にIF関数を使用します。

	A	B
1	総労働時間	法定超労働時間
2	7:00	0:00
3	7:59	0:00
4	8:00	0:00
5	8:01	0:01
6	8:30	0:30

=IF(A2>TIME(8,0,0), A2-TIME(8,0,0), 0)
　　　　❶　　　　　　　❷　　　　❸

❶ 総労働時間のセルA2が法定労働時間8時間（TIME(8,0,0)）を超えているか判断する条件式（論理式）
❷ ❶の条件が成立する場合、総労働時間セルA2から法定労働時間8時間を引いた時間が法定超労働時間となる
❸ ❶の条件が成立しない場合、法定超労働時間は0となる

TIME関数については108ページ参照

ワンポイントアドバイス

IF関数を初めて使うときは、図を描いてみると数式を組み立てやすくなります。

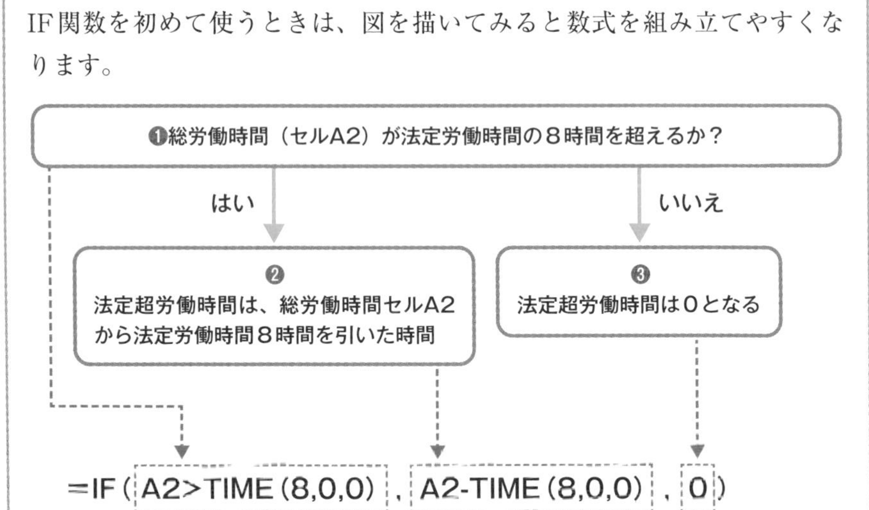

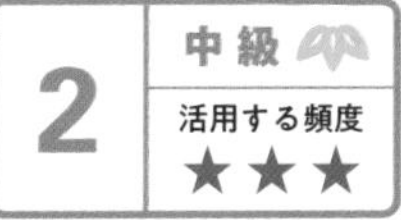

遅刻早退時間を計算する（IF関数）

Sample_02-06.xlsx [02-06-02-01]

遅刻早退時間を計算する際は出勤の有無で処理を分けます。関数の中に関数を入れることを「入れ子」（または「ネスト」）といいます。複数の条件で処理を分岐させることができるのです。

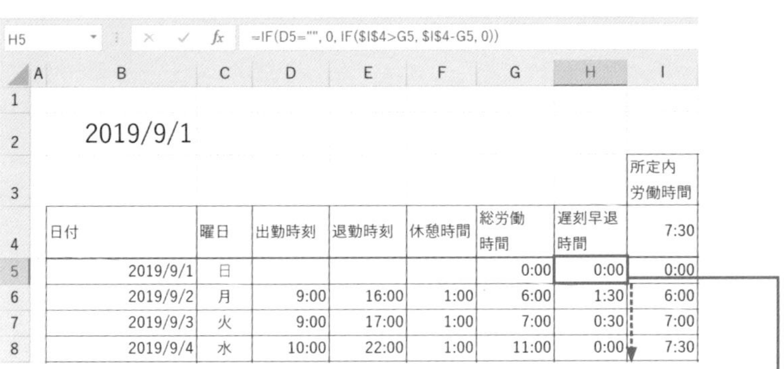

H5 =IF(D5="", 0, IF($I$4>G5, $I$4-G5, 0))

	A	B	C	D	E	F	G	H	I
1									
2		2019/9/1							
3									所定内労働時間
4		日付	曜日	出勤時刻	退勤時刻	休憩時間	総労働時間	遅刻早退時間	7:30
5		2019/9/1	日				0:00	0:00	0:00
6		2019/9/2	月	9:00	16:00	1:00	6:00	1:30	6:00
7		2019/9/3	火	9:00	17:00	1:00	7:00	0:30	7:00
8		2019/9/4	水	10:00	22:00	1:00	11:00	0:00	7:30

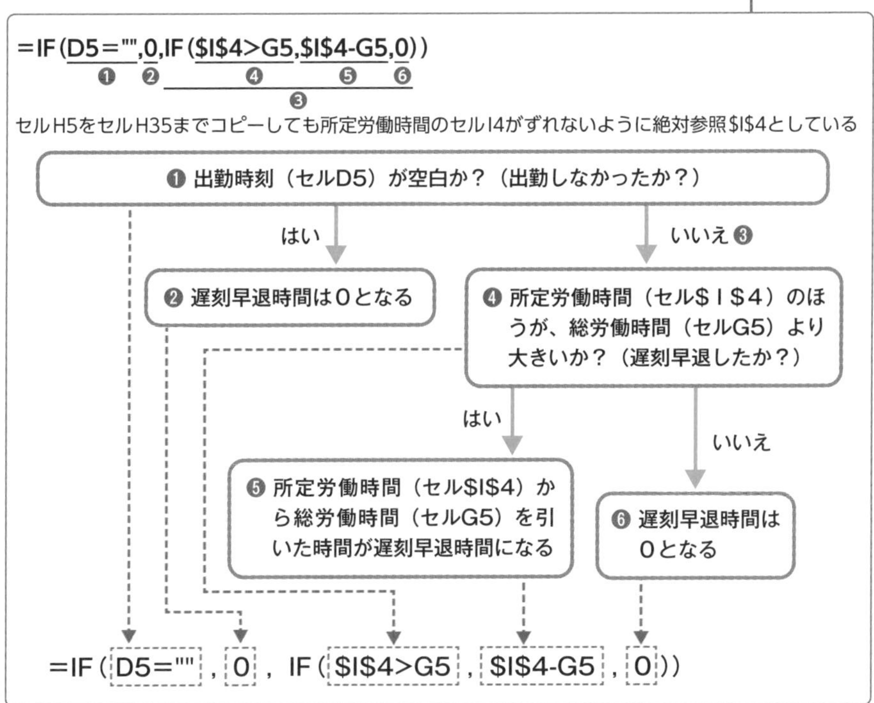

=IF(D5="",0,IF($I$4>G5,$I$4-G5,0))

❶ D5=""　❷ 0　❸ IF($I$4>G5,$I$4-G5,0)　❹ $I$4>G5　❺ $I$4-G5　❻ 0

セルH5をセルH35までコピーしても所定労働時間のセルI4がずれないように絶対参照$I$4としている

❶ 出勤時刻（セルD5）が空白か？（出勤しなかったか？）

はい → ❷ 遅刻早退時間は0となる

いいえ ❸ → ❹ 所定労働時間（セル$I$4）のほうが、総労働時間（セルG5）より大きいか？（遅刻早退したか？）

はい → ❺ 所定労働時間（セル$I$4）から総労働時間（セルG5）を引いた時間が遅刻早退時間になる

いいえ → ❻ 遅刻早退時間は0となる

=IF(D5="" , 0 , IF($I$4>G5 , $I$4-G5 , 0))

ワンポイントアドバイス

Sample_02-06.xlsx [02-06-02-02]

- 前ページの例とは反対に、「セルが空白でないならば」という論理式にしたい場合は以下のようにします（1つ目の引数である条件を書き換え、2つ目と3つ目の引数の場所を入れ替えているため、計算結果は同じになります）。

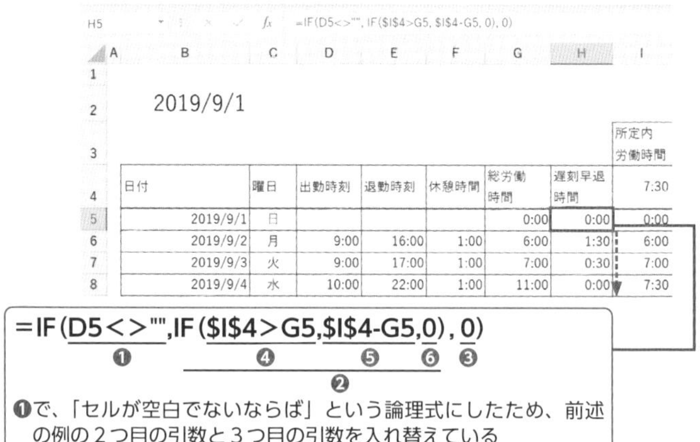

H5 =IF(D5<>"", IF($I$4>G5, $I$4-G5, 0), 0)

2019/9/1

日付	曜日	出勤時刻	退勤時刻	休憩時間	総労働時間	遅刻早退時間	所定内労働時間 7:30
2019/9/1	日				0:00	0:00	0:00
2019/9/2	月	9:00	16:00	1:00	6:00	1:30	6:00
2019/9/3	火	9:00	17:00	1:00	7:00	0:30	7:00
2019/9/4	水	10:00	22:00	1:00	11:00	0:00	7:30

- 複数のIF関数を入れ子にして使うのに慣れていないときは図を描いて数式を組み立てやすくしましょう。

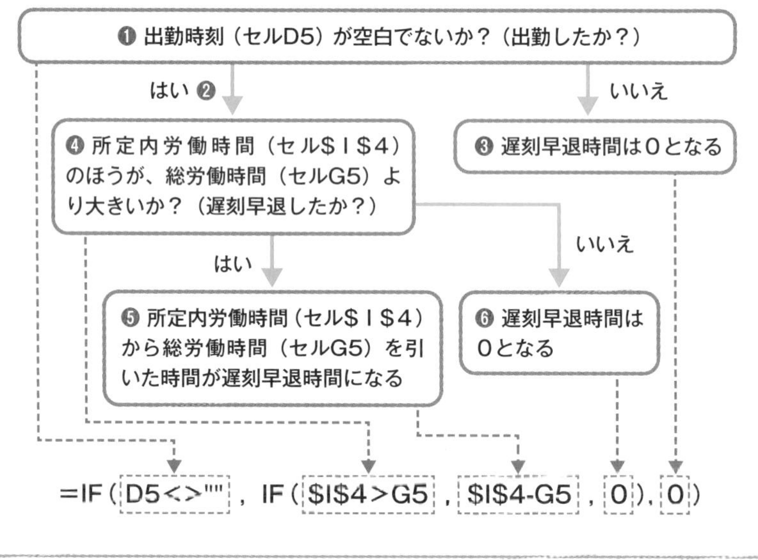

Part 07

条件で処理を分ける②（AND関数・OR関数）

- 遅刻早退時間を計算する
- IF関数の複雑さを緩和させる

IF関数（92ページ参照）は、分岐処理の条件が多いと数式が複雑になっていきます。そこで、すべての条件に当てはまるかどうかを調べる**AND関数**（アンド）や、いずれかの条件が当てはまるかどうかを調べる**OR関数**（オア）を使う方法も検討するとよいでしょう。

●AND（アンド）関数の構文

すべての引数がTRUEと評価された場合はTRUEになり、1つ以上の引数がFALSEと評価された場合はFALSEになります

=AND(論理式1, [論理式2], ...)

- 論理式1：TRUEまたはFALSEとなる1つ目の条件式を指定します
- [論理式2]：TRUEまたはFALSEとなる2つ目以降の条件式を指定します（省略可）

●OR（オア）関数の構文

いずれかの引数がTRUEと評価された場合はTRUEになり、すべての引数がFALSEと評価された場合はFALSEになります

=OR(論理式1, [論理式2], ...)

- 論理式1：TRUEまたはFALSEとなる1つ目の条件式を指定します
- [論理式2]：TRUEまたはFALSEとなる2つ目以降の条件式を指定します（省略可）

1 中級 活用する頻度 ★★☆ 遅刻早退時間を計算する（AND関数）

Sample_02-07.xlsx [02-07-01]

労働時間管理表の出勤時刻のセルが空白ではなく、かつ総労働時間が所定労働時間（ここでは8時間とする）より短い場合には遅刻早退時間を計算し、それ以外の場合（出勤時刻のセルが空白、もしくは総労働時間が所定労働時間以上の場合）には遅刻早退時間を0とする方法を解説します。

※結果は次ページのOR関数を使用した場合と同じになります。

G2 =IF(AND(C2<>"", TIME(8,0,0)>F2), TIME(8,0,0) - F2, 0)

	A	B	C	D	E	F	G	H
1	日付	曜日	出勤時刻	退勤時刻	休憩時間	総労働時間	遅刻早退時間	備考
2	2019/9/1	日				0:00	0:00	法定休日
3	2019/9/2	月	9:00	19:00	1:00	9:00	0:00	
4	2019/9/3	火	9:00	17:00	1:00	7:00	1:00	

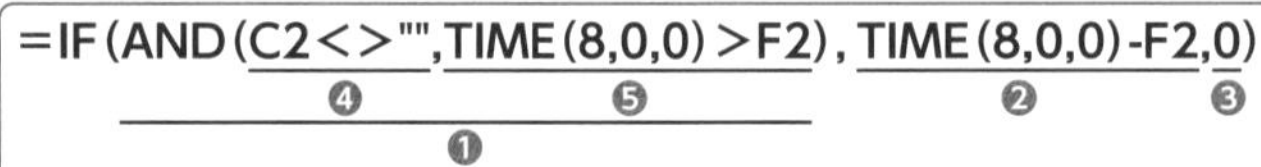

❶ ❹出勤時刻であるセルC2が空白でなく、かつ、❺総労働時間であるセルF2が所定労働時間８時間未満か判断する条件式
❷（❶が成立する場合）所定労働時間８時間から総労働時間のセルF2を引いて遅刻早退時間を計算する
❸（❶が成立しない場合、つまり、出勤時刻であるセルC2が空白であるか、または、総労働時間が所定労働時間８時間以上の場合）遅刻早退時間は０となる

ワンポイントアドバイス

慣れるまで図を描いて数式を組み立ててみましょう。

❶
❹ 出勤時刻（セルC2）が空白でなく かつ
❺総労働時間（セルF2）が所定労働時間８時間未満か？

はい → ❷ 遅刻早退時間は、所定労働時間８時間から総労働時間（セルF2）を引く

いいえ → ❸ 遅刻早退時間は０となる

=IF(AND(C2<>"",TIME(8,0,0)>F2) , TIME(8,0,0)-F2 , 0)

2 中級 活用する頻度 ★★☆ 遅刻早退時間を計算する（OR関数）

Sample_02-07.xlsx [02-07-02]

労働時間管理表の出勤時刻のセルが空白、もしくは総労働時間が所定労働時間（ここでは8時間とする）より長い場合には遅刻早退時間を0とし、それ以外の場合（出勤時刻のセルが空白ではなく、かつ総労働時間が所定労働時間以下の場合）に遅刻早退時間を計算します。

※結果は前ページのAND関数を使用した場合と同じになります。

	A	B	C	D	E	F	G	H
1	日付	曜日	出勤時刻	退勤時刻	休憩時間	総労働時間	遅刻早退時間	備考
2	2019/9/1	日				0:00	0:00	法定休日
3	2019/9/2	月	9:00	19:00	1:00	9:00	0:00	
4	2019/9/3	火	9:00	17:00	1:00	7:00	1:00	

=IF(OR(C2="",F2>TIME(8,0,0)),0,TIME(8,0,0)-F2)

（C2="" ❹、F2>TIME(8,0,0) ❺、OR(…) ❶、0 ❷、TIME(8,0,0)-F2 ❸）

❶ ❹出勤時刻であるセルC2が空白であるか、または、❺総労働時間のセルF2が所定労働時間8時間超か判断する条件式
❷（❶が成立する場合）遅刻早退時間は0となる
❸（❶が成立しない場合、つまり、出勤時刻であるセルC2が空白ではなく、かつ、総労働時間のセルF2が所定労働時間8時間以下の場合）所定労働時間8時間から総労働時間のセルF2を引いて遅刻早退時間を計算する

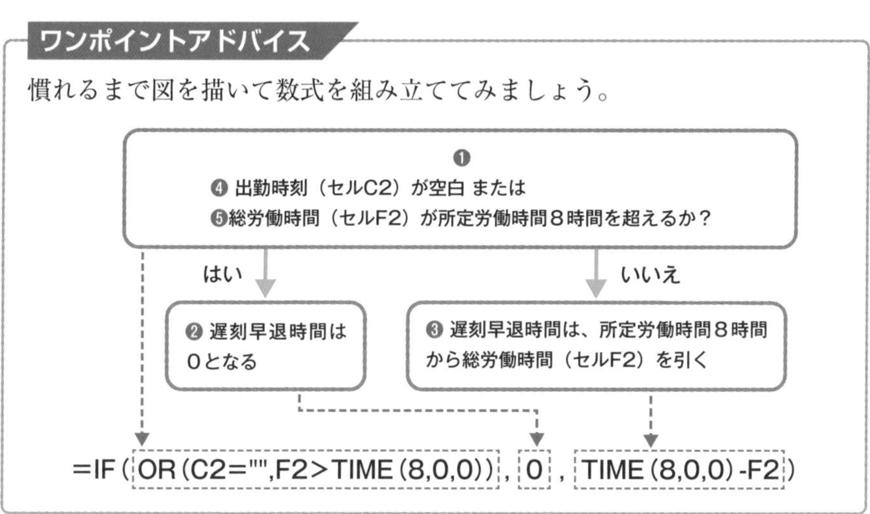

Part 08

最大値や最小値を調べる（MAX関数・MIN関数）

- 遅刻早退時間を計算する（最大値）
- 法定超労働時間の最長時間を計算する（最大値）
- 平均賃金の最低保障額を計算する（最大値）
- 法定内労働時間を計算する（最小値）
- 年度の賞与累計額が一定額を超えた際の標準賞与額を計算する（最小値）
- １回の賞与額が一定額を超えた場合の標準賞与額を計算する（最小値）

労働時間や36協定届「法定労働時間を超える時間数」の集計などの際に活用したいのが、最大値を求める**MAX（マックス）関数**と最小値を求める**ＭＩＮ（ミン/ミニマム）関数**です。それぞれ解説していきます。

●MAX（マックス）関数の構文

一連の引数のうち、最大の数値を求めます

=MAX（数値1,［数値２］,...）

数値１は必ず指定します

数値２以降は省略可能です

●MIN（ミン/ミニマム） 関数の構文

一連の引数のうち、最小の数値を求めます

=MIN（数値1,［数値２］,...）

数値１は必ず指定します

数値２以降は省略可能です

1 基礎 活用する頻度 ★★☆ 遅刻早退時間(最大値)を計算する(MAX関数)

Sample_02-08.xlsx[02-08-01]

遅刻早退時間は、所定労働時間から総労働時間を引いて計算します。ただし、所定労働時間（ここでは8時間とする）が総労働時間より短い場合は、負の値にならないように**MAX関数**（マックス）を使います。

	A	B	C	D	E	F	G
1	日付	曜日	出勤時刻	退勤時刻	休憩時間	総労働時間	遅刻早退時間
2	2019/8/1	木	9:00	17:00	1:00	7:00	1:00
3	2019/8/2	金	9:00	19:00	1:00	9:00	0:00

=IF(C2<>"",MAX(TIME(8,0,0)-F2,0),0)

❶ 出勤時刻のセルC2が空白でない（出勤している）か判断する条件
❷（❶が成立する場合）遅刻早退時間を計算する。所定労働時間8時間から総労働時間のセルF2を引いた時間が計算され、その後その計算された値と0を比較して大きい時間を表示する（つまり、所定労働時間8時間から総労働時間のセルF2を引いた時間がマイナスにならないようにしている）
❸（❶が成立しない場合、つまり、出勤時刻のセルC2が空白の場合）遅刻早退時間は0となる

ワンポイントアドバイス

- 遅刻早退時間を計算する場合であれば、❶IF関数を2つ使う（95ページ参照）、❷IF関数とAND関数またはOR関数を組み合わせる（98～99ページ参照）、❸MAX関数を使う（101ページ）と、方法が複数あることがわかります。
- 「どの数式がいいの？　ベストの方法だけ教えてほしいのに……」と思われたかもしれません。ただ、Excelを使う場面は「遅刻早退時間を計算するときだけ」ではありません。様々な方法があることを知り、いろいろ実践することで“Excel経験値”は高まります。
- 期待どおりの計算結果を出す方法がひととおり理解できるようになったら、最終的には、自分はもちろん、他の人にも読みやすい数式を作ることを目指してください。一般的に短い数式が読みやすいとされています。後々、数式の修正もスピーディーにできるなど、メンテナンスが楽だからです。

2 基礎 活用する頻度 ★★☆ 法定内労働時間(最小値)を計算する(MIN関数)

Sample_02-08.xlsx [02-08-02]

給与計算で法定内労働時間か法定超労働時間かしっかり把握することは大切です。法定内労働時間ならば割増賃金は不要ですし、法定超労働時間ならば割増賃金が必要だからです。

しかし、遅刻早退する場合も考えられ、法定内労働時間は必ずしも８時間となるわけではなく、１日の労働時間が８時間未満になる場合には、その時間が法定内労働時間となるため、法定労働時間８時間と１日の総労働時間を比較し、小さいほうが法定内労働時間となります。

ここでは**ＭＩＮ関数**（ミン/ミニマム）を使い、総労働時間が法定労働時間（ここでは８時間とする）よりも少なければ、その少ない時間数を法定内労働時間とし、多ければ８時間とする方法を解説します。

	A	B	C	D	E	F	G
1	日付	曜日	出勤時刻	退勤時刻	休憩時間	総労働時間	法定内労働時間
2	2019/8/1	木	9:00	17:00	1:00	7:00	7:00
3	2019/8/2	金	9:00	19:00	1:00	9:00	8:00

=MIN(TIME(8,0,0),F2)
法定労働時間８時間と総労働時間のセルF2を比較して、小さいほうを表示

ステップアップ

上記の「法定労働時間＝８時間」を「所定労働時間」に置き換えると、所定内労働時間を計算することも可能です。例えば、所定労働時間が７時間45分の場合には、以下の式で所定内労働時間を計算します。

＝MIN(TIME(7,45,0), 総労働時間のセル)

Part 09

生年月日や入社日から現在の年齢や勤続年数を調べる（DATEDIF関数・TODAY関数）

- 従業員の年齢に応じて必要な社会保険の事務手続きをする
- 勤続年月数に応じた年次有給休暇を付与する

社会保険や年次有給休暇付与を漏れなく手続きするには、従業員の生年月日や入社日から今日現在までの期間（法律上の年齢や勤続年月数）の正確な把握が必須です。開始日と終了日から**DATEDIF（デイトディフ）関数**で計算し、現在の日付は**TODAY（トゥデイ）関数**を使って把握します。

● DATEDIF（デイトディフ）関数の構文

2つの日付の間の日数、月数、または年数を計算します

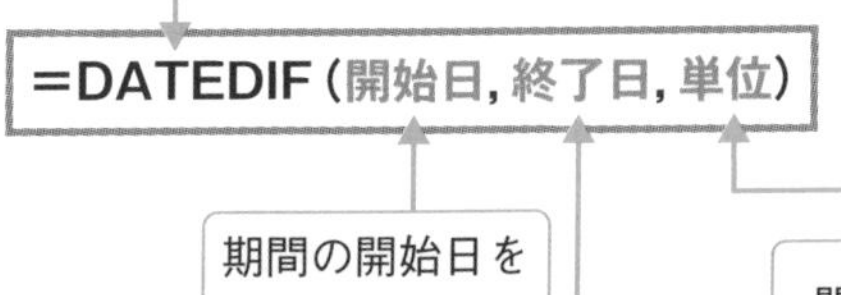

期間の開始日を指定します

期間の終了日を指定します

関数によって求める計算結果の種類を指定します

単位	戻り値
"Y"	期間の年数
"M"	期間の月数
"D"	期間の日数
"MD"	開始日から終了日までの日数。日付の月数および年数は無視されます（制限事項があるため、"MD"引数の使用はお薦めしません）
"YM"	開始日から終了日までの月数。日付の日数および年数は無視されます
"YD"	開始日から終了日までの日数。日付の年数は無視されます

● TODAY（トゥデイ）関数の構文

現在の日付に対応するシリアル値を求めます

=TODAY( )

引数はありません

1 上級 活用する頻度 ★★★

法律上の年齢を確認する（DATEDIF関数・TODAY関数）

Sample_02-09.xlsx [02-09-01]

法律上の年齢の数え方は、誕生日を起算日とし、誕生日の前日に満年齢となります（例：４月１日生まれの場合は翌年３月31日に満１歳となる）。

ここでは中途採用した従業員をモデルに、介護保険料を徴収すべき年齢（40歳）を迎えているかどうかを、**DATEDIF**（デイトディフ）**関数**で開始日、終了日、単位（年）を指定して年齢を計算します。

B3 =DATEDIF(A3 - 1, $A$1, "Y")

	A	B	C
1	2019/10/09 現在		
2	生年月日	年齢	備考
3	1979/10/09	40	2019/10/08に40歳になった
4	1979/10/10	40	2019/10/09に40歳になった
5	1979/10/11	39	2019/10/10に40歳になる
6	1979/10/12	39	2019/10/11に40歳になる

=DATEDIF(A3-1,$A$1,"Y")
　　　　　　❶　　❷　　❸

❶ 開始日として生年月日から１を引いた値を指定する。これは法律上の年齢が生年月日の前日に加算されるためである
❷ 終了日として2019年10月９日現在の日付のセルA1を指定する。セルB3をコピーしたときに正しく動作するように絶対参照にしている
❸ セルB3に入る値を年齢にするため、期間の年数の" Y "を指定する

ステップアップ

セルA1に"2019/10/9"と入力していますが、＝TODAY()と入力すると常に今日現在の年齢を計算することができます。

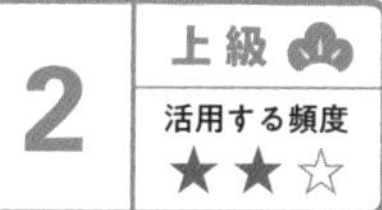

勤続年月数を確認する（DATEDIF関数・TODAY関数）

Sample_02-09.xlsx [02-09-02]

勤続年数で付与日数が異なる年次有給休暇の事務は、**DATEDIF**（デイトディフ）**関数**で入社日から今日現在までの勤続年月数を計算することで付与日数を求めましょう。

なお、数式の中で文字列を扱う場合はダブルコーテーションで囲みます（例："年"や"か月"。66ページ参照）。

	A	B
1	**2019/10/09**	**現在**
2	**入社年月日**	**勤続年月数**
3	2000/04/01	19年6か月
4	2018/10/08	1年0か月
5	2018/10/09	1年0か月
6	2018/10/10	0年11か月
7	2019/09/09	0年1か月
8	2019/10/01	0年0か月

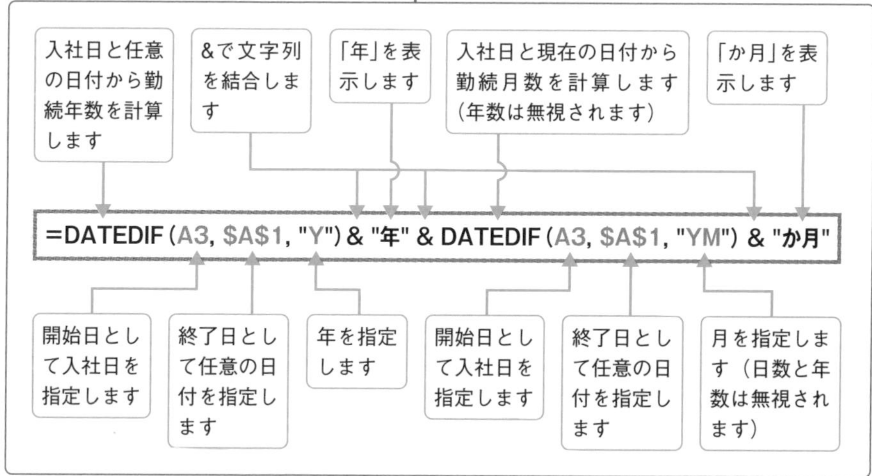

ステップアップ

セル A1に"2019/10/9"と入力していますが、＝TODAY()と入力すると常に今日現在の勤続年月数を計算することができます。

Part 10

日付や時間のデータを求める（DATE関数・TIME関数）

- 個別に入力された「年」「月」「日」を1つのセルに「年月日」で収める
- 個別に入力された「時」「分」を1つのセルに「時：分」で収める

人事業務は頻繁に日付や時間のデータを扱いますが、その単位は、年、月、日、時、分、秒と異なり、バラバラのセルに入力されていることもあります。このような場合は**DATE関数**や**TIME関数**を使って「日付」「時間」など、必要な形式に変換することができます。

●DATE関数の構文

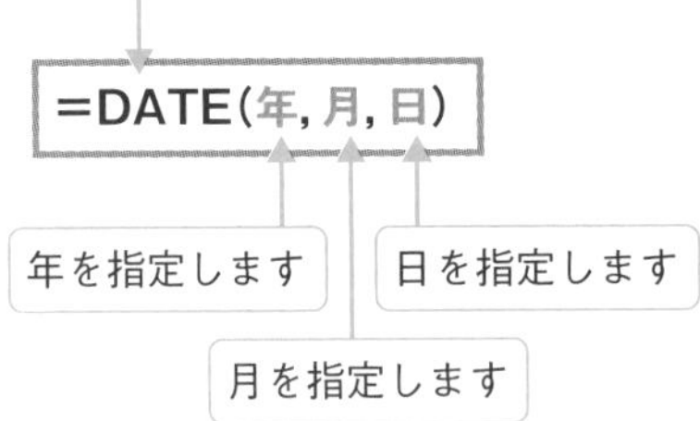

●TIME関数の構文

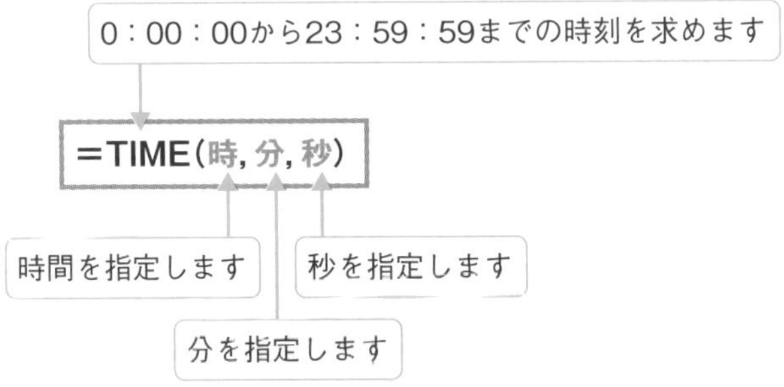

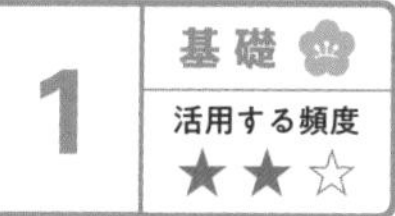

個別に入力された「年」「月」「日」を１つのセルに「年月日」で収める(DATE関数)

生年月日の「年」「月」「日」の数値が別々のセルに入力されているため日付として使えない場合は、**DATE関数**を使って「年月日」に変換します。

Sample_02-10.xlsx [02-10-01-01]

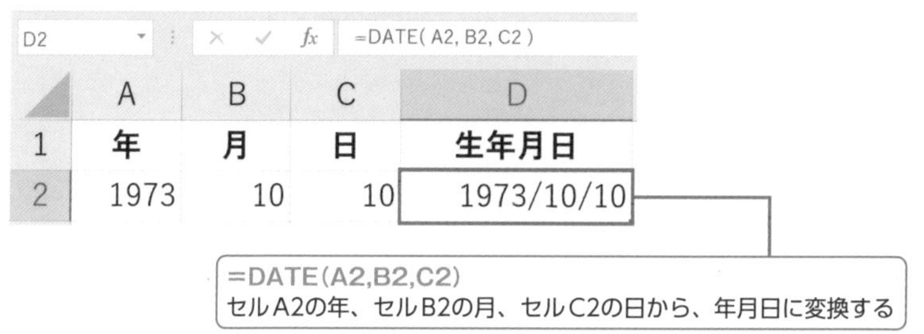

上記とは反対に、1つのセルに入力された「年月日」を「年」「月」「日」と別々のセルに分けたい場合は**YEAR関数**、**MONTH関数**、**DAY関数**を使用します。

● YEAR関数・MONTH関数・DAY関数の構文

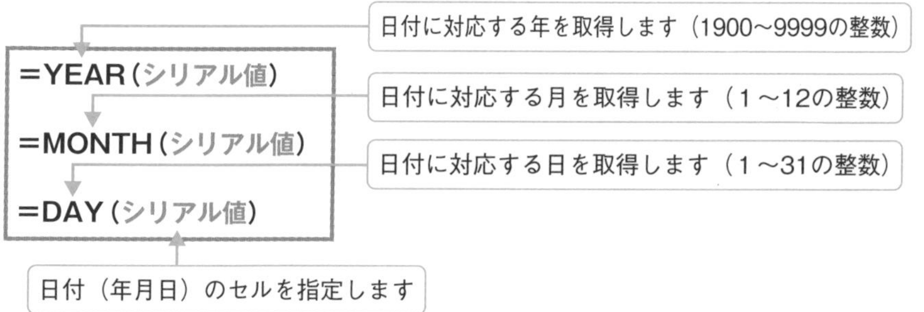

Sample_02-10.xlsx [02-10-01-02]

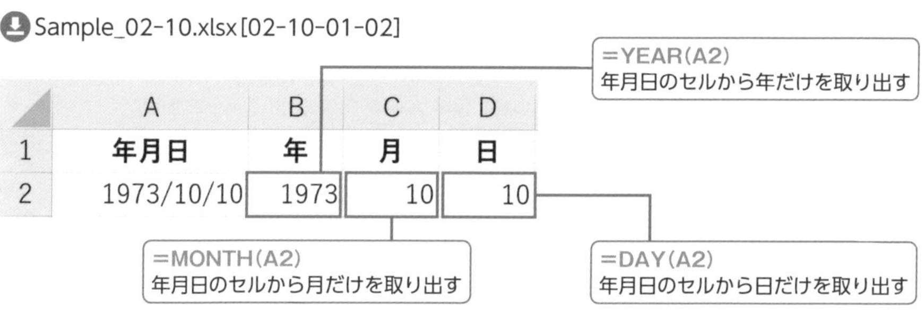

2	基礎 活用する頻度 ★★★

個別に入力された「時間」「分」を１つのセルに「時:分」で収める（TIME関数）

Sample_02-10.xlsx [02-10-02-01]

TIME関数は指定した「時」「分」「秒」から時間を求めます。ただし、０時０分０秒から23時59分59秒までの時刻にしか対応しないため、時間が24時間以上の場合には適切に計算されない点に注意が必要です。

	A	B	C	D	E
1		時	分	秒	表示形式 [h]:mm
2	法定労働時間	8	0	0	8:00
3	所定労働時間	7	30	0	7:30

=TIME(B2,C2,D2)
セルB2の時間、セルC2の分、セルD2の秒から、時分秒に変換する

ワンポイントアドバイス

TIME関数は時刻（０時０分０秒から23時59分59秒）つまり「24時間未満の時間」を扱う関数です。24時間以上の時間を扱う場合にはVALUE（バリュー）関数（114ページ参照）を使用します。

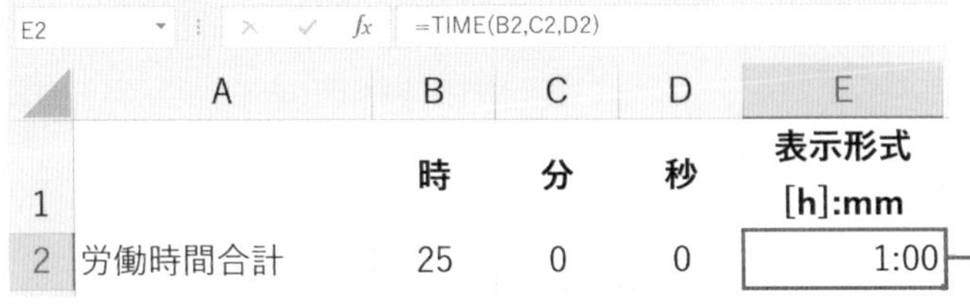

E2 =TIME(B2,C2,D2)

	A	B	C	D	E
1		時	分	秒	表示形式 [h]:mm
2	労働時間合計	25	0	0	1:00

=TIME(B2,C2,D2)
TIME関数で24時間以上の時間を指定し、表示形式を [h]:mmにしたが、25:00とは表示されず、1:00と表示されてしまっている
24時間以上の時間を扱う場合にはVALUE関数を使用する必要がある

時間の指定は、"8:00"（8時間）のように時間をダブルコーテーションで囲んでも計算できます。しかし、ダブルコーテーションで囲んだ時間を使用すると数式の中で文字列として認識されて正しく計算できない場合があるため、本書では24時間未満の時間を指定する場合はTIME関数を使用しています。

Sample_02-10.xlsx[02-10-02-02]

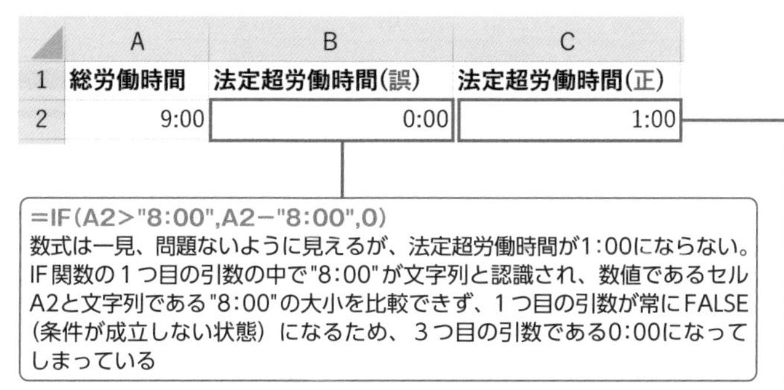

=IF(A2>TIME(8,0,0), A2−TIME(8,0,0), 0)
IF関数の1つ目の引数の中で、セルA2（数値）とTIME関数（数値）を正しく比較できているため、法定超労働時間が1:00になる

Part 11

表示形式を関数を使って変更する（TEXT関数・VALUE関数）

活用例
- 社員番号の桁数を全員５桁の表示に揃える
- 文字列を数値に変換する（例：時間数を日数に置き換える）

「日付が西暦で統一されていない」「金額の桁区切りカンマがない」など、データが見やすい形式になっていない場合は、**TEXT（テキスト）関数**や**VALUE（バリュー）関数**を使って、表示形式をまとめて変換します。

● TEXT（テキスト）関数の構文

数値を文字列に変換します

=TEXT（書式設定する値, "適用する表示形式コード"）

文字列に変換する数値またはセルを指定します

指定された値に適用する書式を定義するテキスト文字列を指定します

● VALUE（バリュー）関数の構文

数値を表す文字列を数値に変換します

=VALUE（文字列）

文字列を半角のダブルコーテーション（"）で囲んで指定するか、または変換する文字列を含むセルを指定します

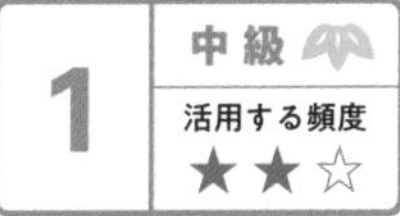

表示形式をアレンジする（TEXT関数）

Sample_02-11.xlsx [02-11-01]

TEXT関数は、例えば、社員番号の桁数を揃えたり、日付から曜日を表示するなど、数値（シリアル値）を様々な形式で表示することができます。

❶3桁数字や4桁数字を時間に変換する

3桁や4桁の数字を入力するだけで自動的にコロン（:）が入力され、「h:mm」の形式で表示されるようにします。時間の入力が速くなるのが特長です。

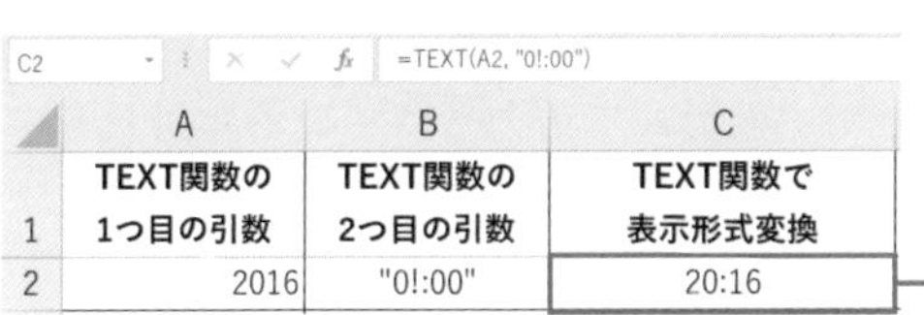

C2 =TEXT(A2, "0!:00")

	A	B	C
1	TEXT関数の1つ目の引数	TEXT関数の2つ目の引数	TEXT関数で表示形式変換
2	2016	"0!:00"	20:16

=TEXT(A2,"0!:00")
3桁または4桁の10進数を時間の形式（文字列）で表示
文字列として表示されているので、これを労働時間の計算には使えない場合がある。労働時間を計算するためには下記ステップアップを参照

ステップアップ

TEXT関数は数値を文字列に変換するため、以降、計算ができなくなる場合があります。計算できる状態を維持したい場合はVALUE関数を使いましょう。

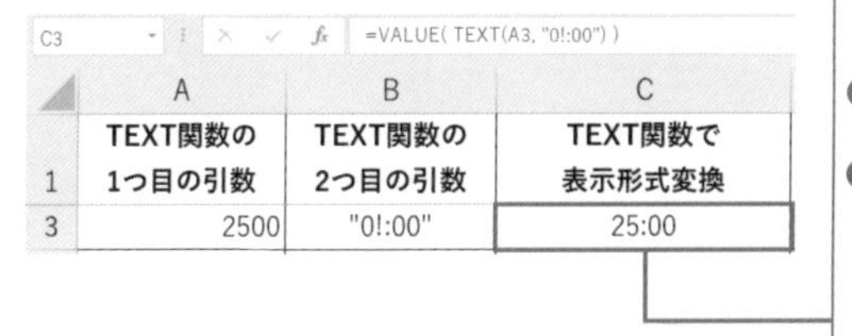

C3 =VALUE(TEXT(A3, "0!:00"))

	A	B	C
1	TEXT関数の1つ目の引数	TEXT関数の2つ目の引数	TEXT関数で表示形式変換
3	2500	"0!:00"	25:00

=VALUE(TEXT(A3,"0!:00"))

❶ 3桁または4桁の10進数を時間の形式（文字列）で表示
❷ TEXT関数の結果をVALUE関数で数値に変換
そのためセルC3の結果を労働時間の計算に使うことができる
（セルC3の表示形式は[h]:mmに設定しておく）

❷社員番号の桁数を5桁に統一する

桁数を揃えることにより、入力ミスに気づきやすくなります。

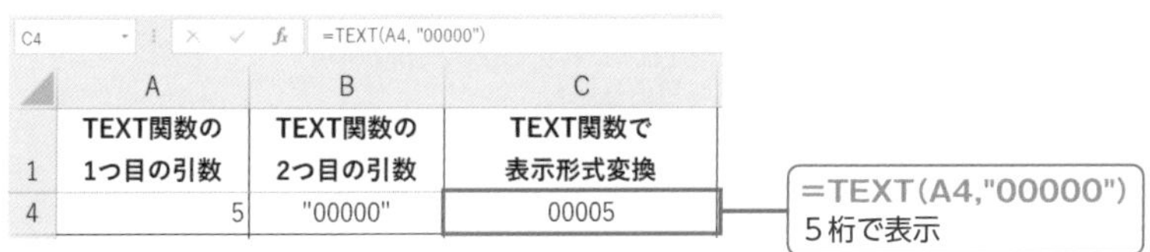

C4 =TEXT(A4, "00000")

	A	B	C
1	TEXT関数の1つ目の引数	TEXT関数の2つ目の引数	TEXT関数で表示形式変換
4	5	"00000"	00005

=TEXT(A4,"00000")
5桁で表示

❸年月日から曜日を表示する

yyyy/m/dの形式で入力されている年月日から、漢字の曜日を１文字（例：金）や３文字（例：金曜日）で表示します。

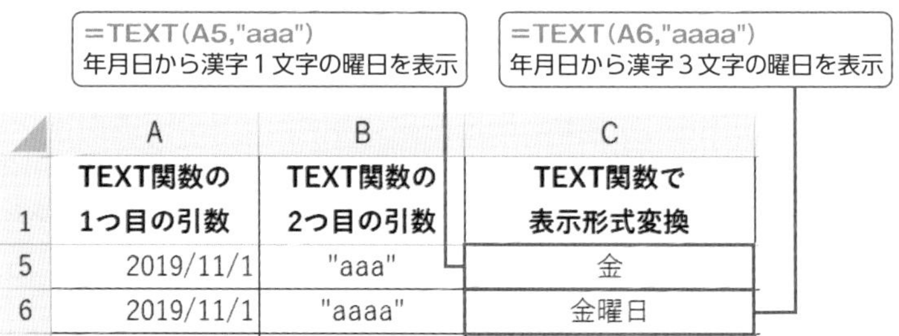

	A	B	C
1	TEXT関数の1つ目の引数	TEXT関数の2つ目の引数	TEXT関数で表示形式変換
5	2019/11/1	"aaa"	金
6	2019/11/1	"aaaa"	金曜日

❹年月日の表示形式を変える（年４桁、月２桁、日２桁にする）

年４桁、月１桁、日１桁（yyyy/m/d）の形式で入力されている年月日を、年４桁、月２桁、日２桁（yyyy/mm/dd）の表示に変換します。

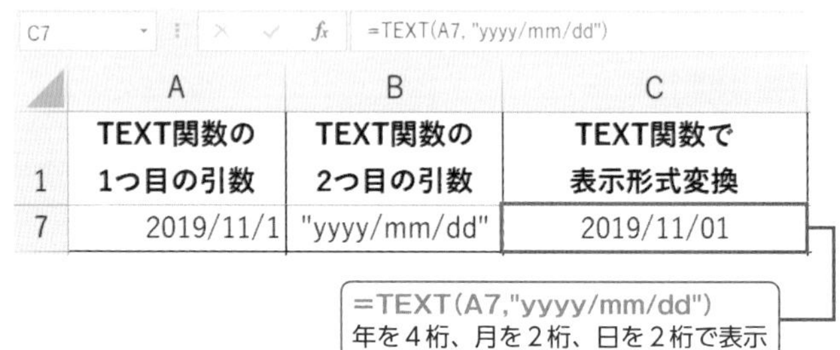

	A	B	C
1	TEXT関数の1つ目の引数	TEXT関数の2つ目の引数	TEXT関数で表示形式変換
7	2019/11/1	"yyyy/mm/dd"	2019/11/01

❺西暦と和暦を変換する

西暦年月日を和暦に、和暦年月日を西暦に変換します。

	A	B	C
1	TEXT関数の1つ目の引数	TEXT関数の2つ目の引数	TEXT関数で表示形式変換
8	2019/11/1	"ggge年m月d日"	令和1年11月1日
9	令和1年11月1日	"yyyy/m/d"	2019/11/1

❻時間とシリアル値を変換する

シリアル値（表示形式［標準］）を時間に変換し、時間をシリアル値（表示形式［標準］）に変換します。

=TEXT(A10,"[h]:mm")
シリアル値（表示形式［標準］）を時間で表示

	A	B	C
1	TEXT関数の1つ目の引数	TEXT関数の2つ目の引数	TEXT関数で表示形式変換
10	0.5	"[h]:mm"	12:00
11	12:00	"標準"	0.5
12	12:00	"G/標準"	0.5

=TEXT(A11,"標準")
時間をシリアル値（表示形式［標準］）で表示

=TEXT(A12,"G/標準")
時間をシリアル値（表示形式［標準］）で表示

❼数字に円マークと３桁区切りのカンマを付ける

小数点がある数値の小数点第１位を四捨五入し、円マーク（¥）と３桁区切りのカンマを付けます。

C13 =TEXT(A13, "¥#,##0")

	A	B	C
1	TEXT関数の1つ目の引数	TEXT関数の2つ目の引数	TEXT関数で表示形式変換
13	12345.67	"¥#,##0"	¥12,346

=TEXT(A13,"¥#,##0")
小数点以下四捨五入して円記号と３桁区切りのカンマを表示

❽数字を郵便番号の形式（000-0000）で表示する

７桁の数字を郵便番号の形式（３桁数字-４桁数字）に変換します。

=TEXT(A14,"000-0000")
７桁数字を郵便番号（３桁-４桁）の形式で表示

	A	B	C
1	TEXT関数の1つ目の引数	TEXT関数の2つ目の引数	TEXT関数で表示形式変換
14	1234567	"000-0000"	123-4567
15	1234567	"〒000-0000"	〒123-4567

=TEXT(A15,"〒000-0000")
７桁数字を郵便番号（３桁-４桁）の形式にして〒記号を表示

ステップアップ

紹介した例以外の表示形式を指定する場合は、［セルの書式設定］ダイアログを表示し、［表示形式］タブ→［ユーザー定義］→［種類］の下に表示されている文字列をTEXT関数の2つ目の引数に指定します。

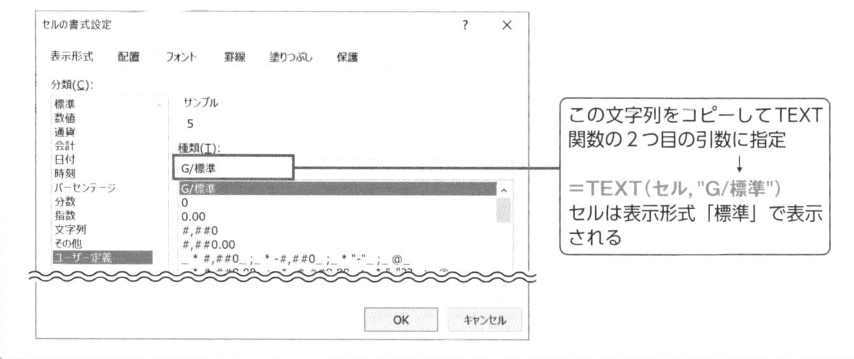

2 中級 活用する頻度 ★★☆ 時間の文字列を数値(シリアル値)に変換する(VALUE関数)

TIME関数は0:00:00〜23:59:59までの時刻しか表示することができません。24時間以上の時間を表す際は**VALUE関数**を使用します。

Sample_02-11.xlsx[02-11-02-01]

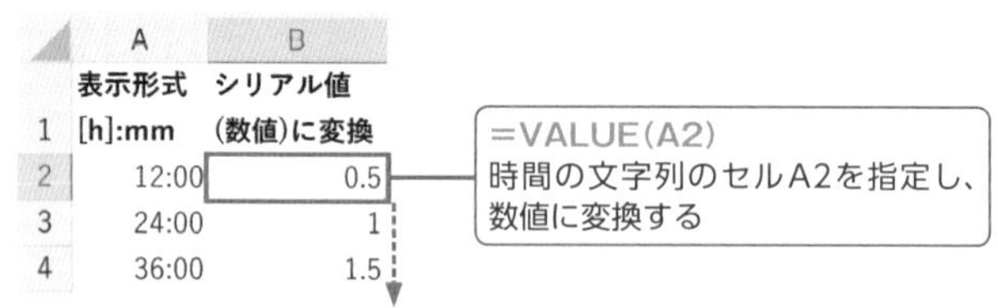

	A	B
1	表示形式 [h]:mm	シリアル値(数値)に変換
2	12:00	0.5
3	24:00	1
4	36:00	1.5

=VALUE(A2)
時間の文字列のセルA2を指定し、数値に変換する

時、分、秒が別々のセルに入力されている場合は各セルを文字列として結合し、VALUE関数の引数として文字列を数値に変換します。

Sample_02-11.xlsx[02-11-02-02]

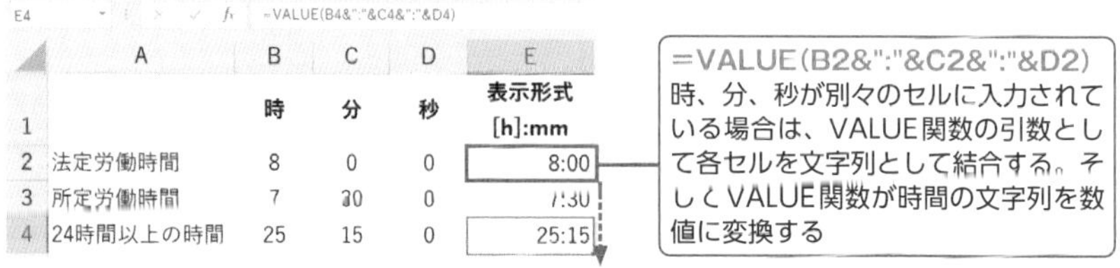

	A	B	C	D	E
1		時	分	秒	表示形式 [h]:mm
2	法定労働時間	8	0	0	8:00
3	所定労働時間	7	30	0	7:30
4	24時間以上の時間	25	15	0	25:15

Part 12

締日や暦日数を求める（EDATE関数・EOMONTH関数）

- 賃金締日を計算する
- 月の暦日数を計算する

給与計算業務や労働日数の管理業務をしていると、賃金計算期間の開始日をもとに締日を計算したり、月の暦日数を計算する必要があります。締日は**EDATE**（イーデイト）**関数**を、特定の月の暦日数（最終日）は**EOMONTH**（イーオーマンス※）**関数**を使用します。いずれも閏（うるう）年に自動で対応できます。

※EOMONTHは「エンド・オブ・マンス」（月の末日）と呼ばれることもあります。

● EDATE（イーデイト）関数の構文

開始日から起算して、指定された月数だけ前または後の日付に対応するシリアル値を求めます

=EDATE（開始日, 月）

- 開始日：起算日を表す日付を指定します
- 月：開始日から起算した月数を指定。正の数を指定すると起算日より後の日付を求め、負の数を指定すると起算日より前の日付を求めます

● EOMONTH（イーオーマンス）関数の構文

開始日から起算して、指定された月数だけ前または後の月の最終日に対応するシリアル値を求めます

=EOMONTH（開始日, 月）

- 開始日：起算日を表す日付を指定します
- 月：開始日から起算した月数を指定。正の数を指定すると起算日より後の日付を求め、負の数を指定すると起算日より前の日付を求めます

1 賃金締日を計算する（EDATE関数）

中級　活用する頻度 ★★☆

Sample_02-12.xlsx[02-12-01]

EDATE（イーデイト）関数を使って賃金計算期間の開始日をもとに締日を計算します。

	A	B	C
1	開始日	締日	備考
2	2019/11/11	2019/12/10	10日締め
3	2019/11/16	2019/12/15	15日締め
4	2019/11/1	2019/11/30	末締め
5	2020/2/1	2020/2/29	末締め（閏年）
6	2021/2/1	2021/2/28	末締め

=EDATE(A2,1)−1
EDATE関数で開始日（セルA2）から１か月後の日付を計算し、その日から１を引いて、１日前の賃金締日を計算する

2 月の暦日数を計算する（EOMONTH関数）

中級　活用する頻度 ★★☆

Sample_02-12.xlsx[02-12-02-01]

変形労働時間制で変形期間における法定労働時間の上限を計算する際は**EOMONTH（イーオーマンス）関数**を使って「月の暦日数」を計算し、変形期間内の労働時間の上限を計算します。

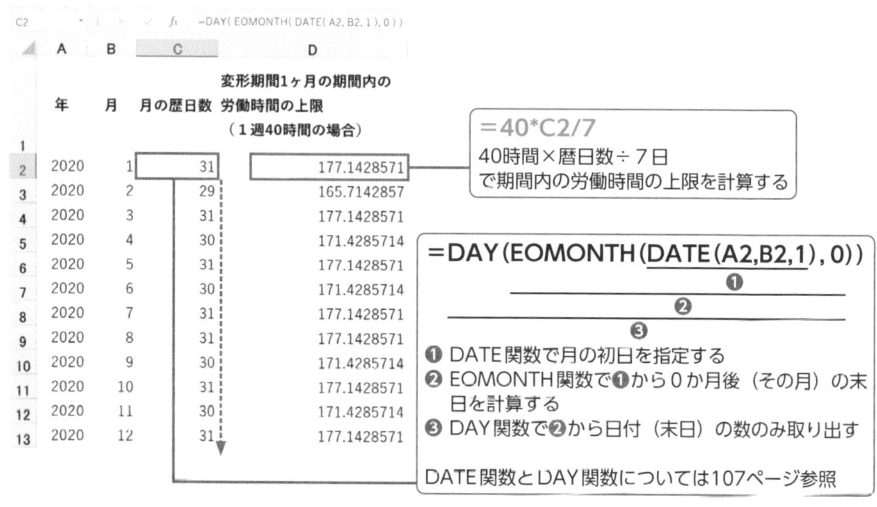
C2　=DAY(EOMONTH(DATE(A2, B2, 1), 0))

	A	B	C	D
1	年	月	月の歴日数	変形期間1ヶ月の期間内の労働時間の上限（１週40時間の場合）
2	2020	1	31	177.1428571
3	2020	2	29	165.7142857
4	2020	3	31	177.1428571
5	2020	4	30	171.4285714
6	2020	5	31	177.1428571
7	2020	6	30	171.4285714
8	2020	7	31	177.1428571
9	2020	8	31	177.1428571
10	2020	9	30	171.4285714
11	2020	10	31	177.1428571
12	2020	11	30	171.4285714
13	2020	12	31	177.1428571

ステップアップ

給与計算期間の締日が10日、15日、20日など末日以外の場合、給与計算期間の暦日数は前月の暦日数になります。この給与計算期間の暦日数はEOMONTHで計算できます。

Sample_02-12.xlsx[02-12-02-02]

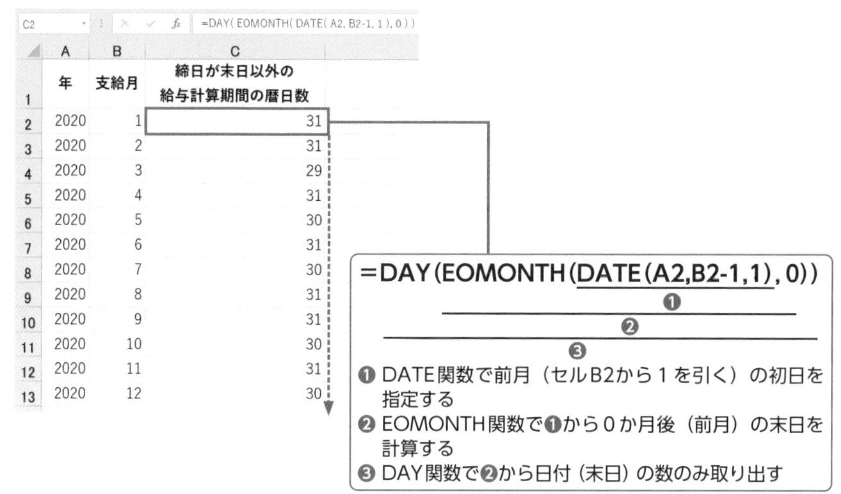

C2 =DAY(EOMONTH(DATE(A2, B2-1, 1), 0))

	A	B	C
1	年	支給月	締日が末日以外の給与計算期間の暦日数
2	2020	1	31
3	2020	2	31
4	2020	3	29
5	2020	4	31
6	2020	5	30
7	2020	6	31
8	2020	7	30
9	2020	8	31
10	2020	9	31
11	2020	10	30
12	2020	11	31
13	2020	12	30

Part 13

条件に合う数値の合計を求める（SUMIF関数）

- 部署単位の賃金合計を計算する
- 特定の日付以降の労働時間の合計を計算する

特定の条件の合計を算出したいときは**SUMIF**（サムイフ）**関数**を使用します。

●SUMIF（サムイフ）関数の構文

指定した条件を満たす範囲内の値を合計します

=SUMIF（範囲, 検索条件, [合計範囲]）

- 範囲：条件によって評価するセル範囲を指定します
- 検索条件：条件を指定します。条件は数値、式、セル範囲、文字列、または関数で指定します
- 合計範囲：[範囲] で指定したセル以外のセルを加算する場合は、加算する実際のセルを指定します（省略可）。[合計範囲] を省略すると、[範囲] で指定したセルが加算されます

1 部署単位の賃金合計を計算する（SUMIF関数）

中級　活用する頻度 ★★☆

Sample_02-13.xlsx [02-13-01-01]

SUMIF（サムイフ）**関数**を使って特定部署に属する人のみの賃金額の合計を計算します。

例では、セルD12でマーケティング部の賃金合計を計算するため、２つ目の引数で“マーケティング”を指定しましたが、セルD13で営業の賃金合計を計算する際には、２つ目の引数でセルE13を指定しました。

前者の数式はわかりやすいですが、マーケティング以外の部署の賃金合計を計算したいとき、セルD12の２つ目の引数を直接変更する必要がある点がデメリットです。後者のやり方はセルE13の部署名を書き換えるだけで、簡単に部署の賃金合計を計算することができます。数式に慣れてきたら後者のやり方を使って業務効率化を図りましょう。

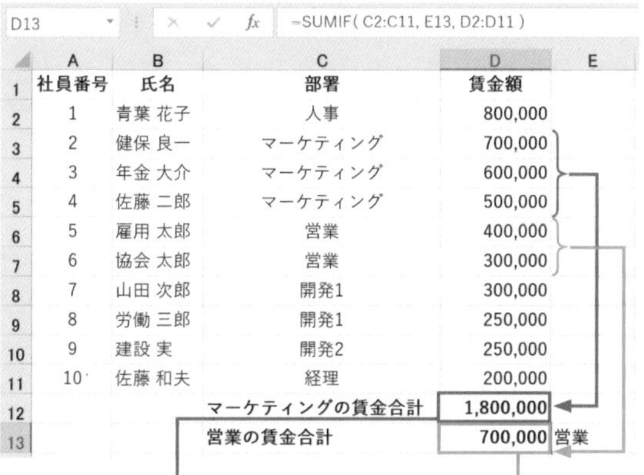

D13 =SUMIF(C2:C11, E13, D2:D11)

	A	B	C	D	E
1	社員番号	氏名	部署	賃金額	
2	1	青葉 花子	人事	800,000	
3	2	健保 良一	マーケティング	700,000	
4	3	年金 大介	マーケティング	600,000	
5	4	佐藤 二郎	マーケティング	500,000	
6	5	雇用 太郎	営業	400,000	
7	6	協会 太郎	営業	300,000	
8	7	山田 次郎	開発1	300,000	
9	8	労働 三郎	開発1	250,000	
10	9	建設 実	開発2	250,000	
11	10	佐藤 和夫	経理	200,000	
12			マーケティングの賃金合計	1,800,000	
13			営業の賃金合計	700,000	営業

=SUMIF(C2:C11,"マーケティング",D2:D11)
C列(C2:C11)の範囲の中で、セルが「マーケティング」の場合に、その行のD列のセルを合計する

=SUMIF(C2:C11,E13,D2:D11)
C列(C2:C11) の範囲の中で、セルがセルE13（「営業」）と等しい場合に、その行のD列のセルを合計する

ステップアップ

Sample_02-13.xlsx[02-13-01-02]

SUMIF関数の２つ目の引数で記号とセルを組み合わせて検索条件を指定することができます。

ここでは、B列の日付がセルE96で指定する日付2019/11/16以降（以上）の場合にH列の総労働時間を合計します。

日付2019/11/16をSUMIF関数の引数とはせず、セルE96で指定することにより、セルE96を変更するだけで簡単に特定の日付以降の総労働時間を合計することが可能です。

H96 =SUMIF(B3:B93, ">=" & E96,H3:H93)

	A	B	C	D	E	F	G	H
1		2019/9/1						
2		日付	曜日	有休	出勤時刻	退勤時刻	休憩時間	総労働時間
3		2019/9/1	日					0:00
4		2019/9/2	月		8:53	18:05	1:00	8:12
5		2019/9/3	火		8:45	19:23	1:00	9:38
6		2019/9/4	水		8:53	17:30	1:00	7:37
7		2019/9/5	木		8:59	18:01	1:00	8:02
8		2019/9/6	金	1				0:00
79		2019/11/16	土					0:00
80		2019/11/17	日					0:00
81		2019/11/18	月		8:48	22:15	1:00	12:27
82		2019/11/19	火		8:48	23:18	1:00	13:30
83		2019/11/20	水		8:46	18:15	1:00	8:29
84		2019/11/21	木		8:55	18:27	1:00	8:32
85		2019/11/22	金		9:10	19:00	1:00	8:50
86		2019/11/23	土					0:00
87		2019/11/24	日					0:00
88		2019/11/25	月		8:45	18:10	1:00	8:25
89		2019/11/26	火		8:45	19:52	1:00	10:07
90		2019/11/27	水		8:48	23:18	1:00	13:30
91		2019/11/28	木		8:46	18:15	1:00	8:29
92		2019/11/29	金		8:55	18:27	1:00	8:32
93		2019/11/30	土					0:00
94		合計		8	53		53:00	513:52
95								
96					2019/11/16	以降の労働時間		100:51

=SUMIF(B3:B93,">="&E96,H3:H93)
日付（セルB3:B93）が2019/11/16（セルE96）以降の日付の場合に、その行のH列に入力されている労働時間を合計

Part 14

条件に合う数値の平均を求める（AVERAGEIF関数）

- 部署単位の平均の賃金を計算する
- 部署単位の平均年齢を計算する
- 部署単位の平均有休取得日数を計算する
- 部署単位の平均残業時間を計算する

特定の条件に合致するデータの平均を計算するときは**AVERAGEIF**（アベレージイフ）**関数**を使います。賃金や人数のほか、時間の平均を計算することもできます。

● AVERAGEIF（アベレージイフ）関数の構文

指定した条件を満たす範囲内の値の平均を求めます

=AVERAGEIF（範囲, 検索条件, [平均範囲]）

- 範囲：平均する1つまたは複数のセルを指定します
- 検索条件：条件を指定します。条件は数値、式、セル参照、または文字列で指定します
- [平均範囲]：平均する実際のセルを指定します（省略可）。[平均範囲]を指定しないと、[範囲] が使用されて平均が計算されます

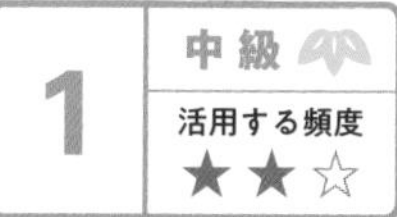

各部署組織の平均の賃金を計算する（AVERAGEIF関数）

Sample_02-14.xlsx [02-14-01]

AVERAGEIF関数（アベレージイフ）を使って特定の部署に属する人の賃金額の平均を計算します。

以下に２つの数式を掲載しました。セルD12でマーケティングの賃金の平均を計算するため、２つ目の引数で“マーケティング”を指定しています。そして、セルD13で営業の賃金の平均を計算する際、２つ目の引数でセルE13を指定しているのがポイントです。

前者は数式の中で“マーケティング”と指定するのでわかりやすいのですが、マーケティング以外の部署の賃金の平均を計算したいときには、数式の２つ目の引数を直接編集する必要があります。後者はセルE13の部署名を書き換えるだけで、部署の賃金の平均を計算することができ、汎用的な数式になります。

D13 　 =AVERAGEIF(C2:C11, E13, D2:D11)

	A	B	C	D	E
1	社員番号	氏名	部署	賃金額	
2	1	青葉 花子	人事	800,000	
3	2	健保 良一	マーケティング	700,000	
4	3	年金 大介	マーケティング	600,000	
5	4	佐藤 二郎	マーケティング	500,000	
6	5	雇用 太郎	営業	400,000	
7	6	協会 太郎	営業	300,000	
8	7	山田 次郎	開発1	300,000	
9	8	労働 三郎	開発1	250,000	
10	9	建設 実	開発2	250,000	
11	10	佐藤 和夫	経理	200,000	
12			マーケティングの賃金平均	600,000	
13			営業の賃金平均	350,000	営業

=AVERAGEIF(C2:C11,"マーケティング",D2:D11)
C列（C2:C11）のセルが「マーケティング」の場合に、
その行のD列のセル（D2:D11）の平均を計算

=AVERAGEIF(C2:C11,E13,D2:D11)
C列（C2:C11）のセルがセルE13（営業）と等しい場合に、
その行のD列のセル（D2:D11）の平均を計算

Part 15

条件に合うセルの個数を求める（COUNTIF関数）

●部署ごとの従業員数を計算する

部署ごとの従業員数など、特定の条件に合うセルの個数を数えるときは**COUNTIF（カウントイフ）関数**を使用します。

●COUNTIF（カウントイフ）関数の構文

1つの検索条件に一致するセルの個数を求めます

=COUNTIF（範囲, 検索条件）

範囲：条件によって評価するセル範囲を指定します

検索条件：条件を指定します。条件は数値、式、セル範囲、文字列、または関数で指定します

部署ごとの従業員数を計算する（COUNTIF関数）

Sample_02-15.xlsx [02-15-01]

COUNTIF関数（カウントイフ）で特定の部署に属する従業員の人数（セルの個数）を数えます。

次の２つの数式は、どちらも部署に属する人数を数えています。セルC12では２つ目の引数で“マーケティング”を指定し、セルC13では２つ目の引数でセルD13を指定しました。セルD13には“営業”という文字列が入っています。セルC13の数式のほうが対象の部署を簡単に書き換えられるので効率的です。

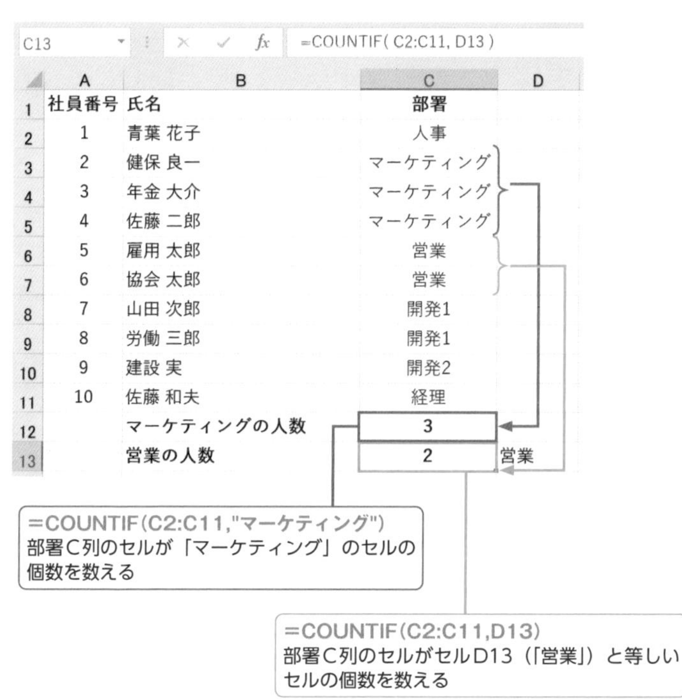

	A	B	C	D
1	社員番号	氏名	部署	
2	1	青葉 花子	人事	
3	2	健保 良一	マーケティング	
4	3	年金 大介	マーケティング	
5	4	佐藤 二郎	マーケティング	
6	5	雇用 太郎	営業	
7	6	協会 太郎	営業	
8	7	山田 次郎	開発1	
9	8	労働 三郎	開発1	
10	9	建設 実	開発2	
11	10	佐藤 和夫	経理	
12		マーケティングの人数	3	
13		営業の人数	2	営業

Part 16 条件に合うデータを別表から取得する（VLOOKUP関数・HLOOKUP関数）

- 別表にある賞与評価から従業員の賞与評価に相当する支給率を取得する
- CSVで給与計算システムに取り込むため複数の表から情報を1つの表にまとめる

Excelの別表からデータを転記させたいときは**VLOOKUP関数**（ブイルックアップ）や**HLOOKUP関数**（エイチルックアップ）を使用すると、効率的かつ手入力による転記ミスが防げます。

VLOOKUP関数は縦（垂直〈Vertical〉の列方向）に、HLOOKUP関数は横（水平〈Horizontal〉の行方向）に値を検索することができます。慣れないうちは使用頻度が高いVLOOKUP関数をまず習得しましょう。

● VLOOKUP関数の構文（ブイルックアップ）

表や範囲から列方向に検索し、値が見つかった行の数値や文字列などを取得します

=VLOOKUP（検索値,検索値を含む範囲,戻り値を含む範囲内の列番号,近似一致/完全一致）

- 検索値：検索する値を指定します
- 検索値を含む範囲：検索値が含まれるセル範囲を指定します
- 戻り値を含む範囲内の列番号：戻り値を含む範囲内の列番号を指定します
- 近似一致/完全一致：戻り値として近似一致を検索する場合はTRUEを指定し、完全一致を検索する場合はFALSEを指定します（省略可。省略した場合はTRUEとなります）

● HLOOKUP関数の構文（エイチルックアップ）

表や範囲から行方向に検索し、値が見つかった列の数値や文字列などを取得します

=HLOOKUP（検索値,検索値を含む範囲,戻り値を含む範囲内の行番号,近似一致/完全一致）

- 検索値：検索する値を指定します
- 検索値を含む範囲：検索値が含まれるセル範囲を指定します
- 戻り値を含む範囲内の行番号：戻り値を含む範囲内の行番号を指定します
- 近似一致/完全一致：戻り値として近似一致を検索する場合はTRUEを指定し、完全一致を検索する場合はFALSEを指定します（省略可。省略した場合はTRUEとなります）

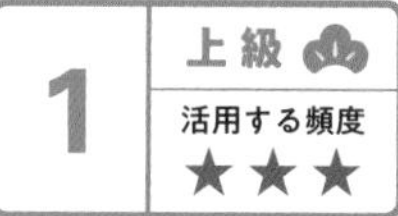

別表から縦方向にデータを検索する（VLOOKUP関数）

Sample_02-16.xlsx [02-16-01]

ここでは賞与額決定表を例にしましょう。下表（上側）に賞与評価Ａ～Ｅの５段階とそれぞれの支給率（月数）があります。下表（下側）に氏名が入力されていますが、賞与評価を入力すると「決定支給月」に上表から該当する支給率（月数）が入力され、賞与額（＝決定支給月×基本給）が計算されるようにします。

関数を使用せずに表を埋める流れは以下のとおりですが、VLOOKUP関数を使って②と③の処理を自動で行います。

①セルC9に賞与評価を入力します（この例ではＢ）。

②セル範囲D2:E6からセルC9と一致する賞与評価を探し、セルD3にＢを見つけます。

③セルD3と同じ行でセル範囲D2:E6の左から２列目のセルを見つけ（この例ではセルE3の2.5）、これが賞与評価に合致する支給率になります（この例ではセルD9に2.5が入力されます）。

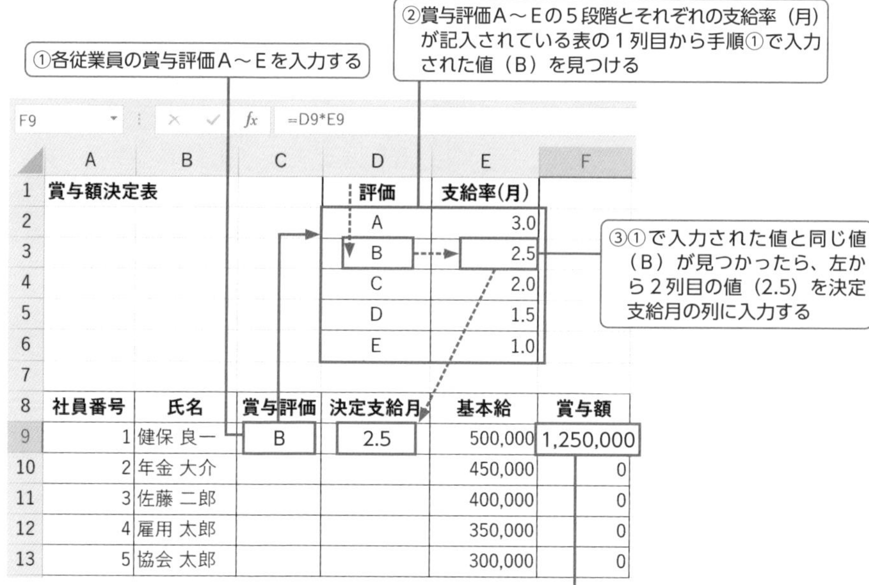

④決定支給月（セルD9）と基本給（セルE9）を掛けることで賞与額がF9に入力されます。

前ページの手順をもとにVLOOKUP関数を使った数式をセルD9に作ってみます。VLOOKUP関数の引数は次の表を参考にしてください。

VLOOKUP関数	指定する内容	説明
❶１つ目の引数	セルC9	検索したい値やセルを指定します。（手順①）
❷２つ目の引数	セル範囲D2:E6	検索したい値と取得したい値を含むセル範囲を指定します。（手順②）
❸３つ目の引数	2	セル範囲D2:E6の１列目でセルC9と同じ値が見つかったとき、セル範囲D2:E6の左から数えて何列目を取得するかを指定します。（手順③）
❹４つ目の引数	FALSE	完全一致したときに値を取得します。

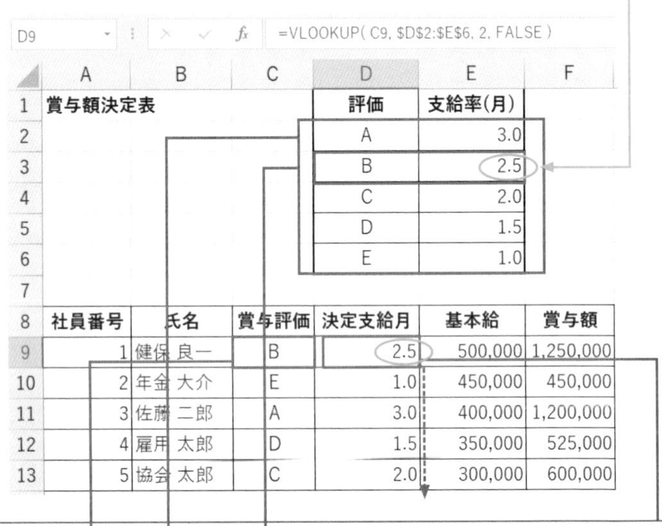

$D$2:$E$6の１列目（一番左の列）で上からセルC9（賞与評価B）と同じ値を探す
→セルD3にセルC9（B）と同じ値が見つかる
→セルD3を含め$D$2:$E$6の左から数えて２つ目のセルE3（2.5）が見つかる
→セルD9にセルE3の値（2.5）が入る
D9
=VLOOKUP(C9, $D$2:$E$6, 2, FALSE)
賞与額決定表
評価
支給率(月)
A 3.0
B 2.5
C 2.0
D 1.5
E 1.0
社員番号 氏名 賞与評価 決定支給月 基本給 賞与額
1 健保 良一 B 2.5 500,000 1,250,000
2 年金 大介 E 1.0 450,000 450,000
3 佐藤 二郎 A 3.0 400,000 1,200,000
4 雇用 太郎 D 1.5 350,000 525,000
5 協会 太郎 C 2.0 300,000 600,000

=VLOOKUP(C9,$D$2:$E$6,2,FALSE)
❶ ❷ ❸ ❹

❶ 検索するセルを指定します
❷ 検索値を含む範囲（表）を指定します。❶で指定した検索値が❷の範囲の一番左の列で見つかる必要があります。またセルD9をドラッグして下にコピーするため、範囲指定は絶対参照（$D$2:$E$6）とします
❸ ❷で範囲指定した列の左から何列目の値を取得するかを指定します
❹ FALSEを指定して検索値と完全一致した場合に値を取得するよう設定します

ワンポイントアドバイス

- 2つ目の引数である、検索値を含む範囲の1列目に検索値が入るように範囲を指定します。

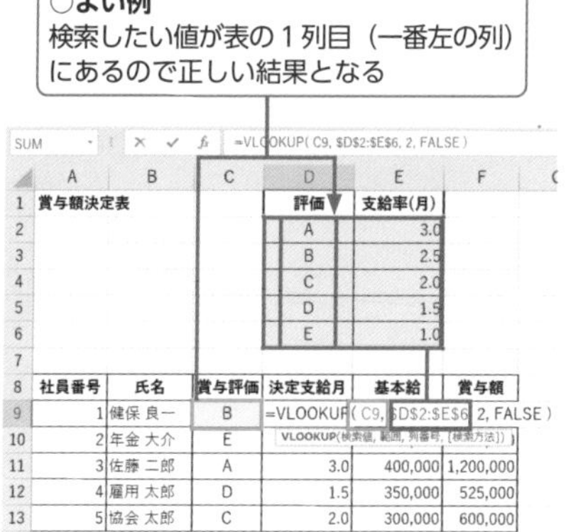

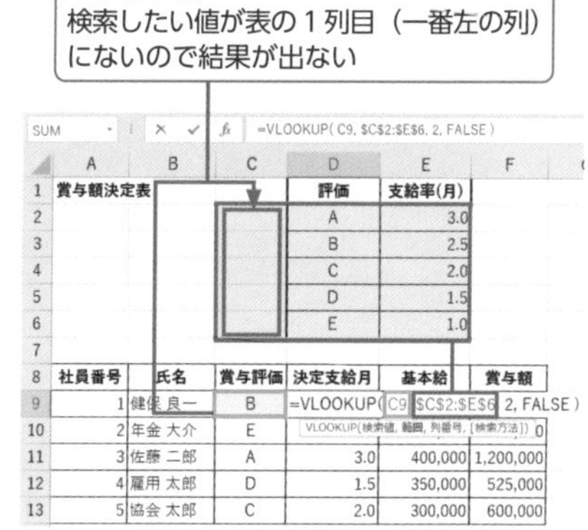

- 2つ目の引数である検索値を含む範囲の1列目で値が重複していると、上から検索して最初に見つかった値を取得してしまいます。検索値を含む範囲の1列目で値が重複していないことを確認しておくとよいでしょう。

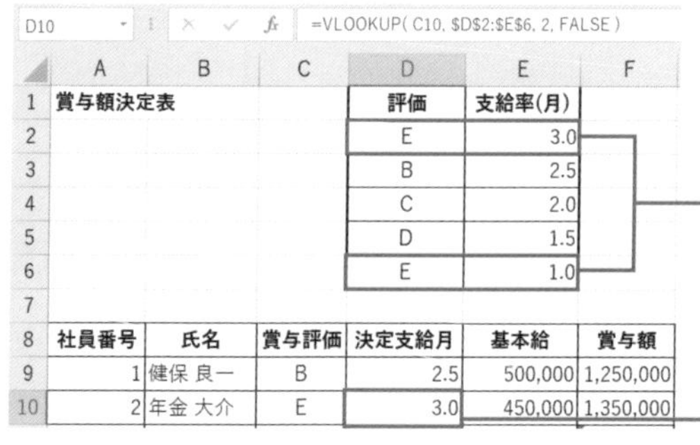

検索する範囲の1列目に同じ値が入っていると（この例ではEが2つある）、上の値が先に見つかるため、VLOOKUP関数の結果として、1.0ではなく3.0が入る
このような結果になることを避けるため、検索する範囲の1列目は値が重複していないことを確認しておきましょう

=VLOOKUP
(C10,$D$2:$E$6,2,FALSE)

- VLOOKUP関数を使ったセルをコピーする場合には、2つ目の引数である検索値を含む範囲（表）の指定は絶対参照を使用します。相対参照で指定するとセルをコピーしたときに検索値を含む範囲（表）もずれて、正しくVLOOKUP関数が動作しないため注意が必要です。

- VLOOKUP関数は別シートからも値を取得することができます。2つ目の引数である検索値を含む範囲（表）を別シートに記入し、別シートのシート名を入力して参照するようにします。

Sample_02-16.xlsx［賞与額決定表］［参照先シート］

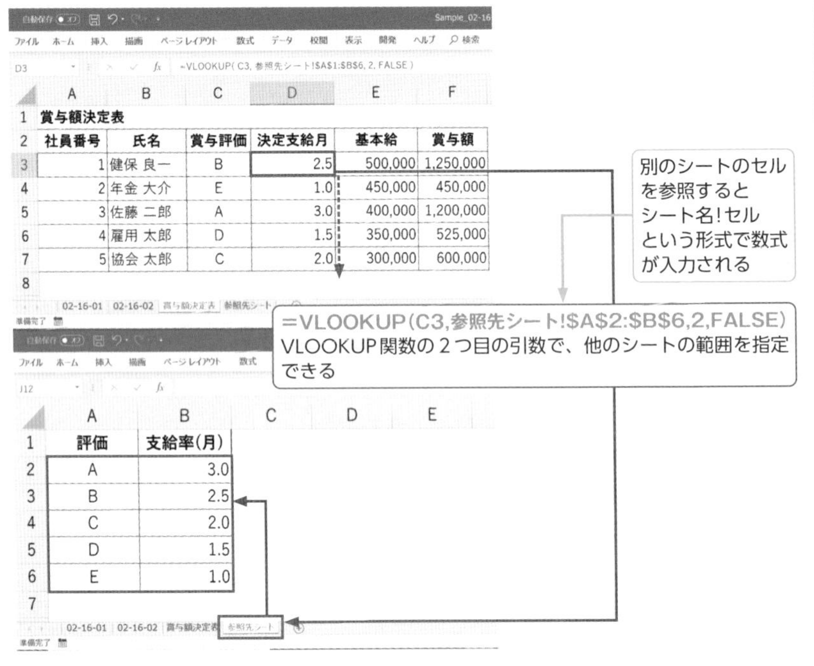

- ４つ目の引数は、VLOOKUP関数の使用に慣れないうちはFALSE（完全一致）を指定するようにしましょう。TRUEは近似一致のため使い方が難しく用途も限られるため、TRUEの学習は後回しで問題ありません。

ステップアップ

参照先のシート名が数字から始まる場合や、半角・全角スペースが含まれる場合には、シート名の前後にシングルコーテーション（'）を付けます。

例'1参照先　シート'!$A$2:$B$6

例'参照先　シート'!$A$2:$B$6

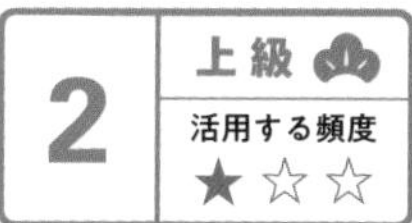

別表から横方向にデータを検索する（HLOOKUP関数）

Sample_02-16.xlsx [02-16-02]

ここでは賞与評価A～Eの５段階とそれぞれの支給率（月数）が横に並んでいるケースを例に解説します。

$D$1:$H$2の１行目（一番上の行）を左からセルC5（賞与評価B）と同じ値を探す
→セルE1にセルC5（B）と同じ値が見つかる
→セルE1を含め$D$1:$H$2の上から数えて２つ目のセルE2（2.5）が見つかる
→セルD5にセルE2の値（2.5）が入る

D5 =HLOOKUP(C5, $D$1:$H$2, 2, FALSE)

	A	B	C	D	E	F	G	H
1	賞与額決定表		評価	A	B	C	D	E
2			支給率(月)	3.0	2.5	2.0	1.5	1.0
3								
4	社員番号	氏名	賞与評価	決定支給月	基本給	賞与額		
5	1	健保 良一	B	2.5	500,000	1,250,000		
6	2	年金 大介	E	1.0	450,000	450,000		
7	3	佐藤 二郎	A	3.0	400,000	1,200,000		
8	4	雇用 太郎	D	1.5	350,000	525,000		
9	5	協会 太郎	C	2.0	300,000	600,000		

=HLOOKUP(C5,$D$1:$H$2,2,FALSE)
（❶ C5、❷ $D$1:$H$2、❸ 2、❹ FALSE）

❶ 検索する値を指定する
❷ 検索値を含む範囲（表）を指定します。検索値が一番上の行に見つかる必要がある。また、セルD5を下にコピーするため、範囲指定は絶対参照（$D$1:$H$2）とする
❸ ❷で範囲指定した行の上から何行目の値を取得するかを指定する
❹ FALSEを指定して検索値と完全一致した場合に値を取得するよう設定する

ワンポイントアドバイス

- ２つ目の引数である検索値を含む範囲の１行目に検索値が入るように範囲を指定します。
- ２つ目の引数である検索値を含む範囲の１行目で値が重複していると、左から検索して最初に見つかった値を取得してしまいます。検索値を含む範囲の１行目で値が重複していないことを確認してください。
- HLOOKUP関数は別シートからも値を取得することができます。２つ目の引数である検索値を含む範囲（表）は、別シートに置いて別シートのシート名を入力して参照するようにします。
- HLOOKUP関数を使ったセルをコピーする場合には、２つ目の引数である検索値を含む範囲（表）の指定は絶対参照を使用します。相対参照で指定するとセルをコピーしたときに検索値を含む範囲（表）もずれて、正しくHLOOKUP関数が動作しないため注意が必要です。
- ４つ目の引数は、HLOOKUP関数の使用に慣れないうちはFALSE（完全一致）を指定するようにしましょう。TRUEは近似一致のため使い方が難しく用途も限られるため、TRUEの学習は後回しで問題ありません。
- HLOOKUP関数を使わずVLOOKUP関数だけで同じ結果を得られる方法があります。それは、VLOOKUP関数の２つ目の引数で指定する範囲（表）を、［形式を選択して貼り付け］で［行/列を入れ替え］（51ページ参照）をすることです。参照先の表の行/列が入れ替わるのでHLOOKUP関数を使う必要はなく、VLOOKUP関数（125ページ参照）で代用できます。

▶ コラム

なぜCSV（シーエスブイ）がよく使われるのか

●データのやり取りや加工を実現させるCSV

「CSV」はComma Separated Valueの略で、「Comma（カンマ）でSeparated（区切られた）Value（値）」を指します。「CSVファイル」はファイル形式の1つで、ファイル名の拡張子は「.csv」です（ファイル名拡張子については184ページ参照）。

CSVファイルを最も使う場面は、給与計算システムとExcelとのデータのやり取りです。給与計算システムでは一般的にExcelファイルを取り込んだり出力したりすることができませんが、CSVファイルであれば、それが可能です。

したがって、ExcelファイルのデータをCSVファイルに保存し、そのCSVファイルを給与計算システムに取り込んだり、逆に給与計算システムからCSVファイルに出力したデータをExcelで細かく分析したりすることもできます。

つまり、CSVファイルは、Excelと給与計算システムがデータをやり取りするための「共通言語」のようなものです。

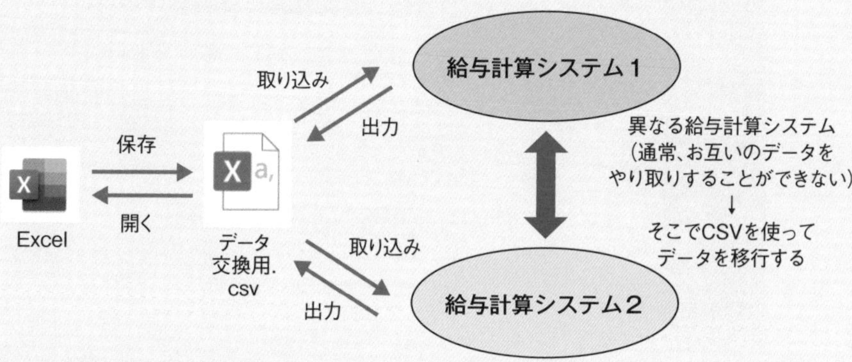

Excelと給与計算システムでデータのやり取りをする効果は、件数が多いデータを扱うときに表れます。

給与計算システムに取り込む例としては、従業員数が多い会社の従業員の入退社情報や集計された労働時間をExcelからCSVファイルに保存して入退社手続きや給与計算に使う場合です。こうすることでExcelファイルのデータを給与計算システムに手入力する必要がなくなります。

給与計算システムからCSVファイルに出力する例は、給与計算システムから賃金データをCSVファイルに出力して年度更新のための年度の賃金合計額を計算したり分析をして賃金総額の変化を見るような場合です。

少ないデータを扱う場合にはCSVファイルを使わないほうが速い場合もありますが、CSVファイルを使うか使わないかは、何度も使ってみる中でどちらがよいか判断できるようになっていきます。

●ExcelファイルをCSVファイルとして保存する手順

ExcelファイルをCSVファイルとして保存する方法は簡単です。「名前を付けて保存」をする手順の途中で、保存形式からCSVを選択して保存します（Excelのバージョンによって保存手順は若干異なります）。

なお、CSV形式で保存すると1つのシートしか保存されません。複数のシートをCSVにする場合はそれぞれ名前を付けて保存します。また数式やウィンドウ枠の固定などの設定は保存されず、保存されるのは値だけです。

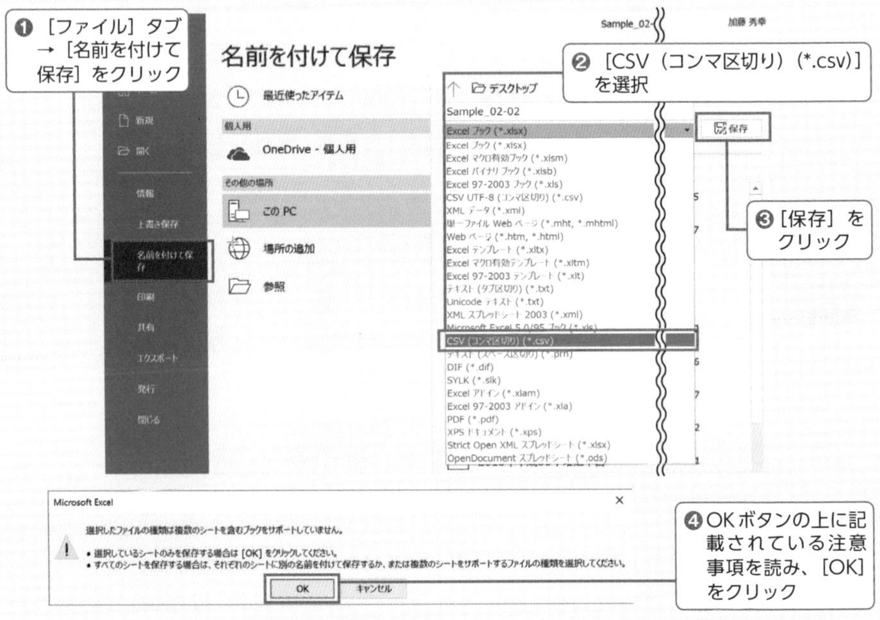

給与計算システムでCSVを取り込んだり出力したりする方法は、給与計算システムによって異なるのでマニュアル等をご覧ください。

取り込む際は、システムの各項目がCSVのどの列かを指定します。出力する際は、出力する項目を指定します。

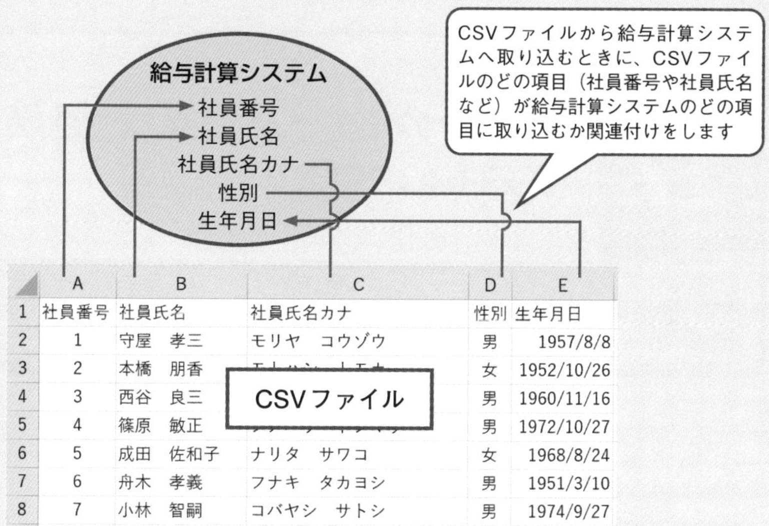

	A	B	C	D	E
1	社員番号	社員氏名	社員氏名カナ	性別	生年月日
2	1	守屋　孝三	モリヤ　コウゾウ	男	1957/8/8
3	2	本橋　朋香		女	1952/10/26
4	3	西谷　良三		男	1960/11/16
5	4	篠原　敏正		男	1972/10/27
6	5	成田　佐和子	ナリタ　サワコ	女	1968/8/24
7	6	舟木　孝義	フナキ　タカヨシ	男	1951/3/10
8	7	小林　智嗣	コバヤシ　サトシ	男	1974/9/27

●CSVファイルの構造

通常、CSVファイルを開こうとするとExcelが起動します。これはExcelがCSVファイルを開くことを（自動で）関連付けているためです。

しかしCSVファイルは「メモ帳」でも開くことができ、メモ帳でCSVファイルの構造を見ることで、カンマで区切られた値（Comma Separated Value）を含んだファイルということがわかります。

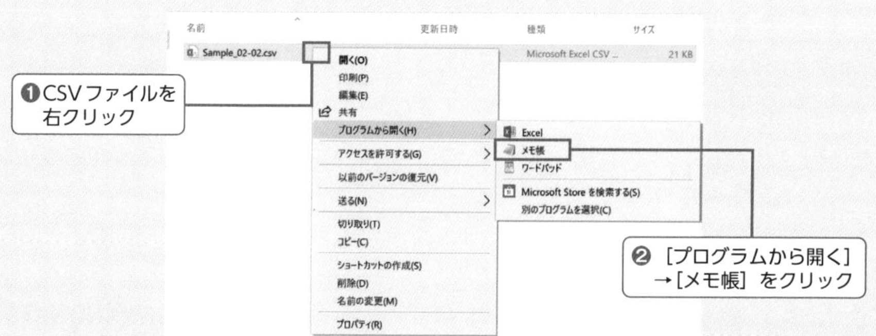

Sample_02-02.csv - メモ帳
ファイル(F) 編集(E) 書式(O) 表示(V) ヘルプ(H)

```
社員番号,社員氏名,社員氏名カナ,性別,生年月日,年齢,郵便番号,
バー受領,入社年月日,退社年月日,所属,役職,雇用保険_被保険者
喪失年月日,在留資格,健康保険_被保険者番号,健康保険_資格取
開始年月,介護保険_終了年月,厚生年金_整理番号,厚生年金_基
_資格喪失年月日,健康保険_標準報酬月額,健康保険_等級,厚生
保険者保険料,介護保険_被保険者保険料,厚生年金_被保険者保
1,守屋 孝三,モリヤ コウゾウ,男,1957/8/8,62,036-1516,青森県
xxxx,kouzou@meito-office.com,有,2017/3/1,,,役員,,,,,2,2
```

Part
17

エラーが出たときの対処法（IFERROR関数）

●セルに#####や#N/Aしか表示されない

人事業務に限らず、Excelで数式を作っていると様々なエラーに遭遇します。そのような場合の対処法について解説するとともに、エラーが起こった場合にどのような処理をするか決めることができる**IFERROR関数**を紹介します。

1 よくあるエラーと対処法

上級　活用する頻度 ★★☆

Sample_02-17.xlsx[02-17-01-01]

下表のようにエラーの種類は複数あり、対処方法はそれぞれ異なります。

エラー	原因	対処法
#####	1. セルのすべての文字を表示するための列幅が足りない 2. 日付または時刻のセルがマイナス（負の値）になっている	1. セルの幅を広げる 2. 日付または時刻がマイナスにならないようにする
#DIV/0!	ゼロまたは値が含まれていないセルで数値を割っている	エラーが起こる場合にIF関数（135ページ参照）などを使う
#N/A	関数または数式に使用できない値になっている	エラーが起こる場合にIFERROR関数（136ページ参照）などを使う
#NAME?	範囲名または関数の名前が正しく入力されていない	範囲名または関数の名前を正しく入力する
#NULL!	引数で参照する範囲が間違っている	引数や参照する範囲を正しく入力する
#NUM!	指定できない範囲の数値など無効な数値が含まれている	有効な数値を指定する

#REF!	引数で指定していた行または列が削除された	引数を見直して、削除されたセルを使用しない
#VALUE!	データ型（数値や文字列など）が数式に合っていない	データ型（数値や文字列など）に合う数式を使う

次図は、エラーインジケーター（セルの左上隅の緑色の三角形）が表示された場合に、エラーの原因を絞り込み、**IF関数**によってエラーを回避する例です。

Sample_02-17.xlsx [02-17-01-02]

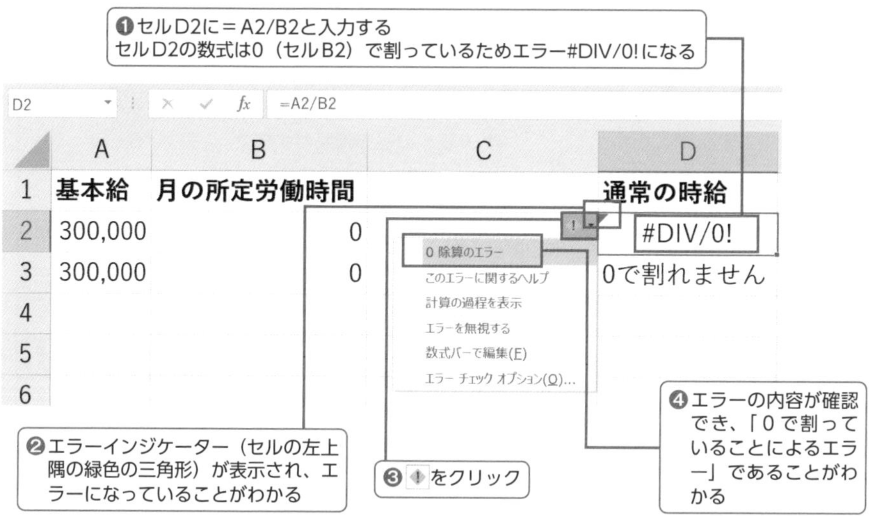

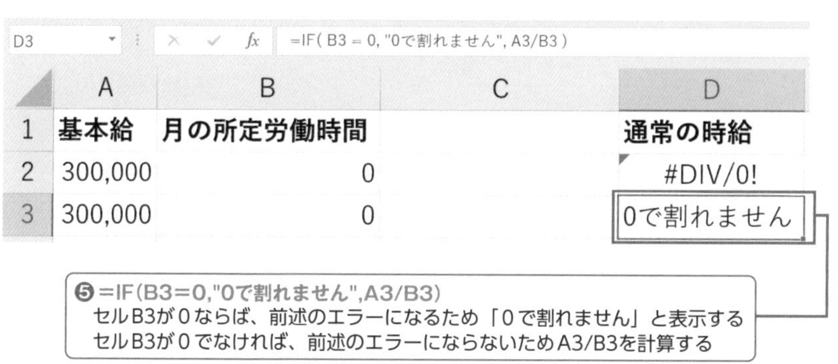

2 中級 活用する頻度 ★★☆ 数式の結果がエラーになる場合に別処理をする（IFERROR関数）

Sample_02-17.xlsx [02-17-02]

IFERROR関数は、結果がエラーになる場合に、別処理をすることができます。

●IFERROR関数の構文

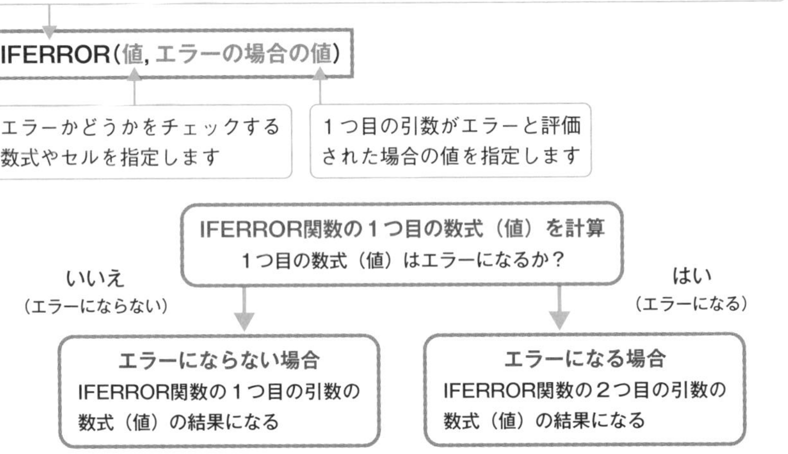

以下の例は賞与支給期間の評価と賞与支給率の表を検索対象としていますが、評価にはない「S」を検索しているため、評価が見つからずエラー#N/Aになっています。そこで、IFERROR関数を使ってエラーになった場合の処理を指定し、エラーの原因が一目でわかるようにします。

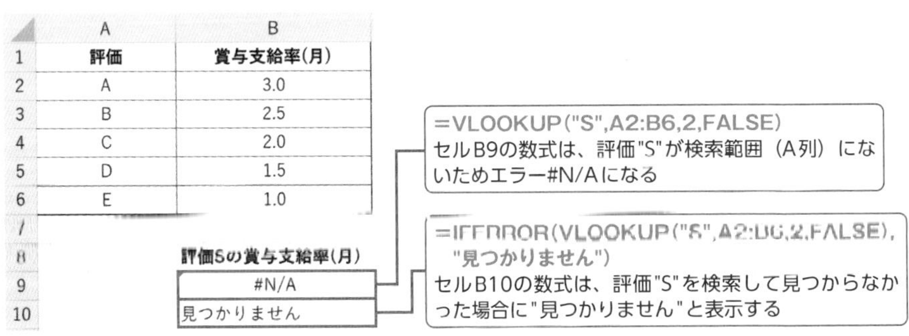

	A	B
1	評価	賞与支給率(月)
2	A	3.0
3	B	2.5
4	C	2.0
5	D	1.5
6	E	1.0
7		
8		評価Sの賞与支給率(月)
9		#N/A
10		見つかりません

Excel

第3章

もっと効率アップにつながるExcel関数をマスターしよう

ここでは人事業務の効率アップに役立つ
関数と活用例を解説します。第２章と比べて
使い方が難しいものも登場しますが、
第３章の関数が使いこなせるようになれば
優等生と言っても過言ではありません。頑張りましょう。

Part 01

文字を半角または全角に変換して統一する（ASC関数・JIS関数）

●フリガナを半角文字または全角文字に統一する

●郵便番号や住所の番地を半角文字または全角文字に統一する

フリガナや郵便番号、住所の番地、銀行口座名などが、半角文字と全角文字、両方混ざっているデータをよく見かけます。このようなとき、半角文字に統一するなら**ASC関数**（アスキー）、全角文字に統一するなら**JIS関数**（ジス）を使用します。

●ASC関数（アスキー）の構文

文字列の中の全角文字を半角文字に変換します

＝ASC（文字列）

文字列または変換する文字列を含むセルを指定します

●JIS関数（ジス）の構文

文字列の中の半角文字を全角文字に変換します

＝JIS（文字列）

文字列または変換する文字列を含むセルを指定します

1 基礎 活用する頻度 ★★☆

フリガナを半角文字に統一する（ASC関数）

Sample_03-01.xlsx [03-01-01]

「狭い領域にカタカナを表示したい」「給与計算システムに従業員情報を取り込む際、フリガナは半角カタカナしか入力できないようになっている」といったときは**ASC関数**で半角カタカナに変換することができます。

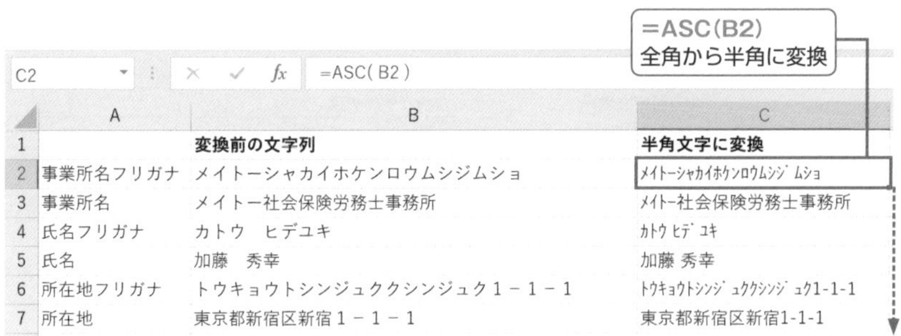

=ASC(B2)
全角から半角に変換
C2
=ASC(B2)
変換前の文字列
半角文字に変換
事業所名フリガナ
メイトーシャカイホケンロウムシジムショ
ﾒｲﾄｰｼｬｶｲﾎｹﾝﾛｳﾑｼｼﾞﾑｼｮ
事業所名
メイトー社会保険労務士事務所
ﾒｲﾄｰ社会保険労務士事務所
氏名フリガナ
カトウ　ヒデユキ
ｶﾄｳ ﾋﾃﾞﾕｷ
氏名
加藤　秀幸
加藤 秀幸
所在地フリガナ
トウキョウトシンジュククシンジュク１－１－１
ﾄｳｷｮｳﾄｼﾝｼﾞｭｸｸｼﾝｼﾞｭｸ1-1-1
所在地
東京都新宿区新宿１－１－１
東京都新宿区新宿1-1-1

ワンポイントアドバイス

- 全角のアルファベットやスペースも半角に変換されます。
- 漢字や平仮名など半角文字が存在しない場合は半角に変換されません。
- やむを得ない理由がある場合を除き、読みづらい半角カタカナは使わないほうがよいでしょう。もし幅の狭い領域にカタカナを表示したいときは、幅の狭い全角カタカナで表示できるフォント（Windowsの場合は、MS UI Gothic（エムエスユーアイゴシック）、Meiryo UI（メイリオユーアイ）、YuGothic UI（ユーゴシックユーアイ）等）の利用をお薦めします。

フォント	文字種	表示
MS ゴシック	半角ｶﾀｶﾅ	ｴｸｾﾙ
	全角カタカナ	エクセル
MS UI Gothic	半角ｶﾀｶﾅ	ｴｸｾﾙ
	全角カタカナ	エクセル

半角カナは幅が狭いところにたくさんの文字を表示できますが、その反面、読みづらくなります

半角カナは読みづらいため、利用しているシステム等の制限がなければ全角カタカナを使いましょう。幅の狭い領域にカタカナを表示する場合には文字幅の狭いカタカナのフォント（Windowsの場合は、MS UI Gothic、Meiryo UI、Yu Gothic UI等）を利用します

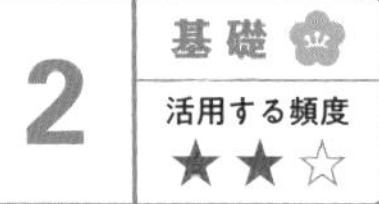

フリガナを全角文字に統一する（JIS関数）

Sample_03-01.xlsx [03-01-02]

「住所を縦書きで印刷する」「読みやすい表記にしたい」といったときは**JIS関数**で全角カタカナに変換することができます。

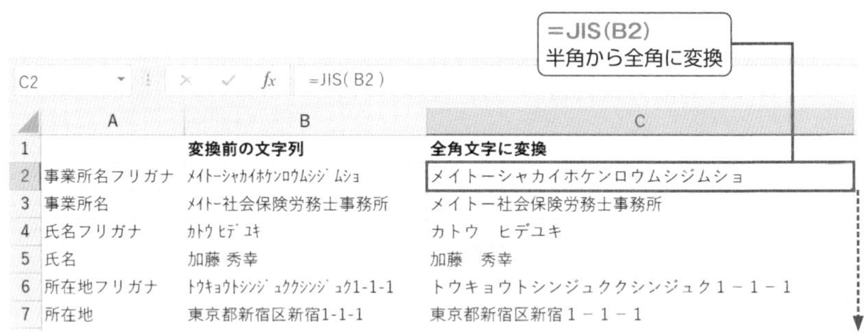

	A	B	C
1		**変換前の文字列**	**全角文字に変換**
2	事業所名フリガナ	ﾒｲﾄｰｼｬｶｲﾎｹﾝﾛｳﾑｼｼﾞﾑｼｮ	メイトーシャカイホケンロウムシジムショ
3	事業所名	ﾒｲﾄｰ社会保険労務士事務所	メイトー社会保険労務士事務所
4	氏名フリガナ	ｶﾄｳ ﾋﾃﾞﾕｷ	カトウ　ヒデユキ
5	氏名	加藤 秀幸	加藤　秀幸
6	所在地フリガナ	ﾄｳｷｮｳﾄｼﾝｼﾞｭｸｸｼﾝｼﾞｭｸ1-1-1	トウキョウトシンジュククシンジュク１－１－１
7	所在地	東京都新宿区新宿1-1-1	東京都新宿区新宿１－１－１

ワンポイントアドバイス

- 半角のアルファベットやスペースも全角に変換されます。
- 一部の記号など全角文字が存在しない場合は全角に変換されません。

Part 02 データを比較する（EXACT関数）

●給与計算システムで計算した金額とExcelで計算した金額を比較する
●旧シートと新シートで値が変わったセルを探す

２つの表を比較して、「数字や文字が一致しているか」「違いはどこか」を確認する作業は時間がかかります。こうしたときは**EXACT**(エグザクト)**関数**を使うと比較や確認を短時間かつ正確に行うことができます。

● EXACT(エグザクト)関数の構文

２つの文字列を比較して、同じである場合はTRUEを、そうでない場合はFALSEを求めます。EXACT関数では、全角と半角やスペースの有無は区別されますが、書式の違いは無視されます

=EXACT（文字列１, 文字列２）

文字列１：一方の文字列または文字列を含むセルを指定します

文字列２：もう一方の文字列または文字列を含むセルを指定します

1 中級 活用する頻度 ★★★ 給与計算システムとExcelのデータが一致しているか確認する（EXACT関数）

Sample_03-02.xlsx[03-02-01]

給与計算システムを新しく導入したときや、雇用保険料率等の変更により保険料の被保険者負担分が変わった月には、給与計算システムで計算した金額と、Excelで計算した金額とを比較し、正しく給与計算ができているか確認します。

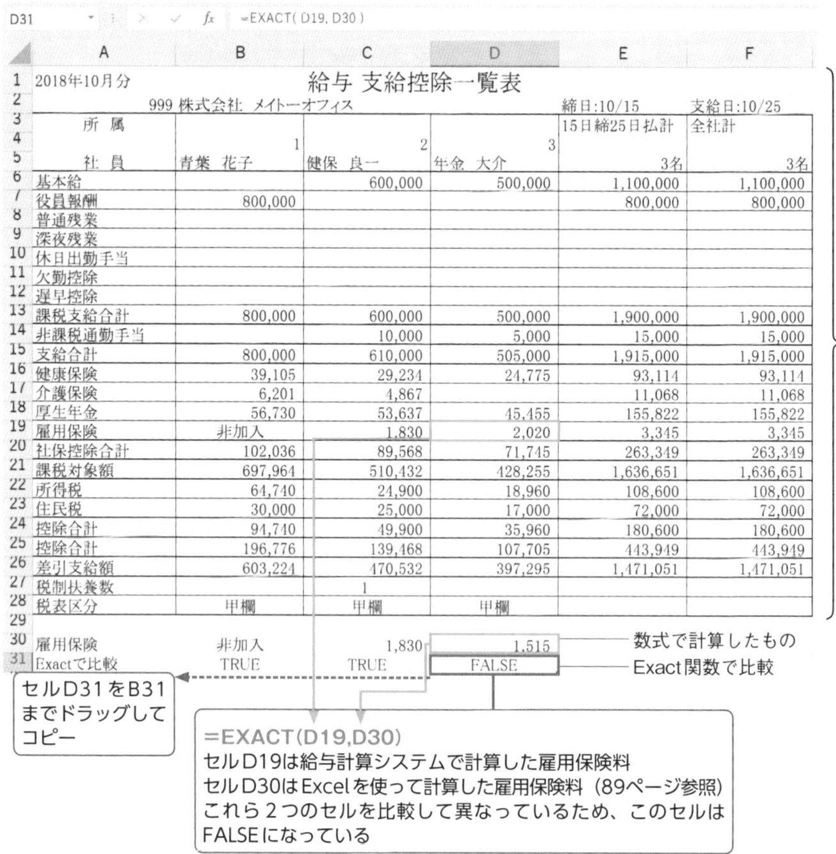

D31 =EXACT(D19, D30)

	A	B	C	D	E	F
1	2018年10月分		給与 支給控除一覧表			
2		999 株式会社 メイトーオフィス			締日:10/15	支給日:10/25
3	所 属				15日締25日払計	全社計
4		1	2	3		
5	社 員	青葉 花子	健保 良一	年金 大介	3名	3名
6	基本給		600,000	500,000	1,100,000	1,100,000
7	役員報酬	800,000			800,000	800,000
8	普通残業					
9	深夜残業					
10	休日出勤手当					
11	欠勤控除					
12	遅早控除					
13	課税支給合計	800,000	600,000	500,000	1,900,000	1,900,000
14	非課税通勤手当		10,000	5,000	15,000	15,000
15	支給合計	800,000	610,000	505,000	1,915,000	1,915,000
16	健康保険	39,105	29,234	24,775	93,114	93,114
17	介護保険	6,201	4,867		11,068	11,068
18	厚生年金	56,730	53,637	45,455	155,822	155,822
19	雇用保険	非加入	1,830	2,020	3,345	3,345
20	社保控除合計	102,036	89,568	71,745	263,349	263,349
21	課税対象額	697,964	510,432	428,255	1,636,651	1,636,651
22	所得税	64,740	24,900	18,960	108,600	108,600
23	住民税	30,000	25,000	17,000	72,000	72,000
24	控除合計	94,740	49,900	35,960	180,600	180,600
25	控除合計	196,776	139,468	107,705	443,949	443,949
26	差引支給額	603,224	470,532	397,295	1,471,051	1,471,051
27	税制扶養数		1			
28	税表区分	甲欄	甲欄	甲欄		
29						
30	雇用保険	非加入	1,830	1,515		
31	Exactで比較	TRUE	TRUE	FALSE		

ワンポイントアドバイス

- アルファベットの大文字と小文字、半角スペースと全角スペースも区別するため、一見、同じに見える文字列でも結果がFALSE（同じでない）になります。必要に応じてASC関数（139ページ参照）、JIS関数（140ページ参照）、TRIM関数（154ページ参照）を組み合わせて使用するとよいでしょう。
- 53ページで解説した条件付き書式を使い、EXACT関数の結果がTRUE（正しい）以外のセルに色を付けて目立たせる方法もあります。

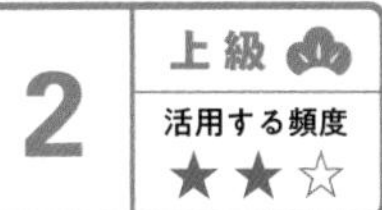

新旧シートを比較し 値が変わったセルを見つける（EXACT関数）

Sample_03-02.xlsx［旧シートと新シートを比較］

同一フォーマットで値だけ異なる2つの新旧シートを使い、どのセルが変更されたかEXACT関数で比較していきます。ここではIF関数（92ページ参照）も組み合わせて、同じ値のセルは「○」、異なる値のセルは「異なる」と表示させます。ゴールは新旧シートを比較するシートを作ることとします。作り方は次ページから解説します。

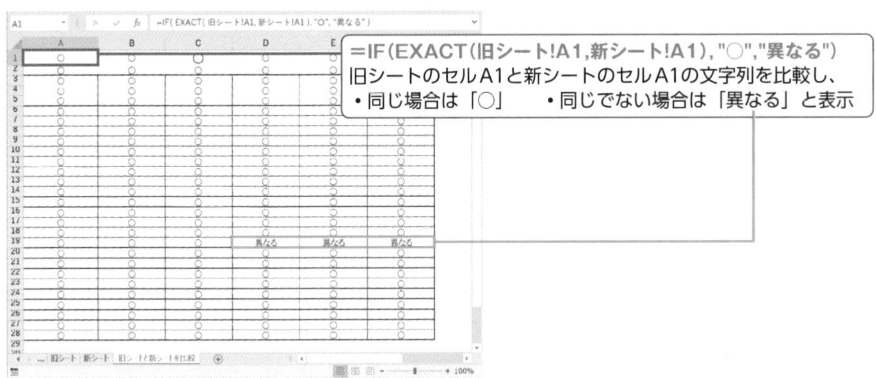

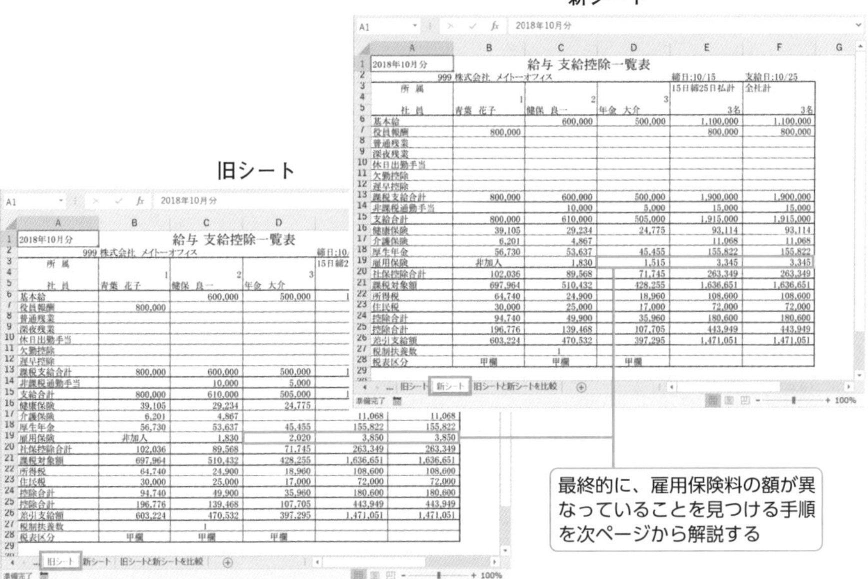

新シート

2018年10月分	給与 支給控除一覧表				
	999 株式会社 メイトーオフィス			締日:10/15	支給日:10/25
所 属				15日締25日払計	全社計
	1	2	3		
社 員	青葉 花子	健保 良一	年金 大介	3名	3名
基本給		600,000	500,000	1,100,000	1,100,000
役員報酬	800,000			800,000	800,000
普通残業					
深夜残業					
休日出勤手当					
欠勤控除					
遅早控除					
課税支給合計	800,000	600,000	500,000	1,900,000	1,900,000
非課税通勤手当		10,000	5,000	15,000	15,000
支給合計	800,000	610,000	505,000	1,915,000	1,915,000
健康保険	39,105	29,234	24,775	93,114	93,114
介護保険	6,201	4,867		11,068	11,068
厚生年金	56,730	53,637	45,455	155,822	155,822
雇用保険	非加入	1,830	1,515	3,345	3,345
社保控除合計	102,036	89,568	71,745	263,349	263,349
課税対象額	697,964	510,432	428,255	1,636,651	1,636,651
所得税	64,740	24,900	18,960	108,600	108,600
住民税	30,000	25,000	17,000	72,000	72,000
控除合計	94,740	49,900	35,960	180,600	180,600
控除合計	196,776	139,468	107,705	443,949	443,949
差引支給額	603,224	470,532	397,295	1,471,051	1,471,051
税制扶養数		1			
税表区分	甲欄	甲欄	甲欄		

第3章 もっと効率アップにつながるExcel関数をマスターしよう

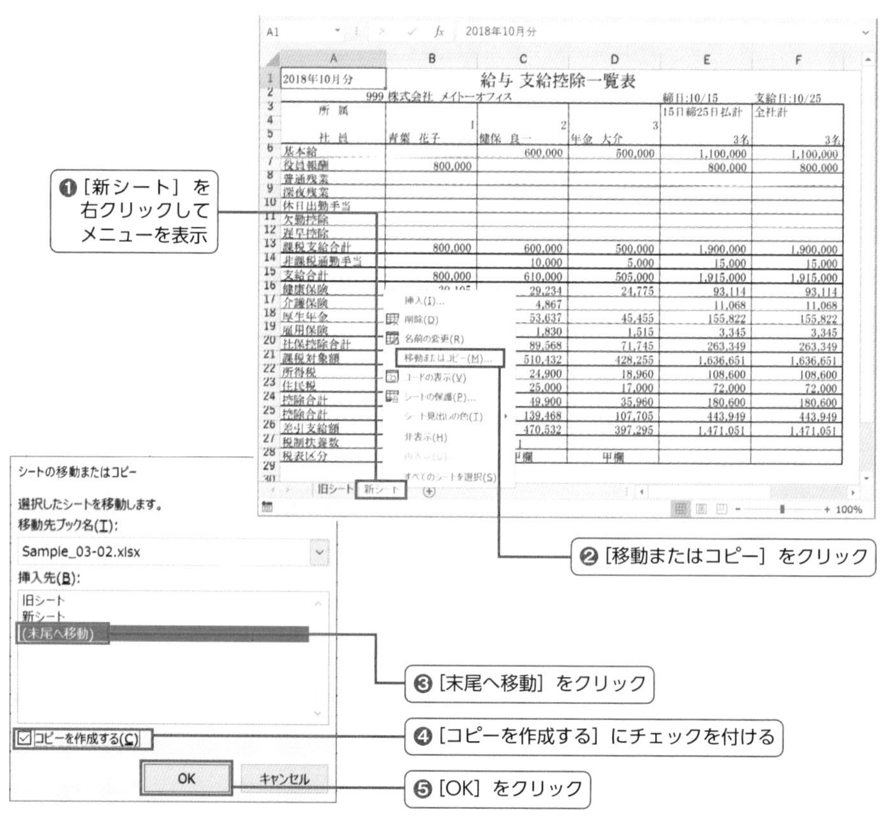

A1　fx　2018年10月分

	A	B	C	D	E	F
1	2018年10月分	給与 支給控除一覧表				
2		999 株式会社 メイトーオフィス			締日:10/15	支給日:10/25
3	所 属				15日締25日払計	全社計
4		1	2	3		
5	社 員	青葉 花子	健保 良一	年金 大介	3名	3名
6	基本給		600,000	500,000	1,100,000	1,100,000
7	役員報酬	800,000			800,000	800,000
8	普通残業					
9	深夜残業					
10	休日出勤手当					
11	欠勤控除					
12	遅早控除					
13	課税支給合計	800,000	600,000	500,000	1,900,000	1,900,000
14	非課税通勤手当		10,000	5,000	15,000	15,000
15	支給合計	800,000	610,000	505,000	1,915,000	1,915,000
16	健康保険	39,105	29,234	24,775	93,114	93,114
17	介護保険	6,201	4,867		11,068	11,068
18	厚生年金	56,730	53,637	45,455	155,822	155,822
19	雇用保険	非加人	1,830	1,515	3,345	3,345
20	社保控除合計	102,036	89,568	71,745	263,349	263,349
21	課税対象額	697,964	510,432	428,255	1,636,651	1,636,651
22	所得税	64,740	24,900	18,960	108,600	108,600
23	住民税	30,000	25,000	17,000	72,000	72,000
24	控除合計	94,740	[illegible]	[illegible]	[illegible]	180,600
25	控除合計	196,776	139,468	107,705	443,949	443,949
26	差引支給額	603,224	470,532	397,295	1,471,051	[illegible]
27	税制扶養数		1			
28	税表区分	甲欄	甲欄	甲欄		
29						
30						

旧シート　新シート　旧シートと新シートを比較

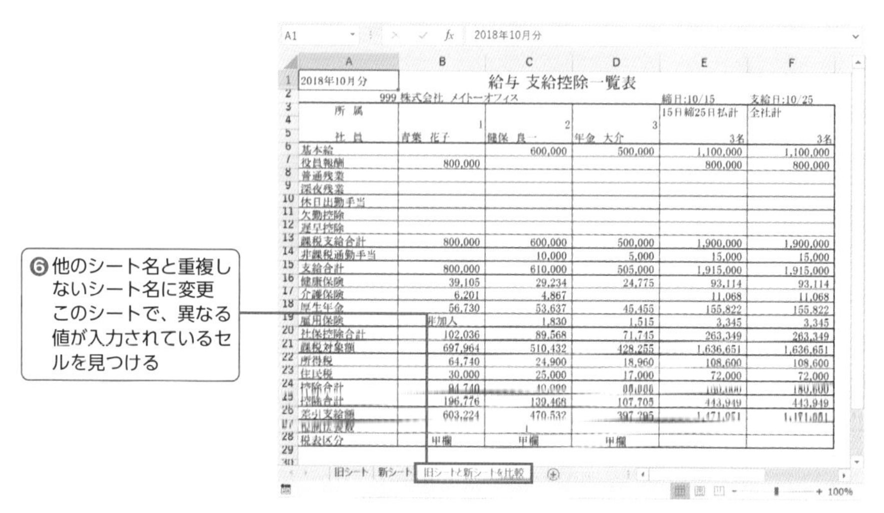

❻他のシート名と重複しないシート名に変更
このシートで、異なる値が入力されているセルを見つける

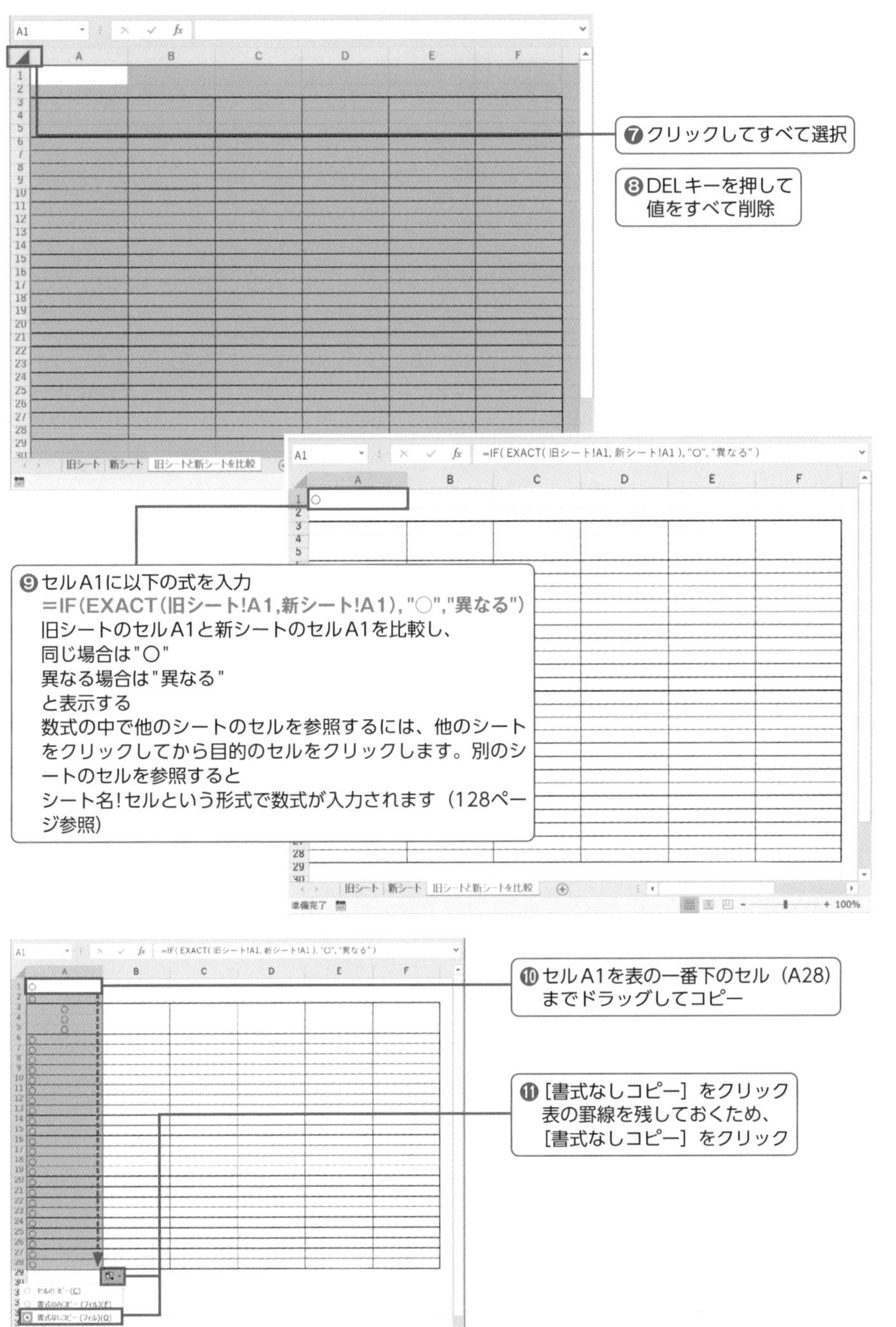

A1
fx
A
B
C
D
E
F
❼クリックしてすべて選択
❽DELキーを押して
値をすべて削除
旧シート
新シート
旧シートと新シートを比較
A1
=IF(EXACT(旧シート!A1, 新シート!A1), "○", "異なる")
❾セルA1に以下の式を入力
=IF(EXACT(旧シート!A1,新シート!A1),"○","異なる")
旧シートのセルA1と新シートのセルA1を比較し、
同じ場合は"○"
異なる場合は"異なる"
と表示する
数式の中で他のシートのセルを参照するには、他のシート
をクリックしてから目的のセルをクリックします。別のシ
ートのセルを参照すると
シート名!セルという形式で数式が入力されます（128ペー
ジ参照）
準備完了
100%
❿セルA1を表の一番下のセル（A28）
までドラッグしてコピー
⓫［書式なしコピー］をクリック
表の罫線を残しておくため、
［書式なしコピー］をクリック
セルのコピー(C)
書式のみコピー (フィル)(F)
書式なしコピー (フィル)(O)
フラッシュ フィル(F)

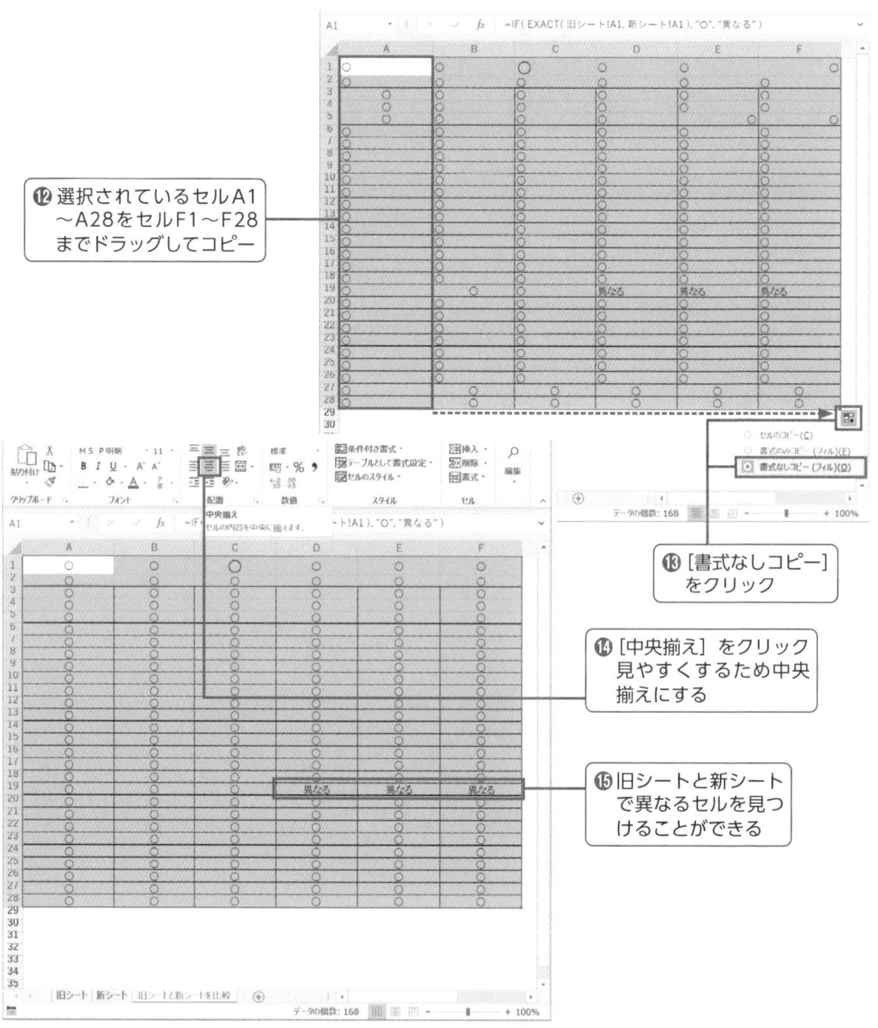

ワンポイントアドバイス

- この方法は旧シートと新シートの行列の要素がすべて同じ場合に限られます（例えば、セルD19には旧シートと新シートの両方で年金大介さんの雇用保険料が入力されている必要があります）。
- 条件付き書式（53ページ参照）を使って○以外のセルに色を付けて目立つようにしてもよいでしょう。

Part 03 フィルター処理した際の集計値を求める (SUBTOTAL関数)

●フィルター処理した人事データの合計値、平均値、個数、最大値、最小値を計算する

フィルター機能（16ページ）を使って条件に合った「特定の人事データ」を抽出し、そのデータを集計する際、SUM関数（合計）、AVERAGE関数（平均）、COUNT関数（個数）を使うと、フィルターによって表示されていないデータも集計されてしまいます。このようなとき、**SUBTOTAL関数**（サブトータル）を使えば表示されている行だけ計算することができます。

●SUBTOTAL（サブトータル）関数の構文

指定した集計方法で集計値を求めます。フィルターにより表示されていない行は除いて、表示されている行が集計されます

=SUBTOTAL(集計方法,範囲1,[範囲2],...)

- 集計方法：1～11の数字で、小計の算出に使用する関数を指定します（下表）。1～11には手動で非表示※にした行が含まれます。フィルターにより表示されていないセルは常に除外されます
  ※「非表示」とは、行を選択→右クリック→メニューから［非表示］を選択して、行を表示しないことを指します
- 範囲1：集計するセルまたは範囲を指定します
- [範囲2]：集計するセルまたは範囲を指定します（省略可）

●使用頻度が高い集計方法（SUBTOTAL関数の1つ目の引数）の指定

集計方法（非表示の値も含める）	関数（説明）
1	AVERAGE（平均）
2	COUNT（数値のセルの個数）
3	COUNTA（空白ではないセルの個数）
4	MAX（最大値）
5	MIN（最小値）
6	PRODUCT（積）
9	SUM（合計）

この表の中で最も使用頻度が高いのが合計

1 中級 活用する頻度 ★★☆

フィルターで抽出したデータの合計値や平均値を計算する（SUBTOTAL関数）

Sample_03-03.xlsx [03-03-01]

ここでは人事情報が入力されているシートにフィルター（16ページ参照）を設定し、表示されているデータに絞って集計する方法を解説します。

以下はフィルターで行を抽出する前のデータです。SUM関数とSUBTOTAL関数（「合計」するので1つ目の引数で9を指定します。前ページ下表参照）で同じ範囲を指定しているため、賃金額の合計は同じになります。

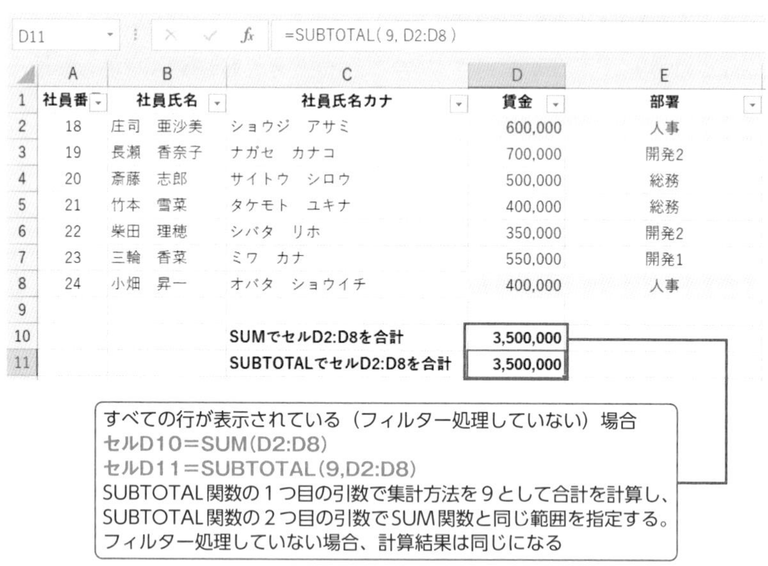

D11 =SUBTOTAL(9, D2:D8)

	A	B	C	D	E
1	社員番	社員氏名	社員氏名カナ	賃金	部署
2	18	庄司　亜沙美	ショウジ　アサミ	600,000	人事
3	19	長瀬　香奈子	ナガセ　カナコ	700,000	開発2
4	20	斎藤　志郎	サイトウ　シロウ	500,000	総務
5	21	竹本　雪菜	タケモト　ユキナ	400,000	総務
6	22	柴田　理穂	シバタ　リホ	350,000	開発2
7	23	三輪　香菜	ミワ　カナ	550,000	開発1
8	24	小畑　昇一	オバタ　ショウイチ	400,000	人事
9					
10			SUMでセルD2:D8を合計	3,500,000	
11			SUBTOTALでセルD2:D8を合計	3,500,000	

ここでE列をフィルターしてみましょう。次ページの図はフィルターで「部署」が「人事」の従業員のみ表示しています。SUM関数とSUBTOTAL関数で同じ範囲を指定していますが、SUM関数はフィルターで除外されている行も合計され、SUBTOTAL関数はフィルターされた行（フィルターによって表示されていない行）を除外して合計されていることがわかります。

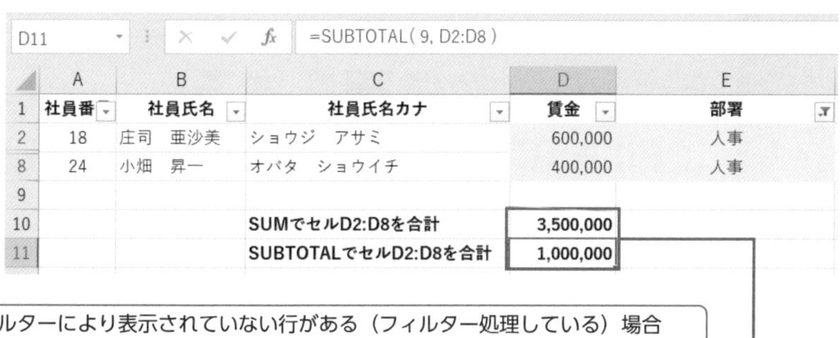

D11 =SUBTOTAL(9, D2:D8)

	A	B	C	D	E
1	社員番	社員氏名	社員氏名カナ	賃金	部署
2	18	庄司　亜沙美	ショウジ　アサミ	600,000	人事
8	24	小畑　昇一	オバタ　ショウイチ	400,000	人事
9					
10			SUMでセルD2:D8を合計	3,500,000	
11			SUBTOTALでセルD2:D8を合計	1,000,000	

フィルターにより表示されていない行がある（フィルター処理している）場合
セルD10＝SUM(D2:D8)
セルD11＝SUBTOTAL(9,D2:D8)
SUBTOTAL関数の１つ目の引数で集計方法をを９として「合計」を計算し、
SUBTOTAL関数の２つ目の引数でSUM関数と同じ範囲を指定する
フィルター処理している場合、SUBTOTAL関数はフィルターによって表示されていない行は除外して計算されるため、計算結果が異なる

ワンポイントアドバイス

- 関数を使用するときはフィルターによって表示されていない行も集計されていないかどうか注意する習慣をつけましょう。
- SUBTOTAL関数は、フィルターにより表示されていないセルは常に除外されます。しかし手動で非表示※にした行は含まれます。

※「非表示」とは、行を選択→右クリック→メニューから［非表示］を選択して、行を表示しないことを指します。

Part 04

時間の端数処理をする（CEILING関数・FLOOR関数・MROUND関数）

- 一定時間数未満の切り上げ・切り捨てをする（例：30分未満切り捨て）
- 1時間未満の端数を30分未満切り捨て30分以上切り上げする

目的に応じて**CEILING関数**（切り上げ）、**FLOOR関数**（切り捨て）、**MROUND関数**（30分未満切り捨て30分以上切り上げ）を使用します。

●CEILING関数の構文

基準値の倍数のうち、最も近い値に数値を切り上げます

=CEILING(数値,基準値)

- 数値：切り上げの対象となる数値を指定します
- 基準値：倍数の基準となる数値を指定します

●FLOOR関数の構文

基準値の倍数のうち、最も近い値かつ0に近い値に数値を切り捨てます

=FLOOR(数値,基準値)

- 数値：切り捨ての対象となる数値を指定します
- 基準値：倍数の基準となる数値を指定します

●MROUND関数の構文

基準値の倍数のうち、目的の倍数に丸められた数値を求めます。数値を基準値で割った剰余が倍数の半分以上である場合は、0から遠いほうの値に丸められます

=MROUND(数値,基準値)

- 数値：丸めの対象となる数値を指定します
- 基準値：切り上げまたは切り捨てて丸められた数値が、その倍数となるような数値を指定します。数値が正の値の場合は基準値も正の値、数値が負の値の場合は基準値も負の値にします

1 中級 活用する頻度 ★★★ 30分未満を切り上げる（CEILING関数）

Sample_03-04.xlsx [03-04-01]

CEILING（シーリング）関数は指定した基準値の倍数の中で最も近い値に数値を切り上げます。以下の3とおりのやり方は結果がどれも同じになります。

	A	B	C
1	数値	基準値	計算結果
2	35:29		35:30
3	35:30		35:30
4	35:31	0:30	36:00

35時間29分・35時間30分・35時間31分を30分未満切り上げにする

- =CEILING(A2,TIME(0,30,0))　2つ目の引数で、30分をTIME関数で指定
- =CEILING(A3,"0:30")　2つ目の引数で、30分を"0:30"で指定
- =CEILING(A4,B4)　2つ目の引数で、30分をセルで指定

2 中級 活用する頻度 ★★★ 30分未満を切り捨てる（FLOOR関数）

Sample_03-04.xlsx [03-04-02]

FLOOR（フロア）関数は指定した基準値の倍数の中で最も近い値かつ0に近い値に数値を切り捨てます。以下の3とおりのやり方は結果がどれも同じになります。

	A	B	C
1	数値	基準値	計算結果
2	35:29		35:00
3	35:30		35:30
4	35:31	0:30	35:30

35時間29分・35時間30分・35時間31分を30分未満切り捨てにする

- =FLOOR(A2,TIME(0,30,0))　2つ目の引数で、30分をTIME関数で指定
- =FLOOR(A3,"0:30")　2つ目の引数で、30分を"0:30"で指定
- =FLOOR(A4,B4)　2つ目の引数で、30分をセルで指定

ワンポイントアドバイス

Excel 2013以降では、

- CEILING関数の代わりにCEILING.MATH（シーリングマス）関数
- FLOOR関数の代わりにFLOOR.MATH（フロアマス）関数

を使っても同じ結果が得られます。引数も同じでかまいません。

3 中級 活用する頻度 ★★☆

1時間未満の端数を30分未満切り捨て30分以上切り上げる（MROUND関数）

Sample_03-04.xlsx[03-04-03]

30分未満切り捨て30分以上切り上げにしたいときは、目的の倍数に丸められた数値を求める**MROUND関数**（エムラウンド）を使用します。以下の3とおりのやり方は結果がどれも同じになります。

	A	B	C
1	数値	基準値	計算結果
2	35:29		35:00
3	35:30		36:00
4	35:31	1:00	36:00

=MROUND(A2,TIME(1,0,0))
2つ目の引数で、1時間をTIME関数で指定

=MROUND(A3,"1:00")
2つ目の引数で、1時間を"1:00"で指定

=MROUND(A4,B4)
2つ目の引数で、1時間をセルで指定

ワンポイントアドバイス

CEILING関数とFLOOR関数の2つ目の引数はどちらも切り上げまたは切り捨てをする時間をそのまま指定しています（例："0:30"）が、MROUND関数だけ2つ目の引数が1時間（例："1:00"）になっていることに注意してください。

Part 05 文字列を加工する（TRIM関数・SUBSTITUTE関数・MID関数・LEFT関数・RIGHT関数・FIND関数・LEN関数）

活用例
- 関数で不要な文字列を削除する
- 関数で文字列の一部分を別の文字列に置換する　など

従業員情報がCSV形式（131ページ参照）やExcelファイルになっていれば、そのデータを給与計算システムに取り込むほうが効率的です。しかし、不要なスペースが入っていたり、郵便番号の表記に不要な半角ハイフンが入っていたりすると、データの取り込みが円滑にできないことがあります。こうしたときは文字列を加工する下表の関数を使用します。

関数名	説明	活用例
TRIM（トリム）	各単語間のスペースは1つ残し、不要なスペースをすべて削除します	1：氏名の文字列に入っている不要なスペースを削除します
SUBSTITUTE（サブスティチュート）	文字列の中の、指定した文字列を、他の文字列に置き換えます	2：部署名を「人事」から「HR」に一括して置換します
MID（ミッド）	文字列の中で、抜き出したい文字列の始まりが先頭（左端）から何文字目にあるかを指定し、任意の文字数の文字列を取り出します	3：8桁数字（yyyymmdd）を年月日（yyyy/mm/dd）に変換します
LEFT（レフト）	文字列の先頭（左端）から指定された数の文字列を取り出します	4：姓＋全角スペース＋名を姓と名に分離するときに使用します
RIGHT（ライト）	文字列の末尾（右端）から指定された文字数の文字列を取り出します	4：姓＋全角スペース＋名を姓と名に分離するときに使用します
FIND（ファインド）	対象文字列の中で、指定された検索文字列を検索し、その指定された検索文字列が最初に現れる位置を先頭（左端）から数えて何文字目か、その数値を求めます	4：姓＋全角スペース＋名を姓と名に分離するときに使用します
LEN（レン）	文字列の文字数を求めます	4：姓＋全角スペース＋名を姓と名に分離するときに使用します

1 基礎 活用する頻度 ★☆☆ 不要なスペースを削除する（TRIM関数）

Sample_03-05.xlsx[03-05-01]

氏名の前後や姓と名の間にスペースが入っているデータを見かけることがありますが、不要なスペースがあるとデータとして扱うときに不便です。

例えば、半角スペースが2つ続けて入力されていると、全角スペース1つと同じように見えますが、文字列データとして「半角スペース2つ」と「全角スペース1つ」は同一データではありません。また、見た目も悪くなり、読みづらくなることもあります。

ここでは不要なスペースを削除できる**TRIM（トリム）関数**を解説します。

●TRIM（トリム）関数の構文

各単語間のスペースを1つ残し、不要なスペースをすべて削除します

=TRIM（文字列）

余分なスペースを削除する文字列やセルを指定します

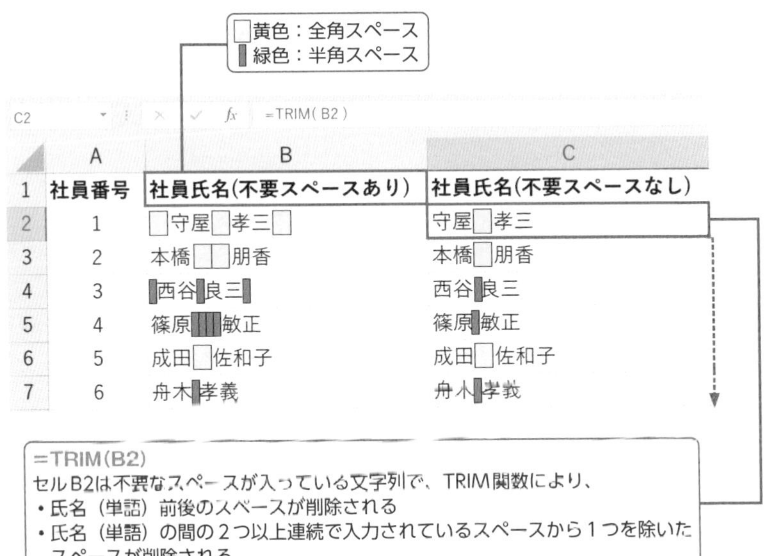

2 中級 活用する頻度 ★★☆ 部署名を「人事」から「HR」に置換する（SUBSTITUTE関数）

Sample_03-05.xlsx [03-05-02]

文字列を置き換えたいときは**SUBSTITUTE**（サブスティチュート）**関数**を使います。この関数は入れ子（95ページ参照）にして使用すると複数の対象文字列を1つの数式で置換することができます。

●SUBSTITUTE（サブスティチュート）関数の構文

文字列中の、指定した文字列を他の文字列に置き換えます

=SUBSTITUTE(文字列, 検索文字列, 置換文字列, [置換対象])

- 文字列：置き換える文字を含む文字列やセルを指定します
- 検索文字列：置換する（置換前の）文字列を指定します
- 置換文字列：検索文字列を検索して置き換える（置換後の）文字列を指定します
- [置換対象]：検索文字列に含まれる何番目の文字列を置換文字列と置き換えるかを指定します（省略可）。置換対象を指定した場合、検索文字列中の置換対象文字列だけが置き換えられます。指定しない場合、検索文字列中のすべての文字列が置換文字列に置き換えられます

1つの文字列を置換
=SUBSTITUTE(C12,"人事","HR")
旧部署名"人事"に該当する文字列が新部署名"HR"に置換される
該当する文字列がなければ置換されない

	A	B	C	D	E
1	社員番号	社員氏名	旧部署名	新部署名 人事→HR	新部署名 人事→HR マーケ→経営企画
12	11	浅野　武一	マーケ	マーケ	経営企画
13	12	堀越　誠治	営業	営業	営業
14	13	青木　四郎	人事	HR	HR
15	14	深井　尚夫	マーケ	マーケ	経営企画
16	15	小峰　萌衣	総務	総務	総務
17	16	大庭　理子	経理	経理	経理
18	17	小沢　孝子	経理	経理	経理
19	18	庄司　亜沙美	人事	HR	HR
20	19	長瀬　香奈子	開発2	開発2	開発2

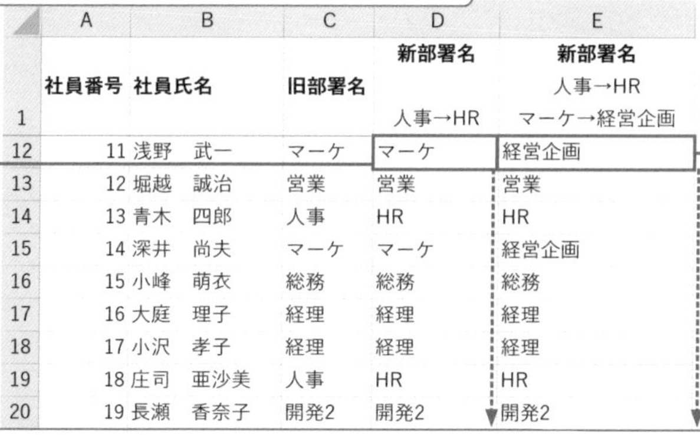

2つの文字列を置換
=SUBSTITUTE(SUBSTITUTE(C12,"人事","HR"),"マーケ","経営企画")
旧部署名"人事"を新部署名"HR"に置換し、その置換された文字列に対して再度、旧部署名"マーケ"を新部署名"経営企画"に置換する。該当する文字列がなければ置換されない

ワンポイントアドバイス

37ページの検索・置換機能でも文字列の置き換えは可能です。

3 中級 活用する頻度 ★☆☆

8桁数字(yyyymmdd)を年月日の文字列に変換する(MID関数)

Sample_03-05.xlsx[03-05-03]

yyyymmdd（20200724）という形式の8桁数字を日付文字列（2020/07/24）にするなど、別の形式の文字列に変換するときは**MID関数**（ミッド）を使用します。

●MID（ミッド）関数の構文

文字列の中で、指定された位置から指定された文字数の文字列を取り出します

=MID(文字列, 開始位置, 文字数)

- 文字列：取り出す文字を含む文字列やセルを指定します
- 開始位置：文字列から取り出す先頭文字の位置を数値で指定します。文字列の先頭文字の位置を1とします
- 文字数：取り出す文字数を指定します

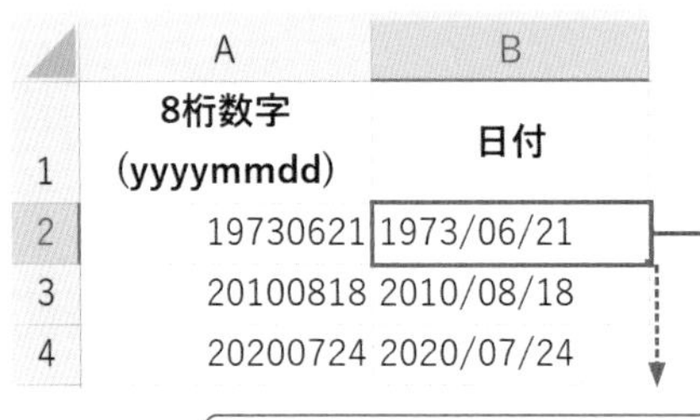

	A	B
1	8桁数字(yyyymmdd)	日付
2	19730621	1973/06/21
3	20100818	2010/08/18
4	20200724	2020/07/24

=MID(A2,1,4)&"/"&MID(A2,5,2)&"/"&MID(A2,7,2)
1つ目のMID関数で、1文字目から4文字分を抜き出して年4桁にする
2つ目のMID関数で、5文字目から2文字分を抜き出して月2桁にする
3つ目のMID関数で、7文字目から2文字分を抜き出して日2桁にする
年、月、日の文字列の間に/を入れて文字列を結合している

ワンポイントアドバイス

郵便番号の7桁数字（例：1234567）を3桁数字+半角ハイフン+4桁数字に変換（例：123-4567）することもできます。

=MID(セル,1,3)&"-"&MID(セル,4,4)

4	上級 活用する頻度 ★☆☆

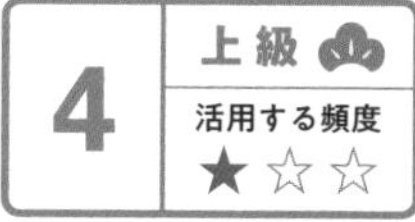

「姓＋全角スペース＋名」を「姓」と「名」に分離する（LEFT・RIGHT・FIND・LEN関数）

Sample_03-05.xlsx [03-05-04-01]

1つのセルに入力されている氏名（姓と名の間に全角スペースあり）を全角スペースの前後で分離することができます。**LEFT**（レフト）**関数**、**RIGHT**（ライト）**関数**、**FIND**（ファインド）**関数**、**LEN**（レン）**関数**を使用します。

● LEFT（レフト）関数の構文

文字列の先頭（左端）から指定された文字数の文字列を取り出します

=LEFT(文字列, [文字数])

- 文字列：取り出す文字を含む文字列やセルを指定します
- 文字数：取り出す文字数を指定します（省略可）。省略すると1を指定したものとみなされます

● RIGHT（ライト）関数の構文

文字列の末尾（右端）から指定された文字数の文字列を取り出します

=RIGHT(文字列, [文字数])

- 文字列：取り出す文字を含む文字列やセルを指定します
- 文字数：取り出す文字数（文字列の末尾［右端］からの文字数）を指定します（省略可）。省略すると1を指定したものとみなされます

● FIND（ファインド）関数の構文

対象文字列の中で、指定された検索文字列を検索し、その指定された検索文字列が最初に現れる位置を先頭（左端）から数えて何文字目か、その数値を求めます

=FIND(検索文字列, 対象文字列, [開始位置])

- 検索文字列：検索する文字列やセルを指定します
- 対象文字列：検索文字列を含む文字列を指定します
- 開始位置：検索を開始する位置を指定します（省略可）。対象の先頭文字から検索を開始するときは1を指定します。開始位置を省略すると、1を指定したとみなされます

● LEN（レン）関数の構文

文字列の文字数を求めます

=LEN(文字列)

- 文字列：文字数を調べる文字列やセルを指定します

第3章 もっと効率アップにつながるExcel関数をマスターしよう

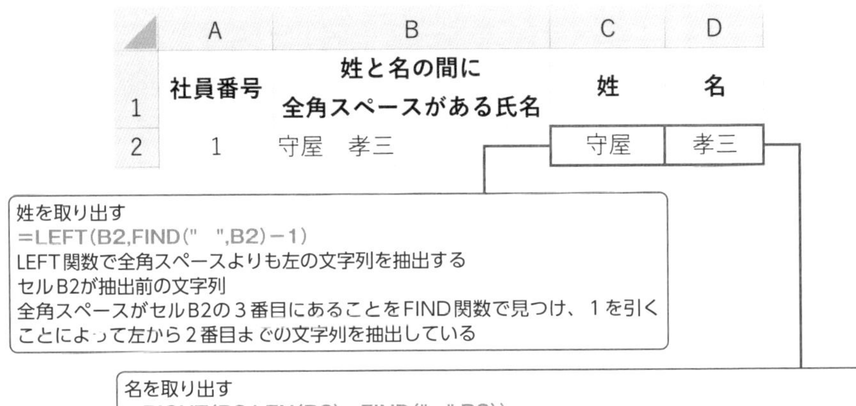

ステップアップ

上の図のセルC2とセルD2の数式は必ずしも理解する必要はなく、数式をコピー&ペーストして使えるだけで十分です。より理解を深めるためには下図のように横に並べてみるとわかりやすくなります。

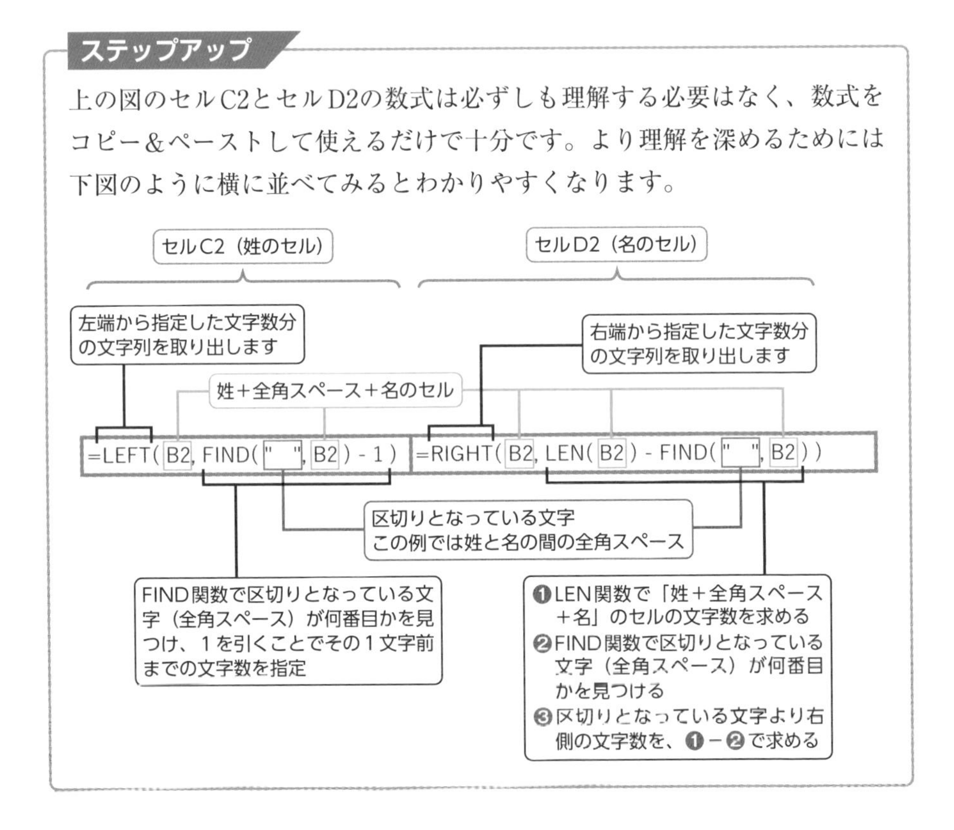

セルC2（姓のセル）

セルD2（名のセル）

左端から指定した文字数分の文字列を取り出します

右端から指定した文字数分の文字列を取り出します

姓+全角スペース+名のセル

```
=LEFT( B2, FIND( "　", B2 ) - 1 )
=RIGHT( B2, LEN( B2 ) - FIND( "　", B2 ) )
```

区切りとなっている文字
この例では姓と名の間の全角スペース

FIND関数で区切りとなっている文字（全角スペース）が何番目かを見つけ、1を引くことでその1文字前までの文字数を指定

❶LEN関数で「姓+全角スペース+名」のセルの文字数を求める
❷FIND関数で区切りとなっている文字（全角スペース）が何番目かを見つける
❸区切りとなっている文字より右側の文字数を、❶−❷で求める

ワンポイントアドバイス

- 郵便番号のハイフン付き7桁数字（例：123-4567）は、区切りとなっている文字を半角ハイフン（ - ）として、前の3桁（例：123）と後の4桁（例：4567）に分離することもできます。

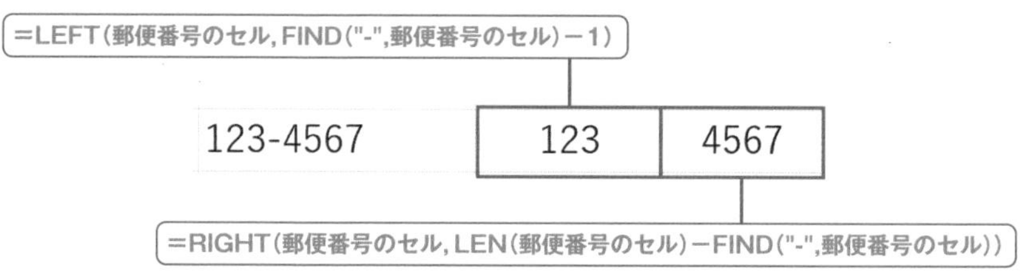

- 郵便番号のように文字列の形式が決まっていれば、以下のようにLEFT関数、MID関数、RIGHT関数を使って分離することも可能です。

Sample_03-05.xlsx [03-05-04-02]

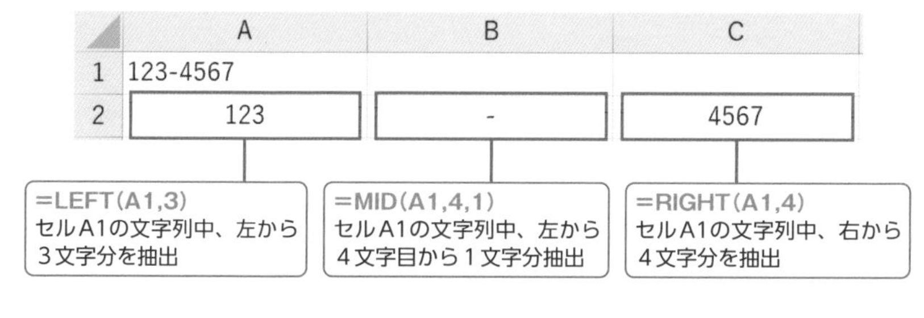

Part 06

複数の条件に合うセルの個数を求める（COUNTIFS関数）

●年度更新「確定保険料・一般拠出金算定基礎賃金集計表」の月別労働者数を計算する

労働保険の年度更新「確定保険料・一般拠出金算定基礎賃金集計表」の月別労働者数は、４月～翌年３月まで１か月ずつ、労働者の区分により人数を算出します（例：①給与月が４月かつ②常用労働者など）。このように複数条件に合う個数を数える場合は**COUNTIFS（カウントイフズ）関数**を使用します。

● COUNTIFS（カウントイフズ）関数の構文

複数の条件を指定して、すべての条件が満たされたセルの個数をカウントします

=COUNTIFS（条件範囲1,検索条件1,[条件範囲2,検索条件2],…）

- 条件範囲1：対応する条件による評価の対象となる最初（1つ目）の範囲を指定します
- 検索条件1：計算の対象となるセルを定義する条件を数値、式、セル参照、または文字列で指定します。例えば、条件は51、">=51"、B51、"シアトル"、または "51" のようになります
- [条件範囲2,検索条件2]：追加（２つ目以降）の範囲と対応する条件を指定します（省略可）

1 上級 活用する頻度 ★★☆ 年度更新の月別労働者数を数える（COUNTIFS関数）

Sample_03-06.xlsx [03-06-01-01]

労働保険の年度更新「確定保険料・一般拠出金算定基礎賃金集計表」の月別労働者数は、①対象となる給与月と②労働者の区分（常用労働者、役員で労働者扱いの人、臨時労働者、役員で雇用保険の資格のある人、免除対象高年齢労働者）の２つの条件に合うセルの個数をカウントすることにより計算できます。

前提条件として、各給与月の労働者氏名と労働者区分および賃金額のデータ

を給与計算システムからCSVファイル（131ページ参照）に出力し、そのデータをExcelに貼り付けて表にしています。この表をもとに、COUNTIFS（カウントイフズ）関数を使用して、年度更新の「確定保険料・一般拠出金算定基礎賃金集計表」の各月の常用労働者数を計算します。

給与計算システムから出力したCSV形式のデータを貼り付け
各給与月で労働者氏名と労働者区分と賃金額が表になっている
L列が各給与月（4月～翌年3月）
M列が社員番号　　N列が氏名
O列が労働者区分　　P列が賃金額

C4　=COUNTIFS($O$3:$O$199, "常用労働者", $L$3:$L$199, B4)

区分	常用労働者		役員で労働者扱いの人		臨時労働者		合計	
月	人数	賃金	人数	賃金	人数	賃金	人数	賃金
2018年4月	4	1,680,000	0	0	3	340,000	7	2,020,000
2018年5月	4	1,700,000	0	0	3	343,000	7	2,043,000
2018年6月	4	1,730,000	0	0	3	305,000	7	2,035,000
2018年7月	5	1,995,000	0	0	2	170,000	7	2,165,000
2018年8月	5	2,005,000	0	0	1	150,000	6	2,155,000
2018年9月	4	1,500,000	0	0	2	219,000	6	1,719,000
2018年10月	4	1,505,000	0	0	2	243,000	6	1,748,000
2018年11月	4	1,475,000	0	0	2	235,000	6	1,710,000
2018年12月	4	1,506,000	0	0	2	300,000	6	1,806,000
2019年1月	4	1,498,000	0	0	3	350,000	7	1,848,000
2019年2月	4	1,415,000	0	0	2	298,000	6	1,713,000
2019年3月	4	1,434,000	0	0	2	305,000	6	1,739,000
合計	50	19,443,000	0	0	27	3,258,000	77	22,701,000

給与月	社員番号	氏名	区分	賃金
2018年4月	1	青葉 花子	役員	700,000
2018年4月	2	健保 良一	常用労働者	480,000
2018年4月	3	年金 大介	常用労働者	450,000
2018年4月	4	佐藤 二郎	常用労働者	400,000
2018年4月	5	雇用 太郎	常用労働者	350,000
2018年4月	6	協会 太郎	臨時労働者	140,000
2018年4月	7	山田 次郎	臨時労働者	120,000
2018年4月	8	労働 三郎	臨時労働者	80,000
2018年5月	1	青葉 花子	役員	700,000
2018年5月	2	健保 良一	常用労働者	500,000
2018年5月	3	年金 大介	常用労働者	450,000
2018年5月	4	佐藤 二郎	常用労働者	400,000
2018年5月	5	雇用 太郎	常用労働者	350,000
2018年5月	6	協会 太郎	臨時労働者	150,000
2018年5月	7	山田 次郎	臨時労働者	115,000
2018年5月	8	労働 三郎	臨時労働者	78,000
2018年6月	1	青葉 花子	役員	700,000

=COUNTIFS($O$3:$O$199,"常用労働者",$L$3:$L$199,B4)

条件1：セル範囲$O$3:$O$199の「区分」が「常用労働者」と等しいなら

条件2：セル範囲$L$3:$L$199の「給与月」がセルB4「2018年4月」と等しいなら

この2つの条件1と条件2に合致するセルの数をカウントする

ワンポイントアドバイス

- サンプルの表ではO98、L98までしかありませんが、多少なら行を追加しても影響がないように、O3:O199やL3:L199として範囲を広めに指定しています。
- セルC4を下にコピーした際に、セル範囲がずれないように絶対参照（75ページ）にしています。

区分　O3:O199 → $O$3:$O$199

給与月　L3:L199 → $L$3:$L$199

ステップアップ

「区分（$O$3:$O$199）が"常用労働者"と等しい」という条件と、「給与月（$L$3:$L$199）が2018年４月（B4）と等しい」という条件は、以下のように記述しました。

2つ目と4つ目の引数を変えても、すべて同じ計算結果となる

= COUNTIFS
（$O$3:$O$199, "常用労働者", $L$3:$L$199, B4）

また、セルC2に常用労働者という文字列が入力されているので、"常用労働者"をC2に置き換えて以下のように記述しても同様の結果を得ることができます。セルC2が絶対参照（$C$2）になっているのは、セルC4をセルC15までコピーしたときに参照先がずれないようにするためです。

Sample_03-06.xlsx [03-06-01-02]

= COUNTIFS
（$O$3:$O$199, $C$2 ,$L$3:$L$199, B4）

さらに、条件として「等しい」とするためには、以下のように記述をすることもできます。

Sample_03-06.xlsx [03-06-01-03]

= COUNTIFS
（$O$3:$O$199, " = "&$C$2, $L$3:$L$199, " = "&B4）

これらはすべて同じ結果になります。

Part 07 複数の条件に合う数値の合計を求める（SUMIFS関数）

- 年次有給休暇の年度ごとの取得日数を計算する
- 年度更新「確定保険料・一般拠出金算定基礎賃金集計表」の月別、労働者区分別賃金額を計算する

例えば年次有給休暇の取得日数を計算するなど、複数の条件に配慮しながら合計を出す場合は**SUMIFS（サムイフズ）関数**を使用します。

● SUMIFS（サムイフズ）関数の構文

複数の条件を指定して、すべての条件が満たされたセルを合計します

=SUMIFS(合計対象範囲,条件範囲1,条件1,[条件範囲2,条件２],...)

- 合計対象範囲：合計するセルの範囲を指定します
- 条件範囲1：条件１に基づいて検証する範囲を指定します。条件範囲１と条件１が検索時にペアとなり、特定の条件に基づいて条件範囲が検索されます。条件範囲で項目が見つかったら、合計対象範囲内のその項目に対応する値が合計されます
- 条件1：条件１を指定します。SUMIF関数（118ページ参照）と同様に条件指定ができます
- [条件範囲2,条件２]：追加の範囲と対応する条件を指定します（省略可）

1　上級　活用する頻度 ★★☆　年次有給休暇の年度ごとの取得日数を計算する（SUMIFS関数）

Sample_03-07.xlsx[03-07-01]

次ページのように、有休取得日（A列）と取得日数（B列）を記入した表（左側）があります。この表は手動で入力したものです。そして、表の右側でセルD2に入社日を入力すると、基準日である毎年の有休発生日がE列で計算され、基準日から翌年の基準日の前日までの１年間の有休取得日数がF列で計算されます。右側の「①毎年の基準日以降」「②翌年の基準日の前まで」という２つ

の条件に合致する有休取得日（A列）の取得日数（B列）を合計する場合にSUMIFS関数を使用します。

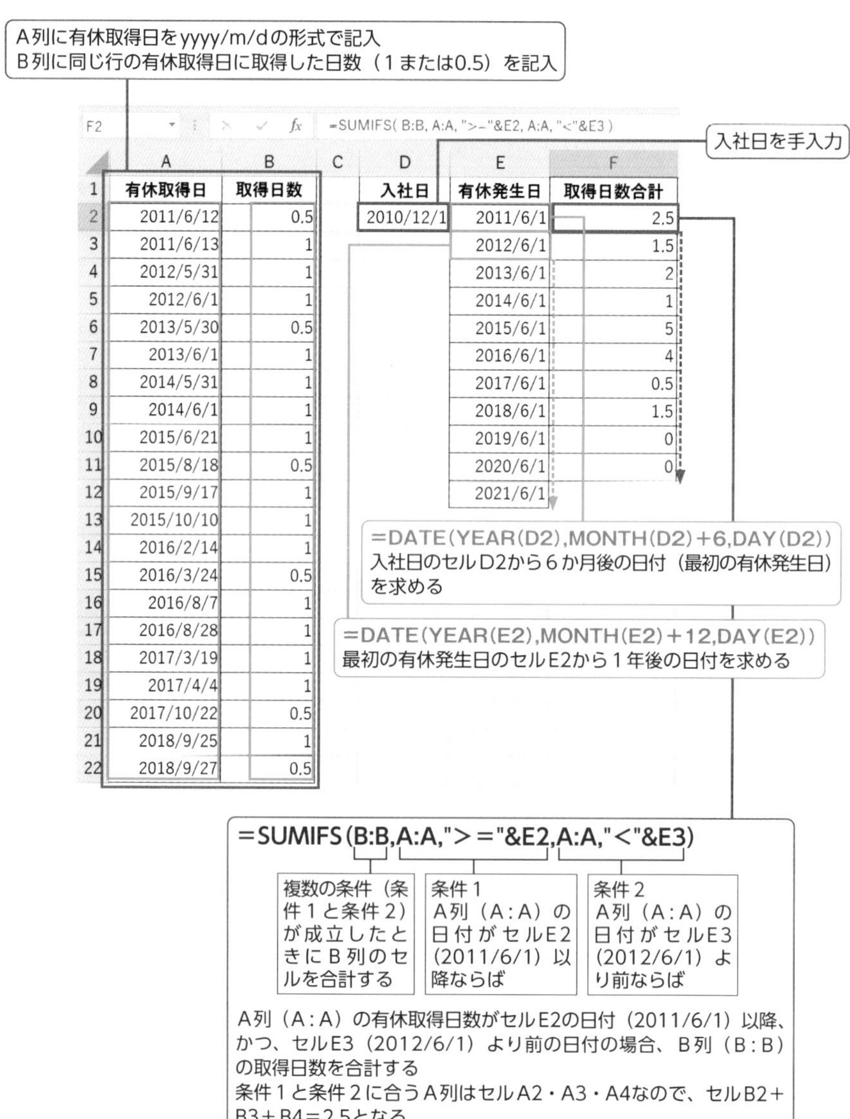

	A	B	C	D	E	F
1	有休取得日	取得日数		入社日	有休発生日	取得日数合計
2	2011/6/12	0.5		2010/12/1	2011/6/1	2.5
3	2011/6/13	1			2012/6/1	1.5
4	2012/5/31	1			2013/6/1	2
5	2012/6/1	1			2014/6/1	1
6	2013/5/30	0.5			2015/6/1	5
7	2013/6/1	1			2016/6/1	4
8	2014/5/31	1			2017/6/1	0.5
9	2014/6/1	1			2018/6/1	1.5
10	2015/6/21	1			2019/6/1	0
11	2015/8/18	0.5			2020/6/1	0
12	2015/9/17	1			2021/6/1	
13	2015/10/10	1				
14	2016/2/14	1				
15	2016/3/24	0.5				
16	2016/8/7	1				
17	2016/8/28	1				
18	2017/3/19	1				
19	2017/4/4	1				
20	2017/10/22	0.5				
21	2018/9/25	1				
22	2018/9/27	0.5				

▶ コラム

ピボットテーブルでデータを見やすく集計する

Sample_03-07.xlsx [03-07-コラム]

ピボットテーブルは参照先のデータが一つの表になっている場合に、たくさんのデータを見やすい表にまとめることができる機能です。

COUNTIFS関数（160ページ参照）とSUMIFS関数（163ページ参照）を解説しましたが、このコラムでは数式ではなく、ピボットテーブル機能を使って、161ページと同様の表を作ってみましょう。以下の手順で、給与月と区分に対して、それぞれの人数を集計します。

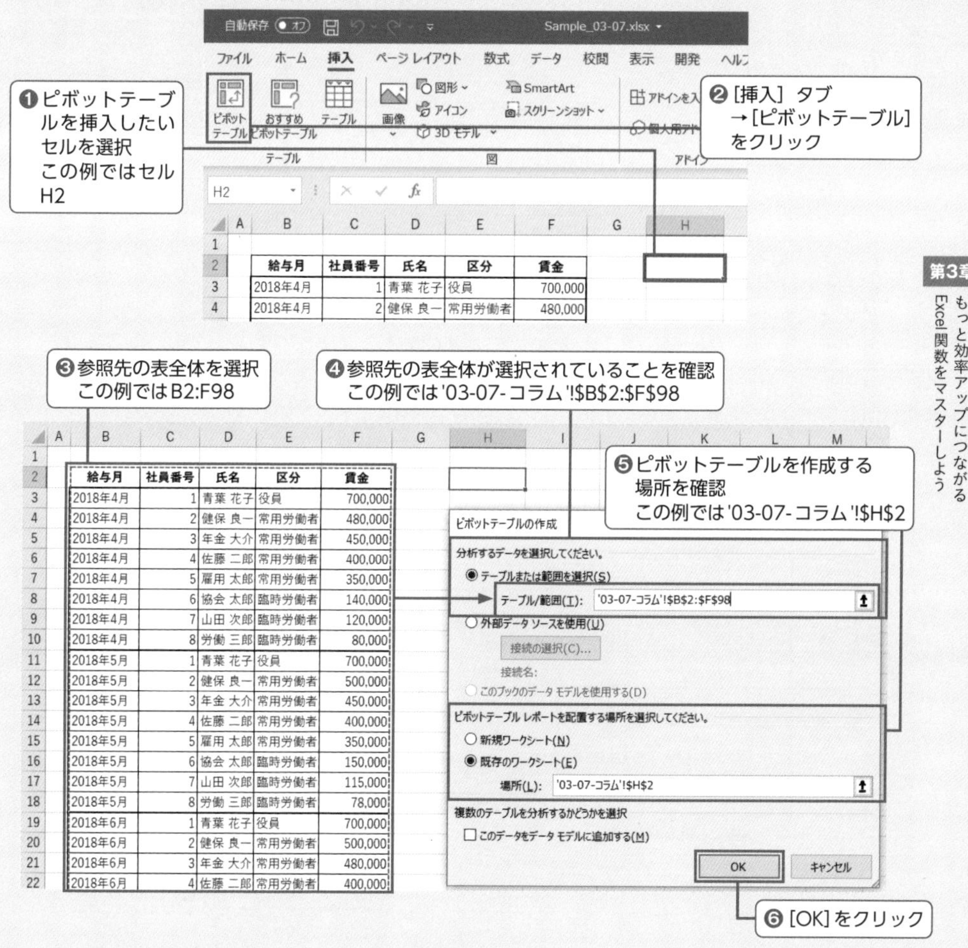

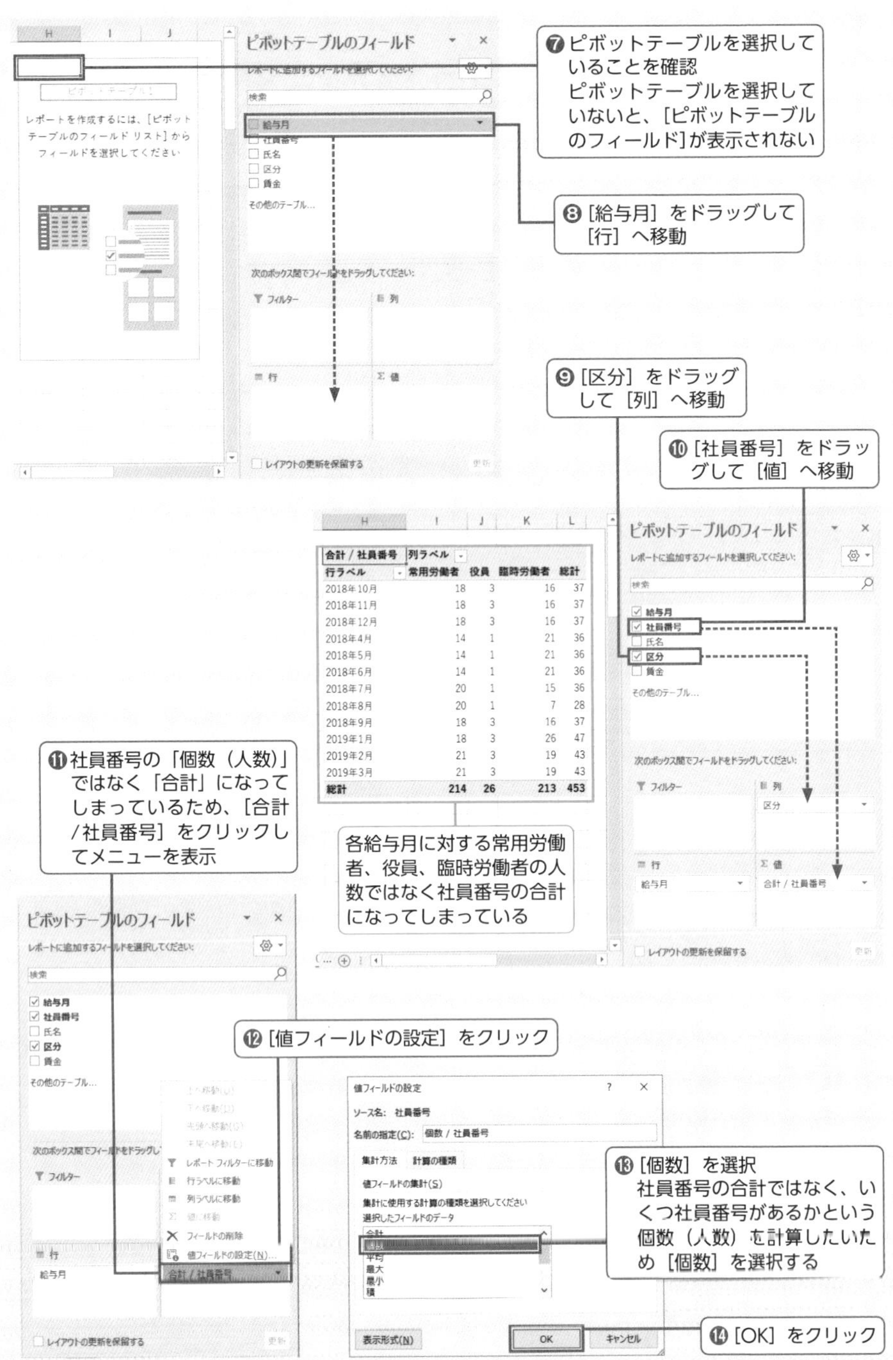
❼ピボットテーブルを選択していることを確認
ピボットテーブルを選択していないと、[ピボットテーブルのフィールド]が表示されない
❽[給与月]をドラッグして[行]へ移動
❾[区分]をドラッグして[列]へ移動
❿[社員番号]をドラッグして[値]へ移動
ピボットテーブルのフィールド
レポートに追加するフィールドを選択してください:
給与月
社員番号
氏名
区分
賃金
その他のテーブル...
次のボックス間でフィールドをドラッグしてください:
フィルター
列
行
値
レイアウトの更新を保留する
レポートを作成するには、[ピボットテーブルのフィールド リスト]からフィールドを選択してください
合計 / 社員番号 列ラベル
行ラベル 常用労働者 役員 臨時労働者 総計
2018年10月 18 3 16 37
2018年11月 18 3 16 37
2018年12月 18 3 16 37
2018年4月 14 1 21 36
2018年5月 14 1 21 36
2018年6月 14 1 21 36
2018年7月 20 1 15 36
2018年8月 20 1 7 28
2018年9月 18 3 16 37
2019年1月 18 3 26 47
2019年2月 21 3 19 43
2019年3月 21 3 19 43
総計 214 26 213 453
各給与月に対する常用労働者、役員、臨時労働者の人数ではなく社員番号の合計になってしまっている
⓫社員番号の「個数（人数）」ではなく「合計」になってしまっているため、[合計/社員番号]をクリックしてメニューを表示
⓬[値フィールドの設定]をクリック
レポート フィルターに移動
行ラベルに移動
列ラベルに移動
フィールドの削除
値フィールドの設定(N)...
合計 / 社員番号
値フィールドの設定
ソース名: 社員番号
名前の指定(C): 個数 / 社員番号
集計方法 計算の種類
値フィールドの集計(S)
集計に使用する計算の種類を選択してください
選択したフィールドのデータ
合計
個数
平均
最大
最小
積
表示形式(N) OK キャンセル
⓭[個数]を選択
社員番号の合計ではなく、いくつ社員番号があるかという個数（人数）を計算したいため[個数]を選択する
⓮[OK]をクリック

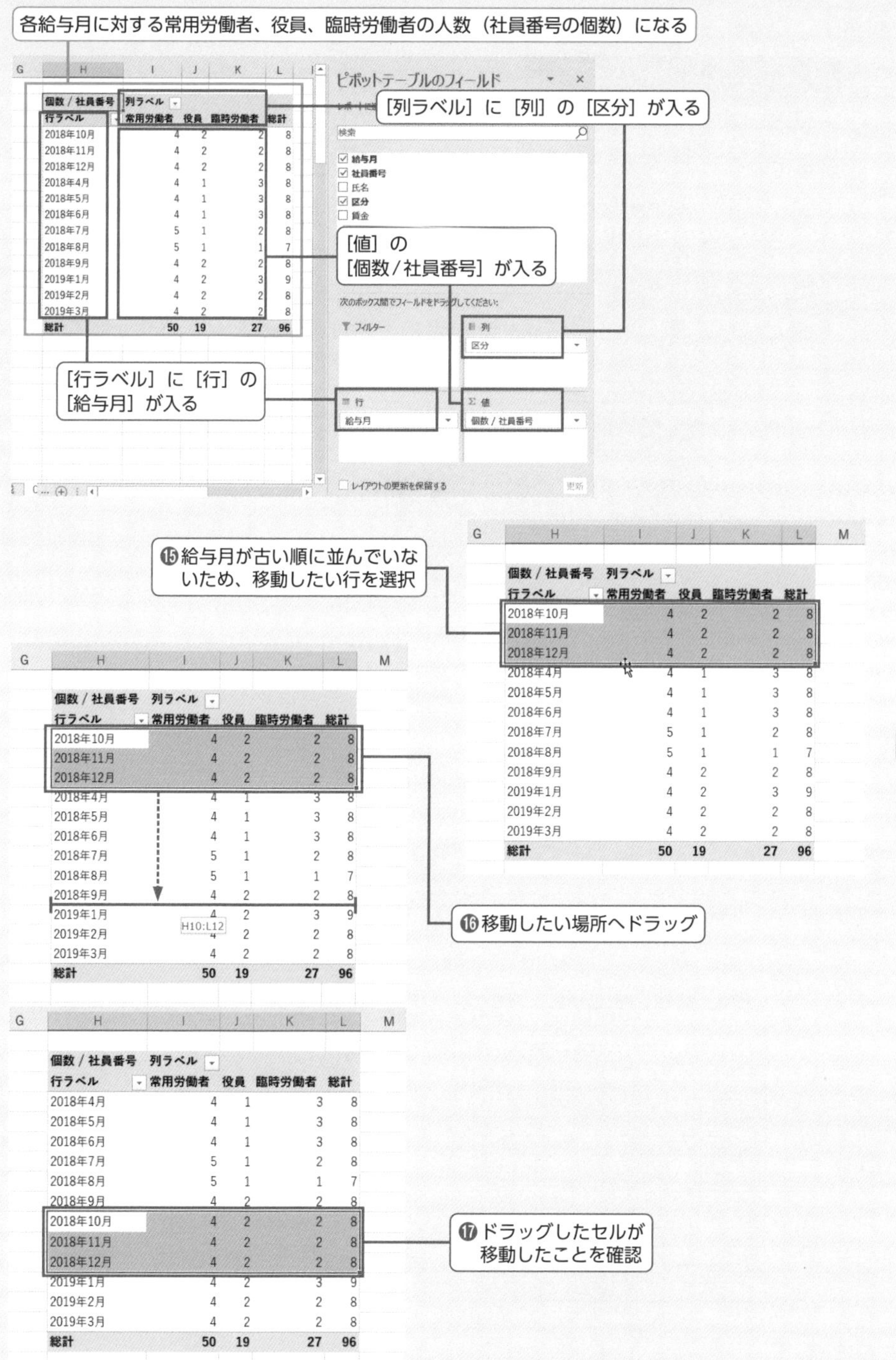

各給与月に対する常用労働者、役員、臨時労働者の人数（社員番号の個数）になる
［列ラベル］に［列］の［区分］が入る
［値］の
［個数/社員番号］が入る
［行ラベル］に［行］の
［給与月］が入る
⑮給与月が古い順に並んでいないため、移動したい行を選択
⑯移動したい場所へドラッグ
⑰ドラッグしたセルが移動したことを確認

ワンポイントアドバイス

- ピボットテーブルの１行目は見出し行（項目名）にします。項目名が空白セルだとピボットテーブルを作ることができませんので注意が必要です。ピボットテーブルの参照先の表をどのように作ればよいかは「コラム　データ処理を目的とする表づくりの５つのポイント」(21ページ参照）をご覧ください。
- 挿入したピボットテーブルを削除する方法は以下のとおりです。

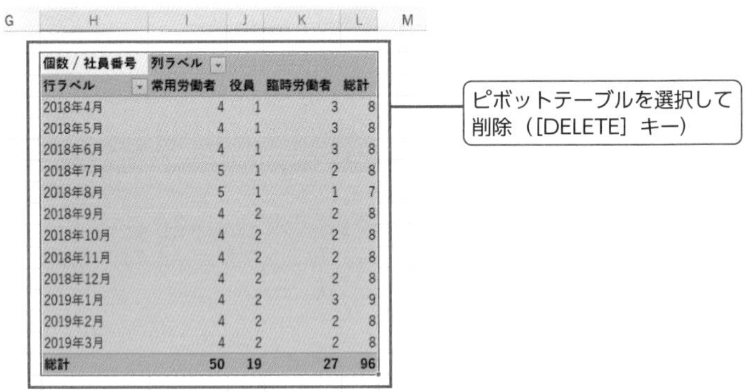

個数 / 社員番号	列ラベル			
行ラベル	常用労働者	役員	臨時労働者	総計
2018年4月	4	1	3	8
2018年5月	4	1	3	8
2018年6月	4	1	3	8
2018年7月	5	1	2	8
2018年8月	5	1	1	7
2018年9月	4	2	2	8
2018年10月	4	2	2	8
2018年11月	4	2	2	8
2018年12月	4	2	2	8
2019年1月	4	2	3	9
2019年2月	4	2	2	8
2019年3月	4	2	2	8
総計	50	19	27	96

- 参照先の表に変更があった場合、関数などの数式とは異なり、ピボットテーブルは自動で更新されません。上記の手順でピボットテーブルを削除し再作成するか、以下の手順で更新してください。

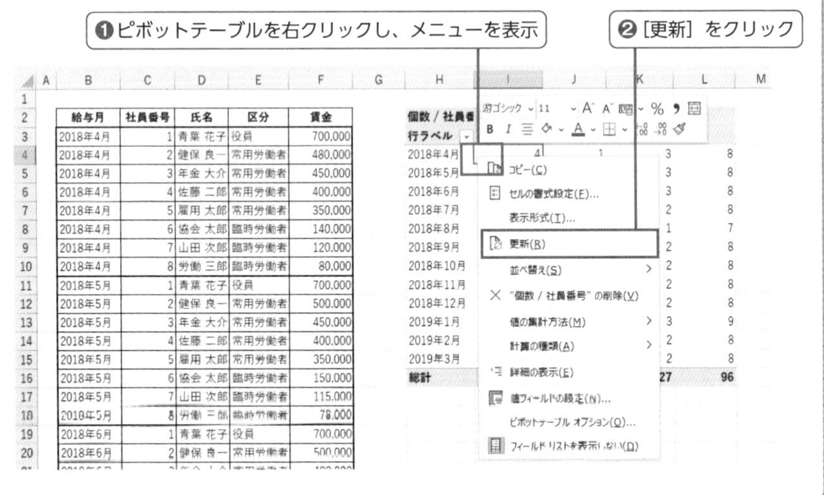

給与月	社員番号	氏名	区分	賃金
2018年4月	1	青葉 花子	役員	700,000
2018年4月	2	健保 良一	常用労働者	480,000
2018年4月	3	年金 大介	常用労働者	450,000
2018年4月	4	佐藤 二郎	常用労働者	400,000
2018年4月	5	雇用 太郎	常用労働者	350,000
2018年4月	6	協会 太郎	臨時労働者	140,000
2018年4月	7	山田 次郎	臨時労働者	120,000
2018年4月	8	労働 三郎	臨時労働者	80,000
2018年5月	1	青葉 花子	役員	700,000
2018年5月	2	健保 良一	常用労働者	500,000
2018年5月	3	年金 大介	常用労働者	450,000
2018年5月	4	佐藤 二郎	常用労働者	400,000
2018年5月	5	雇用 太郎	常用労働者	350,000
2018年5月	6	協会 太郎	臨時労働者	150,000
2018年5月	7	山田 次郎	臨時労働者	115,000
2018年5月	8	労働 三郎	臨時労働者	78,000
2018年6月	1	青葉 花子	役員	700,000
2018年6月	2	健保 良一	常用労働者	500,000

Part 08

複数シートの値を1シートで参照する（INDIRECT関数）

●複数のシートで管理する従業員情報の値を1つのシートにまとめて参照する

例えば、1人1シートで管理している労働時間集計表や年次有給休暇管理表を、1シートに集約すれば一覧性が高まります。集約させたシートをCSV形式（131ページ参照）で保存すれば、給与計算システムへの取り込みも容易です。これを可能にするのが**INDIRECT（インダイレクト）関数**になります。

●INDIRECT（インダイレクト）関数の構文

指定される文字列への参照を取得します。参照文字列に関数名を入れると、その関数で計算されます

=INDIRECT（参照文字列, ［参照形式］）

参照文字列：文字列として数式や関数を指定します

参照形式：参照文字列で指定されたセルに含まれるセル参照の種類を、論理値で指定します（省略可）。参照形式にTRUEを指定するか省略すると、参照文字列にはA1形式※1のセル参照が入力されているとみなされます。参照形式にFALSEを指定すると、参照文字列にはR1C1形式※2のセル参照が入力されているとみなされます
※1…行だけが数字で表示される　※2…行と列が数字で表示される

1　上級　活用する頻度★★★　全従業員分の労働時間集計表を一覧できるシートを作る（INDIRECT関数）

Sample_03-08.xlsx［時間集計］

従業員ごとにExcelで労働時間を管理しているケースをもとに、各自の勤怠データを1シート（ここではシート［時間集計］としています）に集約させる方法を解説します（集約させたシートをCSV形式で保存し、給与計算システムに勤怠データを読み込ませるためです）。

なお、従業員ごとのシートは同一フォーマットであることが前提です（例え

ば、総労働時間の合計はサンプルデータでいうとセルI38に表示されている必要があります）。

シート［時間集計］から各シートの値を取得する方法は①直接参照する方法と②**INDIRECT**（インダイレクト）**関数**を使用して参照する方法があります。

例えば総労働時間の合計の数値（セルI38）を取得する場合、①直接参照する方法であれば、「='1青葉 花子'!I38」というようにシート名とセルで指定しますが、このやり方ですと続いて「='2健保 良一'!I38」とするなど、各シートごとに1つずつ指定する必要があり、時間と手間がかかります。

②INDIRECT関数のほうが、シート［時間集計］の中でセルをコピーして他のシートを参照することができるため、効率的です。INDIRECT関数は文字どおり間接（INDIRECT）的にセルを参照することができるのです。

関数の書き方は、次ページのワンポイントアドバイスを参照してください。

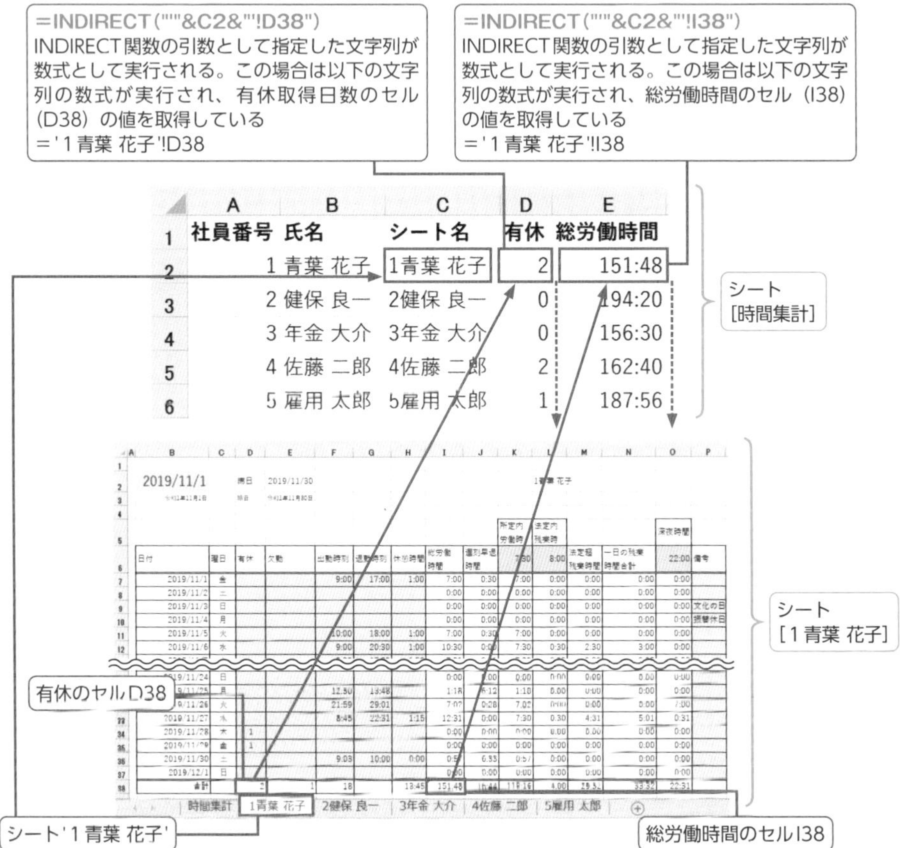

ワンポイントアドバイス

INDIRECT関数を組み込むときの手順は下記のとおりです。

❶シート［時間集計］のセルD2に、シート［1 青葉 花子］の有休取得日数のセルD38から直接、値を取得する数式を記入します。

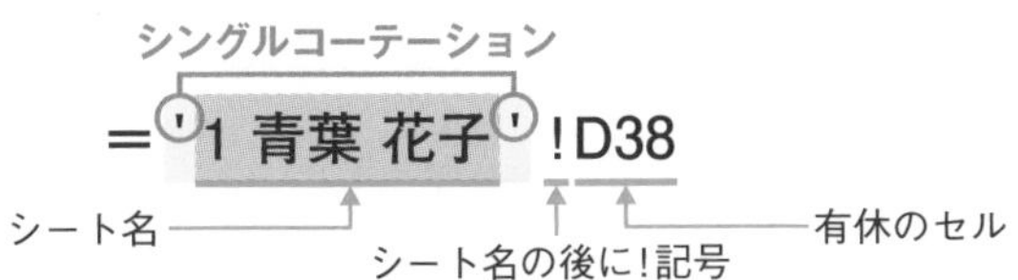

❷シート［時間集計］のセルC2にシート名［1 青葉 花子］と同じ文字列を入れてあるので、上記①の数式は以下の数式と同じことになります。

='C2'!D38

シート名のセル

❸上記②の数式のセルC2の前後に＆を入れます。セルC2以外は文字列として扱うため、セルC2のセルの前後の文字列を＆で結合するイメージです。

='&C2&'!D38

文字列と考える

❹セルC2以外は文字列とするため、文字列になる部分にダブルコーテーションを付けます。

ダブルコーテーション

="'"&C2&"'!D38"

文字列と考える

❺=の後ろと数式末尾に括弧を付けます。

=("'"&C2&"'!D38")

❻=と括弧の間にINDIRECTと入力し、シート［時間集計］のセルD2に記入すべきINDIRECT関数を使用した数式が完成です。

=INDIRECT("'"&C2&"'!D38")

シート名のセル　有休のセル

Part 09

シート名をセルに表示する（CELL関数）

● シート名にしている従業員名をシート上の特定セルに表示させる

CELL（セル）関数とこれまでに解説した関数を使用して、シート名を自動で特定のセルに表示させる方法を解説します。

● CELL（セル）関数の構文

セルの書式、位置、または内容に関する情報を取得します。例えば、ファイル名やシート名を含む文字列を取得します

=CELL（検査の種類, [対象範囲]）

情報が必要なセルを指定します（省略可）。この引数を省略した場合、最後に変更されたセルを指定したとみなされます

求めるセル情報の種類を指定する文字列

使う頻度が高い検査の種類

検査の種類	戻り値
"col"	対象範囲の左上隅にあるセルの列番号
"filename"	対象範囲を含むファイルのフルパス名（文字列）。対象範囲を含むワークシートが保存されていなかった場合は、空白文字列（""）を取得します。この値は、Excel Onlineではサポートされていません
"row"	対象範囲の左上隅にあるセルの行番号

1 上級 活用する頻度 ★★★ シート名をセルに自動入力する（CELL関数・RIGHT関数）

Sample_03_09.xlsx［1青葉 花子］

ここではCELL（セル）関数に文字列操作関数（RIGHT、LEN、FIND関数）を組み合わせて表示させる方法を紹介します。

CELL関数を使用して取得したフルパス（ファイルやフォルダーがコンピューター上のどこにあるかを示す文字列。例：C:¥Users¥ユーザー名¥…¥［Sample_03-10.xlsx］1青葉 花子）に対して、文字列を加工します（157ページと同様の方法でRIGHT関数を使ってフルパス末尾のシート名の部分のみ取得しています）。

①シート名を表示したいセル（ここではG2）を選択
②選択したセルに、
=RIGHT(CELL("filename",A1),LEN(CELL("filename",A1))-FIND("]",CELL("filename",A1)))
と入力

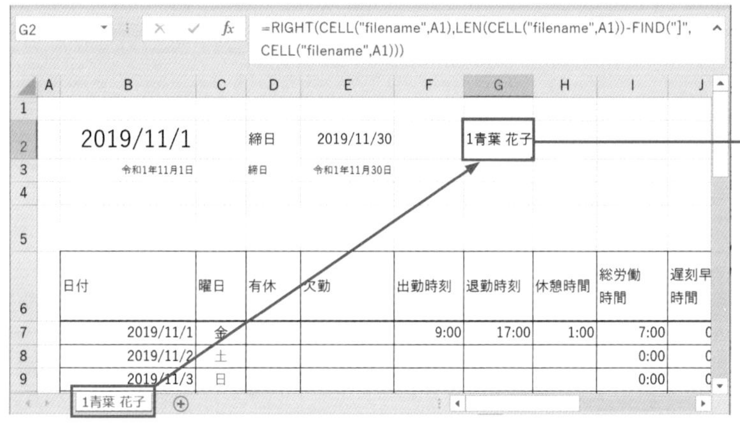

=RIGHT(CELL("filename",A1),LEN(CELL("filename",A1))−FIND("]",CELL("filename",A1)))
RIGHT関数で、CELL関数で取得した文字列中の"］"より右側の文字列を抽出する。詳細解説は176ページ参照

ワンポイントアドバイス

上記の数式は保存していないファイルでは動作しません。新規作成したファイルは、一度ファイルを保存してから行いましょう。

Part 10 土日・祝日を除外して期日を求める（WORKDAY関数）

- 土日・祝日を考慮した給与振込日を確認する
- 助成金申請期限日を計算する

WORKDAY（ワークデイ）関数は、給与振込日や「助成金申請期限まであと○日」など、土曜・日曜・祝日などを除外した後の期日や日数を自動計算してくれる関数です。

● WORKDAY（ワークデイ）関数の構文

開始日から起算して、指定された稼働日数だけ前または後の日付に対応する値を取得します（稼働日とは土曜、日曜、および指定された祝日を除く平日です）

=WORKDAY(開始日, 日数, [祝日])

- 開始日：起算日を表す日付にします
- 日数：開始日から起算して、週末や祝日を除く稼働日の日数を指定します。日数に正の数を指定すると、起算日より後の日付となり、負の数を指定すると、起算日より前の日付となります
- [祝日]：祝日や夏期休暇など、稼働日数の計算から除外する日付のリストを指定します（省略可）

1 土日・祝日を考慮した給与振込日を求める（WORKDAY関数）

上級　活用する頻度 ★☆☆

Sample_03-10.xlsx [03-10-01]

給与振込日が土日・祝日となる場合、直前の営業日になるように計算する方法を解説します。

賃金規程等で「給与支払日が休日にあたる場合は、その前日に繰り上げて支払う」と定めていた場合、A列が理論的な（金融機関の休業日である土日・祝日を考慮しない）給与支給日で、B列が土日・祝日を考慮し、その前の金融機関営業日である振込日を計算した列です。

＝WORKDAY(A2＋1,-1,祝日!A:A)
❶ ❷ ❸

土日・祝日を除いた直前の営業日を求める
❶ 土日祝日の前の平日を計算する場合は、開始日をセル＋1と指定する
❷ 日数を負の値（－1）として、起算日より前の日付を指定する
❸ シート名「祝日」のA列に祝日のリストを作り、「祝日」シートのA列を参照する

B2 =WORKDAY(A2+1,-1,祝日!A:A)

	A	B
1	給与振込日 土日祝の考慮なし	給与振込日 土日祝の前日に振込
2	2019/5/1	2019/4/26
3	2019/5/2	2019/4/26
4	2019/5/3	2019/4/26
5	2019/5/4	2019/4/26
6	2019/5/5	2019/4/26
7	2019/5/6	2019/4/26
8	2019/5/7	2019/5/7
9	2019/5/8	2019/5/8
10	2019/5/9	2019/5/9
11	2019/5/10	2019/5/10
12	2019/5/11	2019/5/10
13	2019/5/12	2019/5/10
14	2019/5/13	2019/5/13

	A	B	C
43	2019/1/1	火	元日
44	2019/1/14	月	成人の日
45	2019/2/11	月	建国記念の日
46	2019/3/21	木	春分の日
47	2019/4/29	月	昭和の日
48	2019/4/30	火	国民の休日
49	2019/5/1	水	天皇の即位の日
50	2019/5/2	木	国民の休日
51	2019/5/3	金	憲法記念日
52	2019/5/4	土	みどりの日
53	2019/5/5	日	こどもの日
54	2019/5/6	月	振替休日
55	2019/7/15	月	海の日
56	2019/8/11	日	山の日
57	2019/8/12	月	振替休日
58	2019/9/16	月	敬老の日
59	2019/9/23	月	秋分の日
60	2019/10/14	月	体育の日
61	2019/10/22	火	即位礼正殿の儀の行われる日
62	2019/11/3	日	文化の日
63	2019/11/4	月	振替休日
64	2019/11/23	土	勤労感謝の日
65	2019/12/23	月	天皇誕生日
66	2020/1/1	水	元日
67			
68			
69			
70			
71			

祝日 03-12-01

「祝日」シート
数式(＝WORKDAY(A2＋1,－1,祝日!A:A))から
「祝日」シートのA列が参照されている
A列には祝日の日付が入力されている
注意事項
- 常に最新の祝日情報にしておく必要がある
- サンプルファイルには金融機関の休日が記載されていないため、金融機関の休日を追記してください

ワンポイントアドバイス

- 給与振込日が土日・祝日となる場合で、直後の営業日にしたいときは以下の数式を使用します。
  ＝WORKDAY(日付のセル-1, 1, 祝日!A:A)
- 「祝日」シートに行政官庁の休日も記載すると、助成金の申請期限日を計算することもできます。

Part 11

長い数式を分解して検算する

- いろいろな関数を組み合わせて複雑な数式を作る
- 前任者が作った関数（長い数式）の意図を探り、検算する

ここまで人事業務に役立つ関数を解説してきました。これらの関数は単独で使っても効率化につながりますが、複数を組み合わせることで、より複雑なことが迅速に処理できます。ただし、組み合わせにより数式は長くなり、わかりづらくなるというデメリットが生じます。

ここではExcelの理解を深めるために、長い数式を分解・検算する方法を解説します。具体的には、それぞれの関数の計算結果を別々のセルに表示し、最後に計算結果が出るようにしてみます。

1 シート名をセルに入力する数式を分解して理解する

中級 活用する頻度 ★★☆

Sample_03-11.xlsx［1青葉 花子］

173ページで、CELL関数、LEN関数、FIND関数のように複数の関数を使ってシート名を特定のセルに入力しました。この例で使った長い数式を分解し、どのようにシート名を求めることができたのか見ていきましょう。

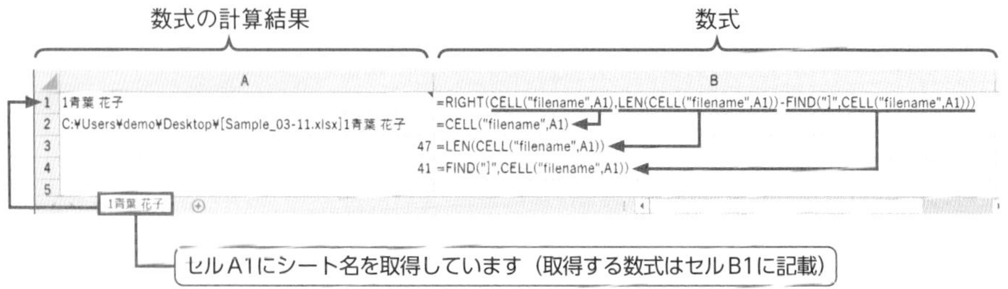

セルA1の数式は以下のとおり、RIGHT関数が使われているので、FIND関数で文字列の中から「文字列]」がどこにあるか探して、それより右側の文字列（1青葉 花子）を取得していることがわかります。

セルA1の数式	=RIGHT(CELL("filename",A1), LEN(CELL("filename",A1))-FIND("]",CELL("filename",A1)))
計算結果	1青葉 花子

上記の関数を分解していきます。

まず、RIGHT関数の中で3回使われているCELL関数です。セルA2にこの関数CELL（"filename",A1）の計算結果を表示しました。この関数は、A2のように、このシートのファイル名をフルパス（コンピューター上のどこにあるかを示す文字列）で求めています。なお「ファイル名」と言っていますが、Excelファイルのシート名まで求めることができます。

セルA2の数式	CELL("filename",A1)
計算結果	C:¥Users¥demo¥Desktop¥[Sample_03-13.xlsx]1青葉 花子 （下線部：C:¥Users¥demo¥Desktop¥ ＝①、[Sample_03-13.xlsx] ＝②、1青葉 花子 ＝③） ① Cドライブのデスクトップにあることがわかります（なおファイルを開いている場所によって①の部分は異なる可能性があります） ② Excelファイルのファイル名。ファイル名が[ ]で囲まれています ③ Excelファイルのシート名。ファイル名の ］の右側にシート名が来ています

次にLEN関数を見てみます。LEN関数は文字列の長さを計算するので上記のCELL関数で求めたフルパスの文字列（C:¥Users¥demo…）の長さを求めていることになります。この計算結果はファイルの置き場所によるので、ファイルを開いているコンピューターによって異なります。

セルA3の数式	LEN(CELL("filename",A1))
計算結果	47

次にFIND関数を見てみます。この場合では、CELL関数で求めたフルパスの文字列に対して、文字] が前（左端）から41番目であることを見つけています。この計算結果は先と同様にファイルを開いているPCによって異なります。

セルA4の数式	FIND("]",CELL("filename",A1))
計算結果	41

最後に、RIGHT関数について見てみると、フルパスの文字列の中にあるファイル名の次の文字は] なので、] を見つけて、その右側の文字列（シート名）を抽出していることがわかります。

セルA2の数式	CELL("filename",A1)
計算結果	C:¥Users¥demo¥Desktop¥ [Sample_03-11.xlsx] 1青葉 花子 ① ② ③ ① PC上のファイルの場所 ② ファイル名。ファイル名は [ ] で囲われています ③ シート名。ファイル名の右の] より右側がシート名です

セルA1の数式	=RIGHT(CELL("filename",A1),LEN(CELL("filename",A1))-FIND("]",CELL("filename",A1))) ⓐ LEN(CELL("filename",A1)) ⓑ FIND("]",CELL("filename",A1)) シート名の文字列の長さ=ⓐ−ⓑ=47−41=6文字分（姓と名の間に半角スペースが入っています）だけフルパスの末尾（右端）から抽出しています
計算結果	1青葉 花子

このように長い数式も分解すると理解できるようになります。

今回はすでに作成された数式で解説しましたが、長い数式を作る場合にも応用でき、複数の関数を組み合わせて1つの数式にすることができます。

第4章

効率化のカギは「設定」！Word文書の作成に強くなる

例えば、Wordで作成した就業規則に
新たな条文を追加するとき、
手入力で条文番号を修正していませんか？
ここでは就業規則をWordで作成しているケースを例に、
時短につながるWordの設定方法などを解説します。

Word

Part 01

就業規則等の作成にあたって知っておきたい設定ポイント

- 用語を押さえる
- 主な４つの設定を理解する

例えば、就業規則をWordで作成しているケースで、「条文を追加・削除するときに手入力で修正している」という人は少なくないようです。ここではWordで就業規則や契約書を作成する人にお薦めしたい設定方法を解説します。

設定時の留意事項

(ア) この設定は、雛型としてお持ちの就業規則や契約書に対して行います。なお、契約書で本章の設定をする場合は、以降の「就業規則」は「契約書」と読み替えてください。

(イ) サンプルファイルは厚生労働省のサイトからダウンロードしたモデル就業規則（https://www.mhlw.go.jp/stf/seisakunitsuite/bunya/koyou_roudou/roudoukijun/zigyonushi/model/index.html）の一部を抜粋して利用しており、設定を解説する目的で提供しています。企業の就業規則としては使用できませんのでご注意ください。

(ウ) サンプルファイル「モデル就業規則_練習用.docx」を使って解説の手順を順番に設定していくと、サンプルファイル「モデル就業規則_完成版.docx」になります。

(エ) 以降の解説の手順をご自身の就業規則で設定をするときは、ファイルを複製して、複製したファイルを編集してください。解説している手順で設定を変更していきますので元のデータを残しておいたほうがよいでしょう。

(オ) **本章の解説手順どおりにすべて設定してください。途中の手順を飛ばすとうまく設定できない場合があります。**

1 用語を押さえる

解説に入る前に、使用する主な用語を見ていきましょう。

●書式

書式とは、フォントやインデントなど1つひとつの見た目です。「中央揃え」「文字の大きさ」「連番」など、1つひとつを書式と言います。

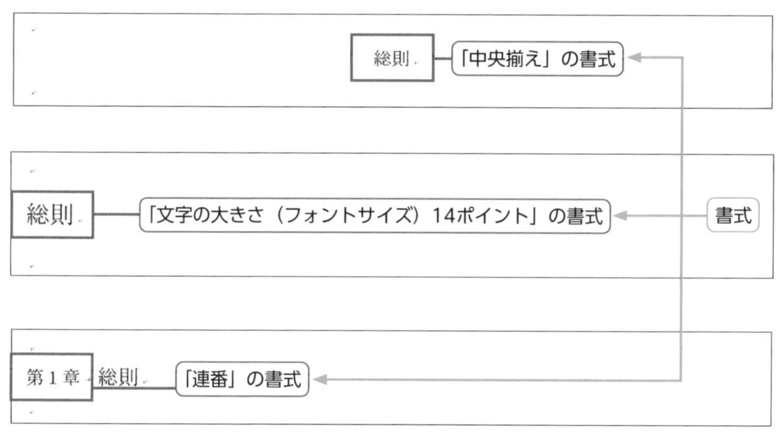

●スタイル

スタイルとは書式の集まりです。複数の書式を1つのセットとしてスタイルを作成し、文章に適用することができます。

例えば、章タイトル（例：第1章　総則）を、❶フォントサイズ14ポイント、❷太字、❸中央揃え、❹連番にする場合、スタイルを使わなければ、すべての章タイトルに対して1つひとつ、❶～❹の4つの書式を繰り返し設定する必要があります。また、章タイトルにどのような書式設定をしたか❶～❹の設定を覚えておかなければならなくなってしまいます。

そこでスタイルの出番です。スタイルを一度設定すると、1クリックで章のスタイルを適用でき、文書に統一感を持たせることができます。また❶～❹の書式の詳細を覚えておく必要もありません。

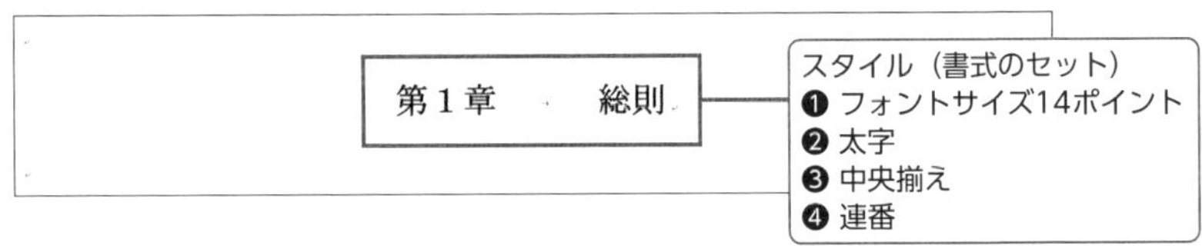

スタイルギャラリーとはスタイルの一覧のことで、クリックするとそのスタイルを適用することができます。

なお、スタイルギャラリーからスタイルを削除した場合でも、削除したスタイルを再びスタイルギャラリーに表示することができます。次図の手順でスタイルギャラリーに追加してください。

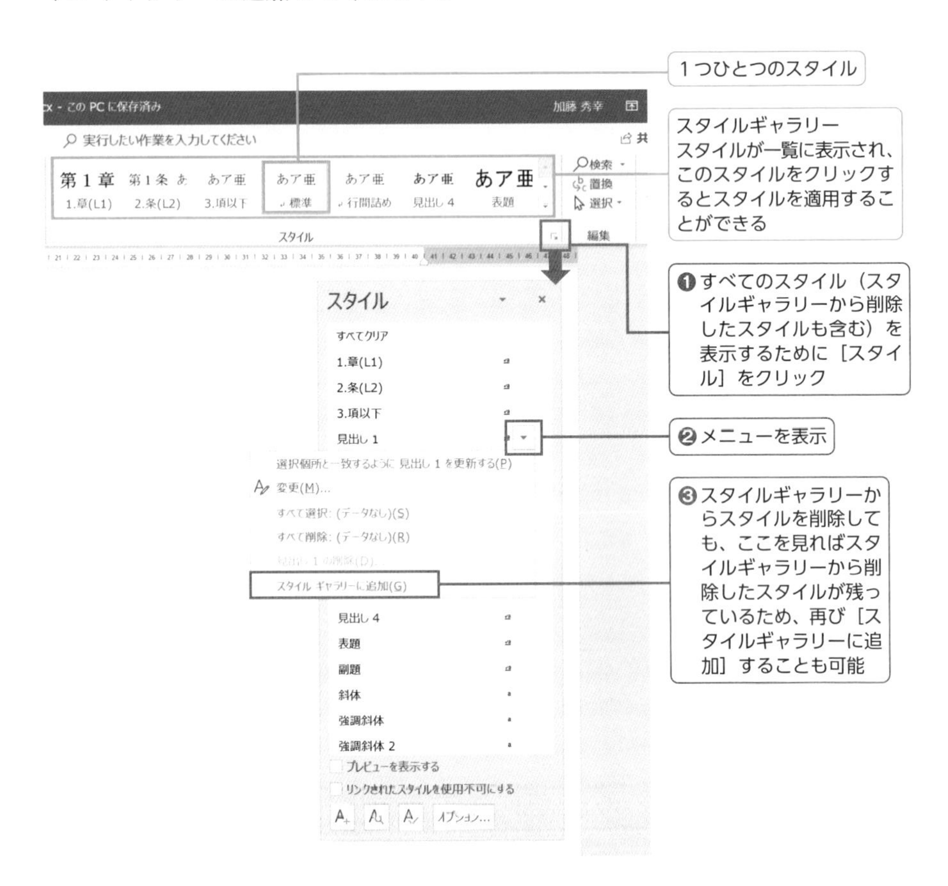

●インデント

インデントは日本語では「字下げ」と言い、行の左端（1文字目）の開始位置を設定します。

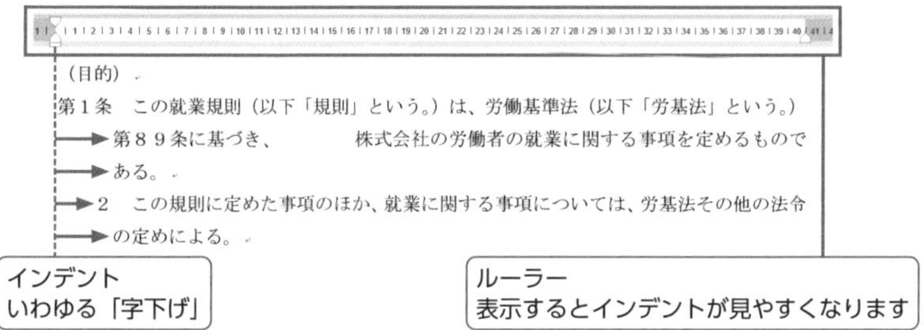

ルーラーを表示するためには以下の手順を行います。

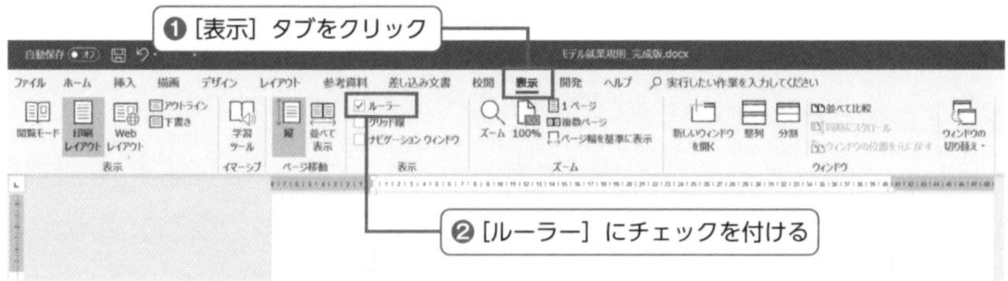

ルーラーの単位をmmから文字幅に変更するとインデントが見やすくなります。

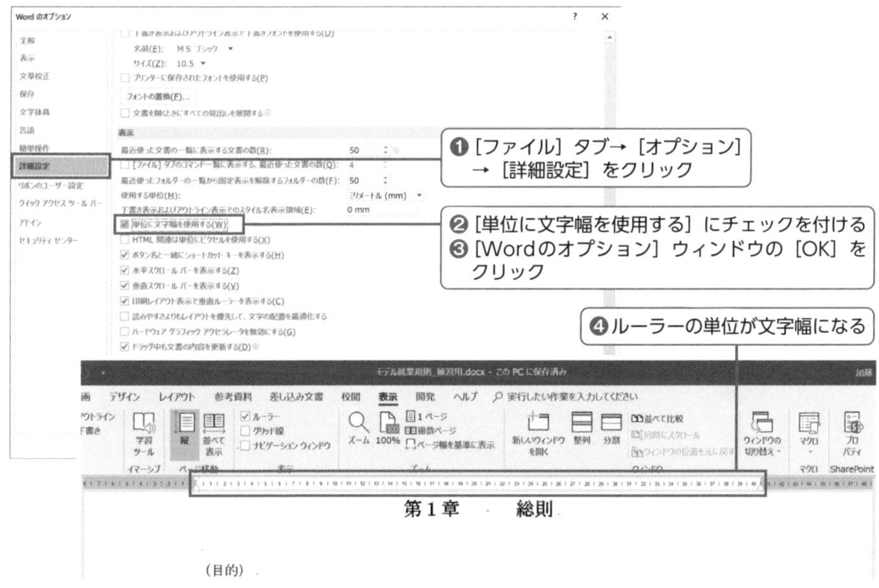

第4章
効率化のカギは「設定」！ Word文書の作成に強くなる

●編集記号

編集記号とは、文書内の特定の書式設定を視覚的に表す記号の集まりです。印刷しても紙には出力されません。常に表示する編集記号は、［ファイル］タブ→［オプション］→［表示］→［常に画面に表示する編集記号］から表示させたい編集記号にチェックを付けます。

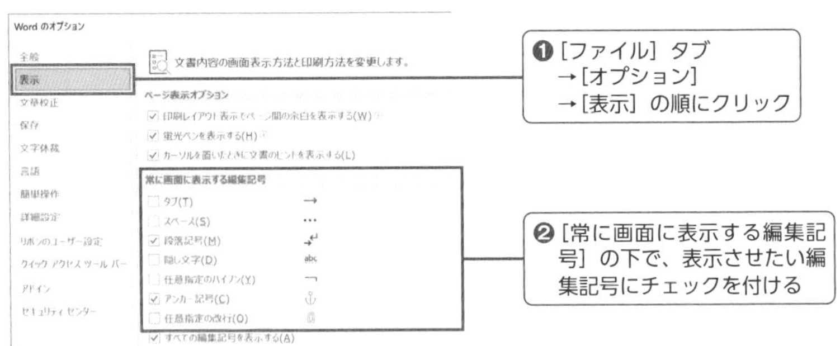

●ファイル名拡張子

Windowsのファイル名には2つの部分があり、これらがピリオドで区切られていますが、前半はファイルの名前で、後半がファイルの種類を定義するための3～4文字の拡張子（ファイル名拡張子）です。

例えば「就業規則.docx」であれば、ピリオドの前がファイル名「就業規則」、ピリオドの後ろが拡張子「docx」です。拡張子によって、どのアプリケーションでそのファイルを開くことができるか決まります。

Windows 10で、ファイル名拡張子を表示するためには以下の手順で設定します。

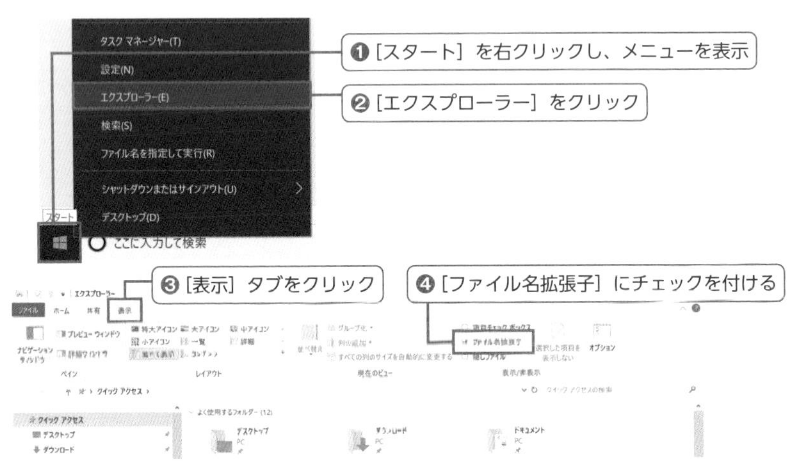

2 主な4つの設定の内容を押さえる

手順どおりに進めると就業規則に対して以下の設定を行うことができます。サンプルファイルの「モデル就業規則_完成版.docx」は以下の設定がされているファイルです。

① 本文からページ番号を付ける

表紙と目次のページには**ページ番号**がなく、就業規則の第1章からページ番号の1ページを始め、その後、2ページ、3ページと続きます。この設定をしないと、表紙のページからページ番号が入り、目次のページは2ページ、第1章のページが3ページとなり、その後、4ページ、5ページと続きます。

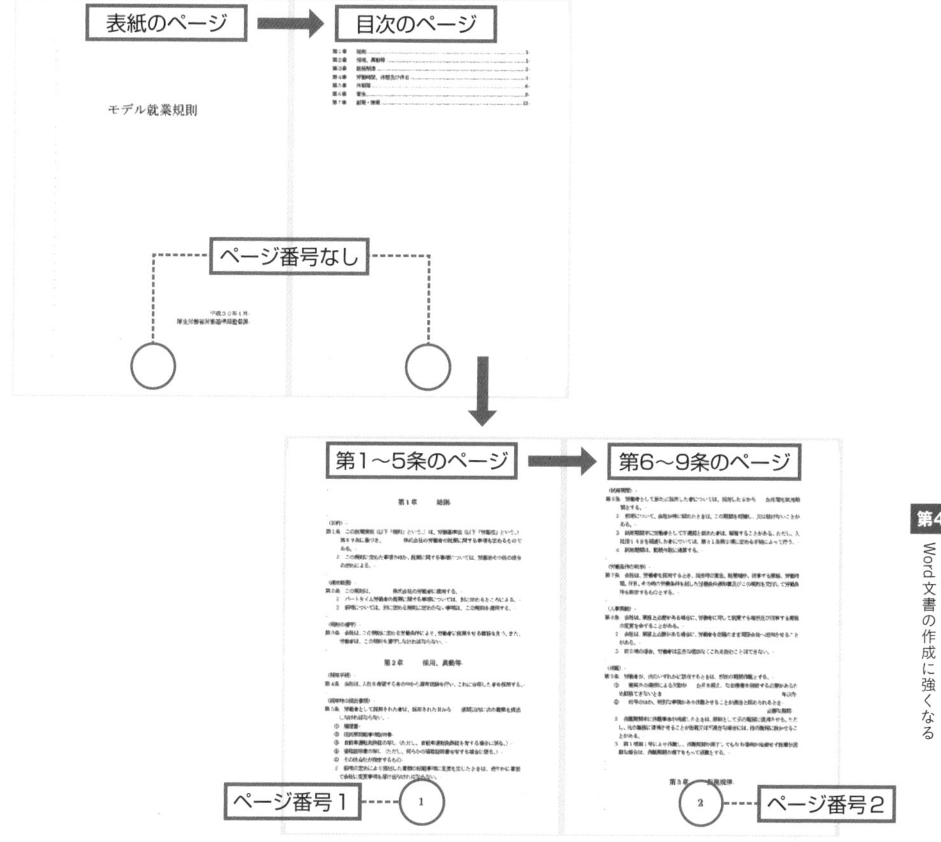

② 章と条番号が自動附番される

章、条、項などが自動でインデント（字下げ）されます。章や条を追加・削除したときも番号が自動で更新されます（本書では項番号は自動で附番する設定にはしていません）。章、条、項の**スタイル**を作成・適用していきます。

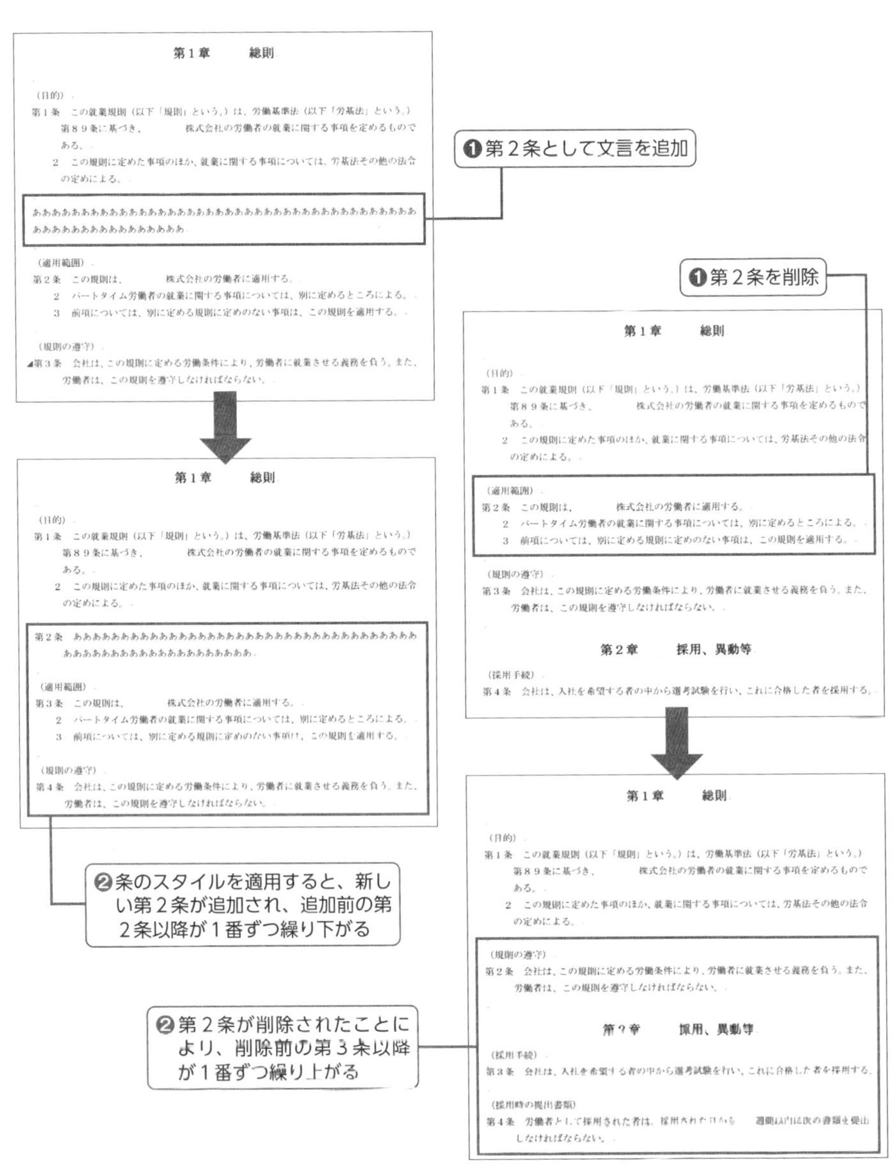

③ 参照元の条文番号と参照先の条文番号を一致させる（相互参照）

他の条文番号を参照している条文がある場合に、**相互参照**という機能を使用すると、参照元と参照先の条文番号が一致するよう自動で更新されます。

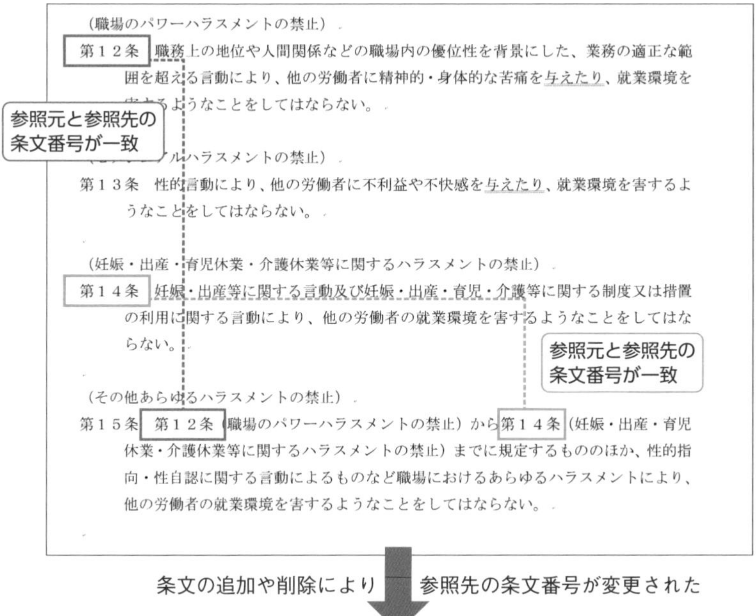

（職場のパワーハラスメントの禁止）
第１２条　職務上の地位や人間関係などの職場内の優位性を背景にした、業務の適正な範囲を超える言動により、他の労働者に精神的・身体的な苦痛を与えたり、就業環境を害するようなことをしてはならない。

参照元と参照先の
条文番号が一致

アルハラスメントの禁止）
第１３条　性的言動により、他の労働者に不利益や不快感を与えたり、就業環境を害するようなことをしてはならない。

（妊娠・出産・育児休業・介護休業等に関するハラスメントの禁止）
第１４条　妊娠・出産等に関する言動及び妊娠・出産・育児・介護等に関する制度又は措置の利用に関する言動により、他の労働者の就業環境を害するようなことをしてはならない。

参照元と参照先の
条文番号が一致

（その他あらゆるハラスメントの禁止）
第１５条　第１２条（職場のパワーハラスメントの禁止）から第１４条（妊娠・出産・育児休業・介護休業等に関するハラスメントの禁止）までに規定するもののほか、性的指向・性自認に関する言動によるものなど職場におけるあらゆるハラスメントにより、他の労働者の就業環境を害するようなことをしてはならない。

条文の追加や削除により　参照先の条文番号が変更された

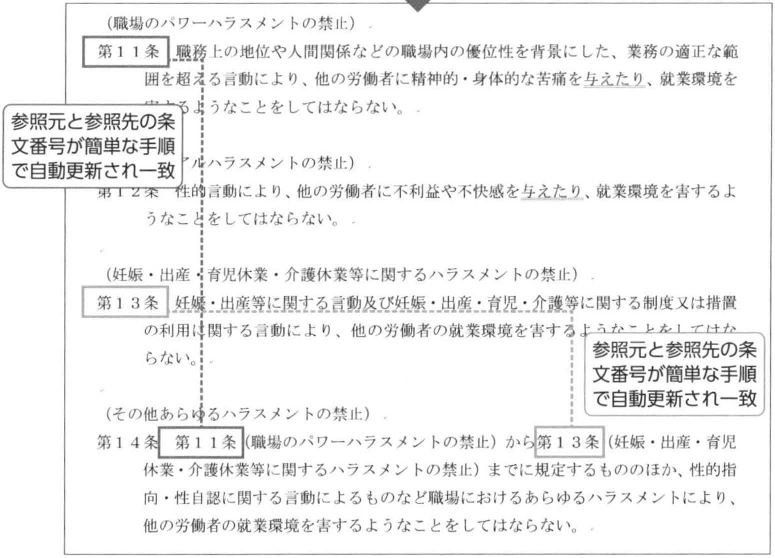

（職場のパワーハラスメントの禁止）
第１１条　職務上の地位や人間関係などの職場内の優位性を背景にした、業務の適正な範囲を超える言動により、他の労働者に精神的・身体的な苦痛を与えたり、就業環境を害するようなことをしてはならない。

参照元と参照先の条
文番号が簡単な手順
で自動更新され一致

アルハラスメントの禁止）
第１２条　性的言動により、他の労働者に不利益や不快感を与えたり、就業環境を害するようなことをしてはならない。

（妊娠・出産・育児休業・介護休業等に関するハラスメントの禁止）
第１３条　妊娠・出産等に関する言動及び妊娠・出産・育児・介護等に関する制度又は措置の利用に関する言動により、他の労働者の就業環境を害する
らない。

参照元と参照先の条
文番号が簡単な手順
で自動更新され一致

（その他あらゆるハラスメントの禁止）
第１４条　第１１条（職場のパワーハラスメントの禁止）から第１３条（妊娠・出産・育児休業・介護休業等に関するハラスメントの禁止）までに規定するもののほか、性的指向・性自認に関する言動によるものなど職場におけるあらゆるハラスメントにより、他の労働者の就業環境を害するようなことをしてはならない。

④ 目次の自動作成と更新

前述②のスタイルを適用した章番号と各章のページ番号を含んだ**目次**が自動作成されます。構成の変更による更新も簡単にできます。

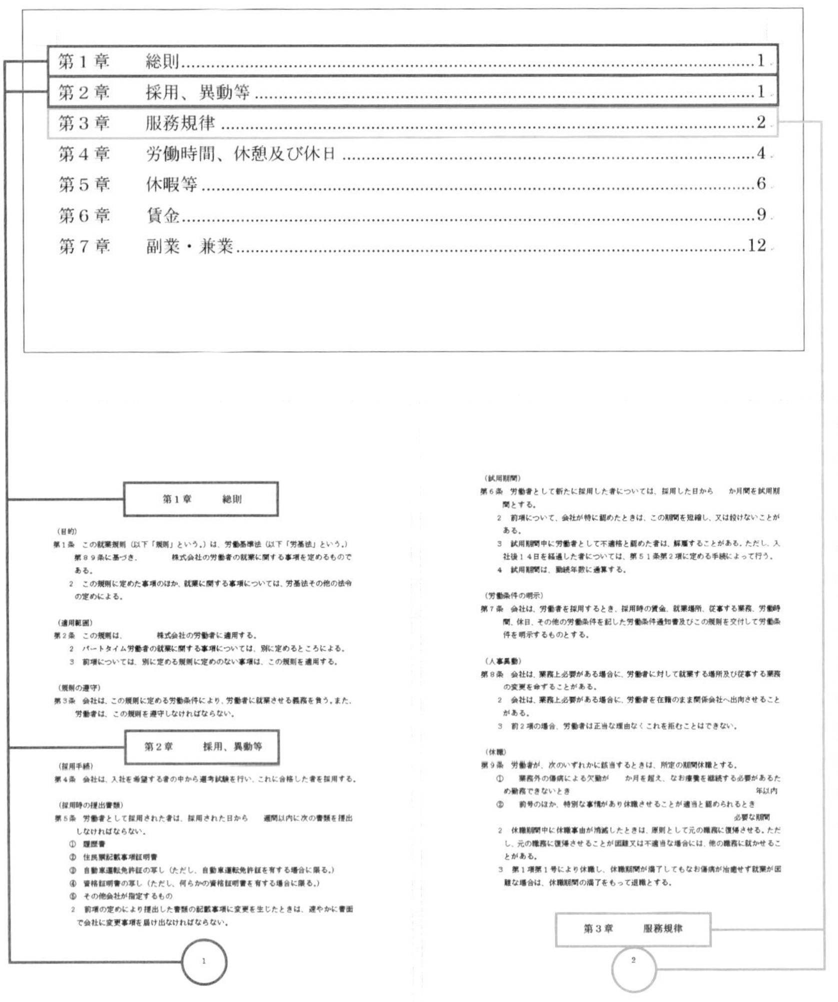

第１章　　総則

（目的）
第１条　この就業規則（以下「規則」という。）は、労働基準法（以下「労基法」という。）第８９条に基づき、　　　株式会社の労働者の就業に関する事項を定めるものである。
２　この規則に定めた事項のほか、就業に関する事項については、労基法その他の法令の定めによる。

（適用範囲）
第２条　この規則は、　　　株式会社の労働者に適用する。
２　パートタイム労働者の就業に関する事項については、別に定めるところによる。
３　前項については、別に定める規則に定めのない事項は、この規則を適用する。

（規則の遵守）
第３条　会社は、この規則に定める労働条件により、労働者に就業させる義務を負う。また、労働者は、この規則を遵守しなければならない。

第２章　　採用、異動等

（採用手続）
第４条　会社は、入社を希望する者の中から選考試験を行い、これに合格した者を採用する。

（採用時の提出書類）
第５条　労働者として採用された者は、採用された日から　　週間以内に次の書類を提出しなければならない。
①　履歴書
②　住民票記載事項証明書
③　自動車運転免許証の写し（ただし、自動車運転免許証を有する場合に限る。）
④　資格証明書の写し（ただし、何らかの資格証明書を有する場合に限る。）
⑤　その他会社が指定するもの
２　前項の定めにより提出した書類の記載事項に変更を生じたときは、速やかに書面で会社に変更事項を届け出なければならない。

1

（試用期間）
第６条　労働者として新たに採用した者については、採用した日から　　か月間を試用期間とする。
２　前項について、会社が特に認めたときは、この期間を短縮し、又は設けないことがある。
３　試用期間中に労働者として不適格と認めた者は、解雇することがある。ただし、入社後１４日を経過した者については、第５１条第２項に定める手続によって行う。
４　試用期間は、勤続年数に通算する。

（労働条件の明示）
第７条　会社は、労働者を採用するとき、採用時の賃金、就業場所、従事する業務、労働時間、休日、その他の労働条件を記した労働条件通知書及びこの規則を交付して労働条件を明示するものとする。

（人事異動）
第８条　会社は、業務上必要がある場合に、労働者に対して就業する場所及び従事する業務の変更を命ずることがある。
２　会社は、業務上必要がある場合に、労働者を在籍のまま関係会社へ出向させることがある。
３　前２項の場合、労働者は正当な理由なくこれを拒むことはできない。

（休職）
第９条　労働者が、次のいずれかに該当するときは、所定の期間休職とする。
①　業務外の傷病による欠勤が　　か月を超え、なお療養を継続する必要があるため勤務できないとき　　年以内
②　前号のほか、特別な事情があり休職させることが適当と認められるとき　　必要な期間
２　休職期間中に休職事由が消滅したときは、原則として元の職務に復帰させる。ただし、元の職務に復帰させることが困難又は不適当な場合には、他の職務に就かせることがある。
３　第１項第１号により休職し、休職期間が満了してもなお傷病が治癒せず就業が困難な場合は、休職期間の満了をもって退職とする。

第３章　　服務規律

2

▶ コラム

意図しない見た目になってしまったときの対処法

●設定の途中であわてないために覚えておこう

Wordを使っていると、誤入力をしてしまったり、意図しない見た目（スタイル）になってしまうことがあります。そのような場合には、元に戻すか、標準スタイルに戻すようにしてください。

❶ 元に戻したり、やり直したりする

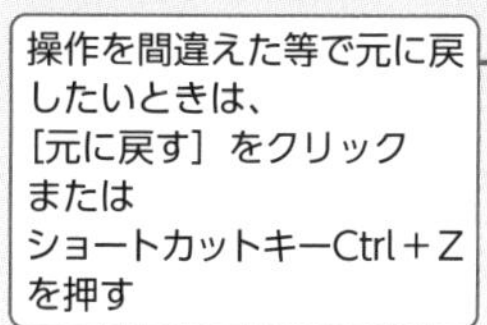

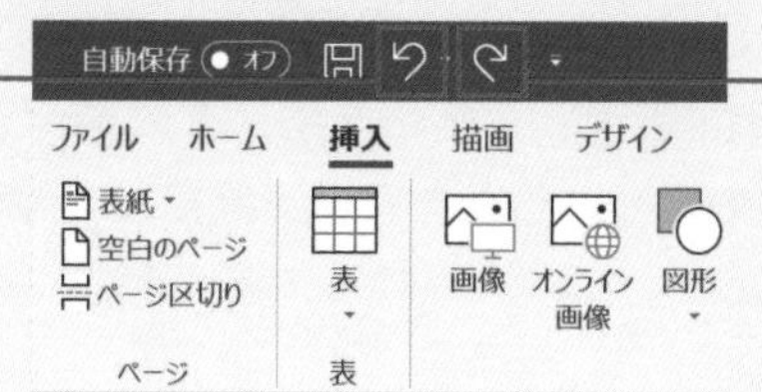

［元に戻す］で戻しすぎたため先に進めたいときは、
［やり直し］をクリック
または
ショートカットキーCtrl＋Y
を押す

❷ 意図しない書式やスタイルになったら標準スタイルに戻す

編集中、本文と同じ大きさであるべき文字が、ふと気づくと本文より大きくなっていることがあるかもしれません。また、「第○条」で始まる条文番号が「第○章」で始まっていることもあるでしょう。

そのような場合には、見た目が変わってしまった箇所（段落）にカーソルを置き、スタイルから「標準」をクリックします。いったん本文と同じ標準スタイルに戻してから、その後、適切なスタイルを適用します。

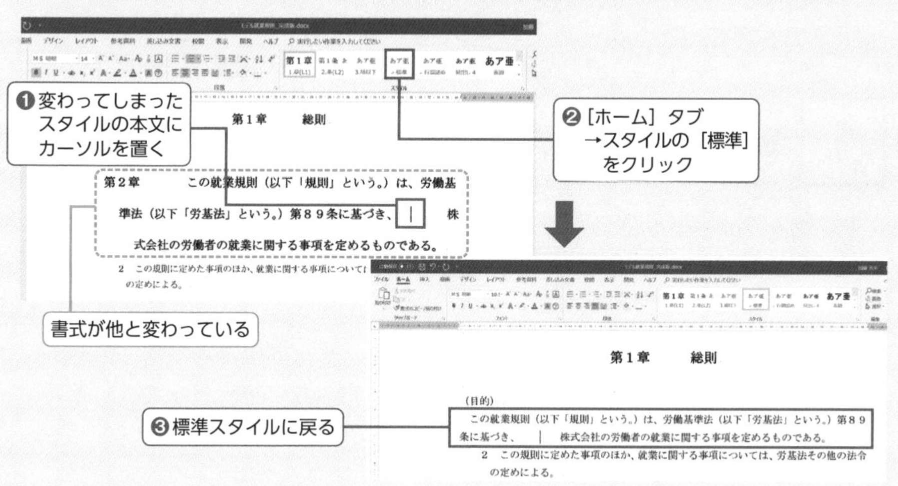

Part 02

書式をクリアする

要点 Wordで作った就業規則の設定変更の準備に入る

いよいよ就業規則の設定変更を始めます。サンプルファイルの「モデル就業規則_練習用.docx」を開きましょう。リボンを頻繁に使用するので、もしリボンが折りたたまれていたら、折りたたみを解除してください。

※ご自身の就業規則のファイルを使って本書の手順を進める場合はコピーしたファイルで設定をするようにし、元データは残しておきましょう。また、手順の途中の工程を飛ばすと設定が不完全になるので、解説手順どおりにすべて設定してください。

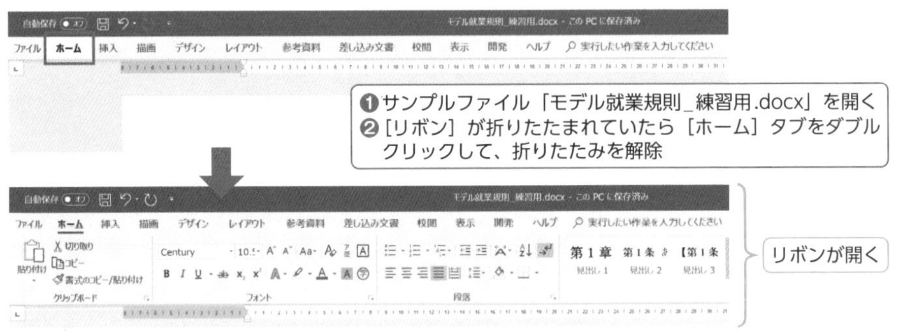

1 書式をクリアしてスタイルを「標準」にする

サンプルファイルが開いたら、全体を選択して**書式をクリア**します。すでにお持ちの就業規則でも書式が設定されている場合があるので、同様に書式をクリアしてください。

書式をクリアすると、連番や太字、アンダーライン等の書式の設定が消え標準スタイルになるので、本書で解説している手順の設定が終わった後、必要に応じて元の書式に設定しなおしてください。

❶ショートカットキーCtrl＋Aですべて選択

❷［ホーム］タブ
→［その他］をクリック

モデル就業規則

第１章	第１条	【第１条	あア亜	あア亜	あア亜
見出し 1	見出し 2	見出し 3	標準	行間詰め	見出し 4
あア亜	あア亜	あア亜	あア亜	あア亜	あア亜
表題	副題	斜体	強調斜体	強調斜体 2	強調太字
あア亜	あア亜	あア亜	あア亜	あア亜	あア亜
引用文	引用文 2	参照	参照 2	書名	リスト段落

スタイルの作成(S)
書式のクリア(C)
スタイルの適用(A)...

❸［書式のクリア］
をクリック

②標準になっている！

モデル就業規則

①任意の場所をクリック

平成３０年１月
厚生労働省労働基準局監督課

第１章　総則

（目的）
第１条　この就業規則（以下「規則」という。）は、労働基準法（以下「労基法」という。）第８９条に基づき、　　　　株式会社の労働者の就業に関する事項を定めるものである。
２　この規則に定めた事項のほか、就業に関する事項については、労基法その他の法令の定めによる。

❹Wordの文書の任意の箇所をクリックして、スタイル［標準］になっていることを確認

ワンポイントアドバイス

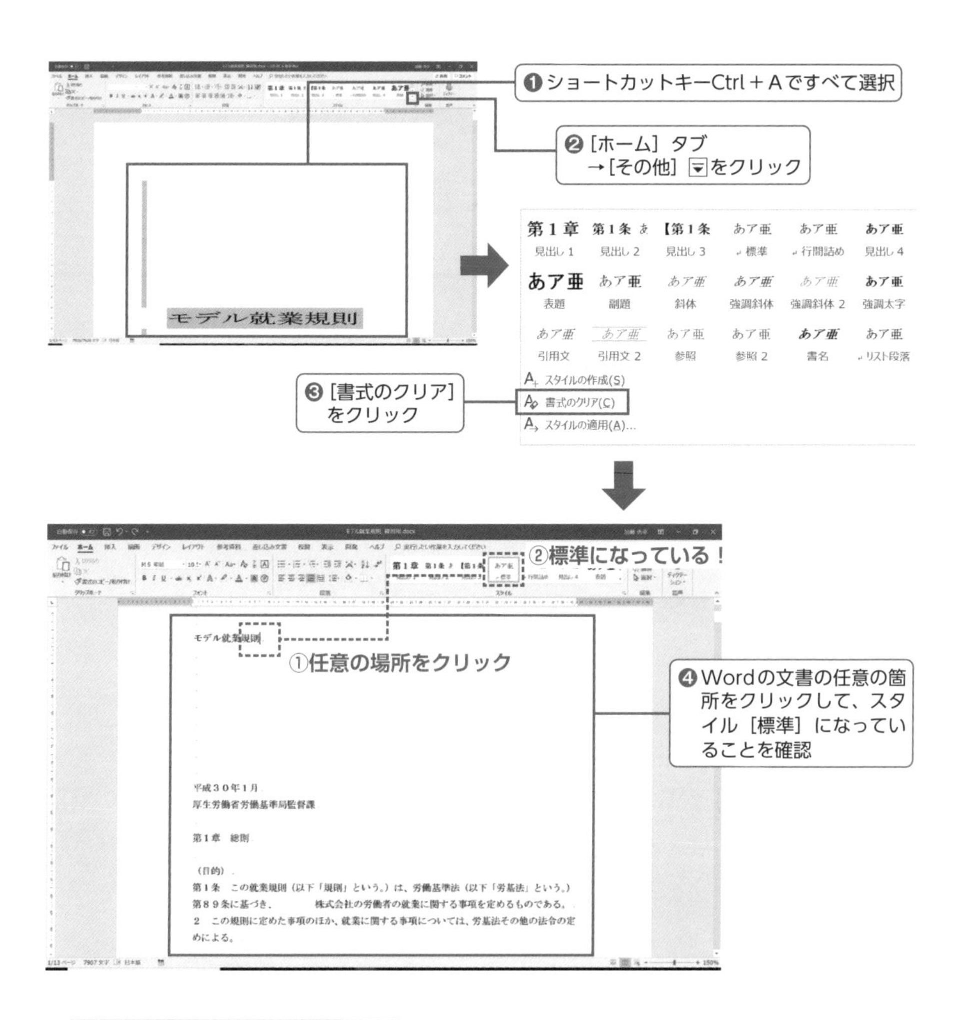

ここではファイル名拡張子が*.docxであることを前提としています。*.docの場合は［名前を付けて保存］からWord文書（*.docx）で保存して設定を続けてください（ファイル名拡張子184ページ参照）。

❶［ファイル］タブ
→［名前を付けて保存］をクリック

❷［Word文書（*.docx）］を選択
❸ファイル名を入力
❹［保存］をクリック

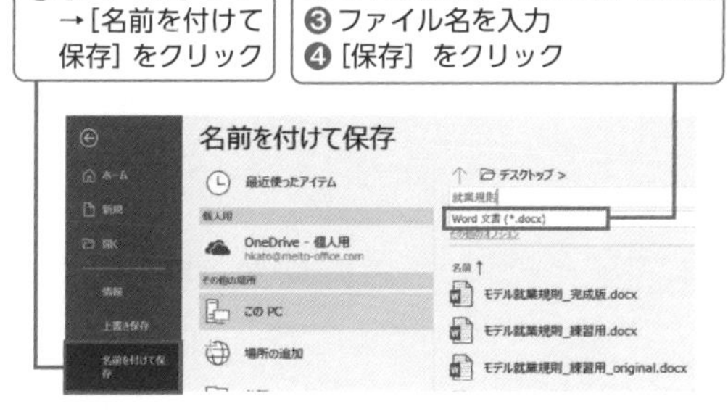

Part

本文からページ番号が始まるように設定する

要点　表紙と目次のページにはページ番号を入れず、本文からページ番号を付ける

既定の設定でページ番号を挿入すると表紙にもページ番号１が入ってしまいます。ここでは本文からページ番号１が始まる設定の手順を解説します。

なお、Part 02で解説した「書式をクリアする」の後に設定を続けてください。書式がクリアされていることを前提に解説を進めています。

1　ページ区切りを入れる

「第１章　総則」が３ページ目になるように、「第１章　総則」の前に**ページ区切り**を２回挿入します。これにより、表紙のページを１ページ目に、目次のページを２ページ目にすることができます。

※目次の自動作成は231ページで設定するので、それまで２ページ目は白紙のページになります。

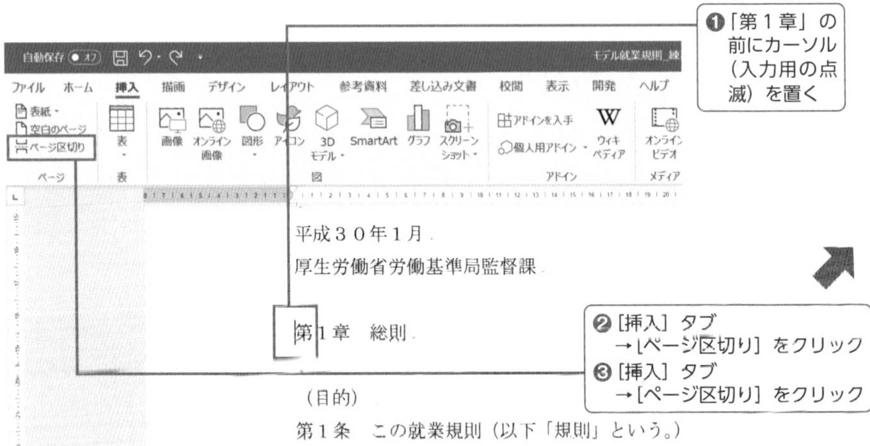

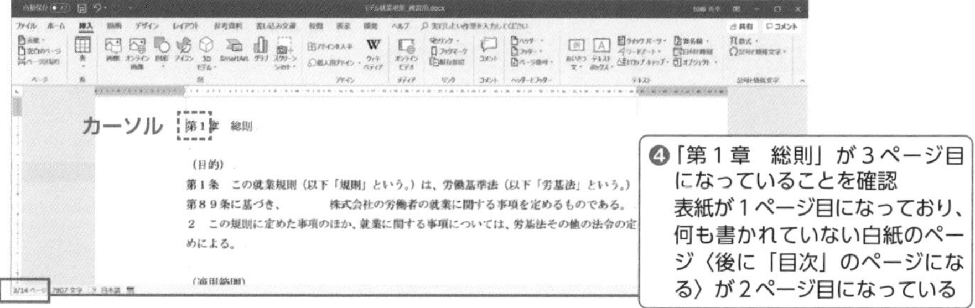

2 改ページを表示させる

何も書かれていない2ページ目（表紙の次のページで、後に目次のページとして使用）の先頭にカーソルを置くとその後ろにスペースが入っていることがわかります。設定の便宜上、**編集記号**の［改ページ］を表示させます。

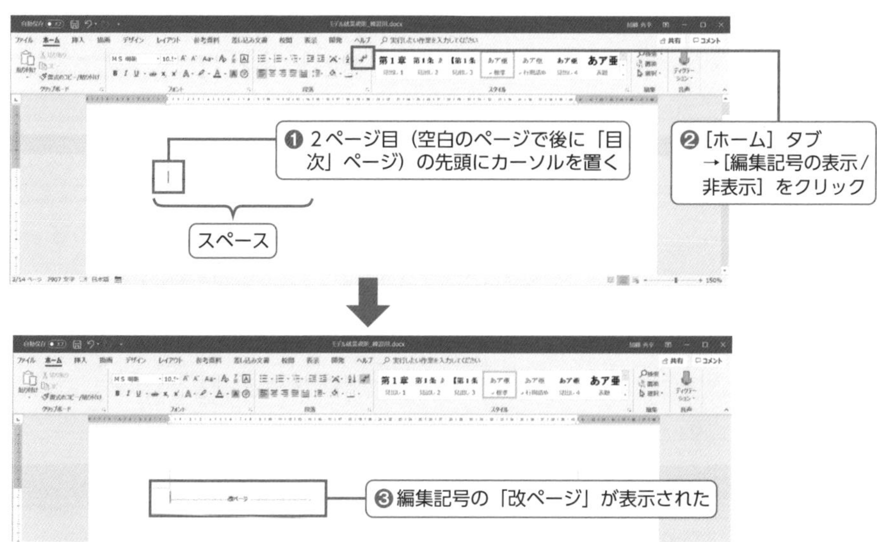

ワンポイントアドバイス

- 他にも編集記号として、半角スペースは・、全角スペースは□、タブは→で表示されます。
- 編集記号を非表示にするためには再度［編集記号の表示/非表示］をクリックします。

3 本文からページ番号を附番する

ここでは下図の流れで設定をして、表紙と目次のページにはページ番号は付けず、「第１章　総則」の本文のページからページ番号１を附番します。

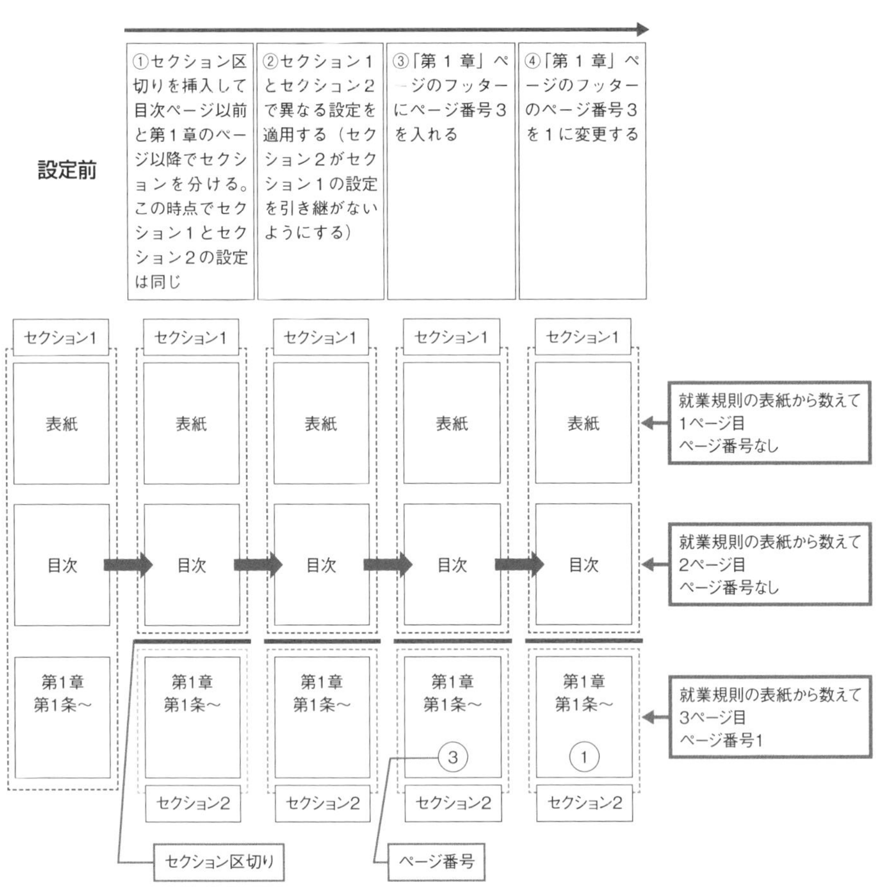

まず、就業規則の表紙と目次のページにはページ番号は付けず、第１章のページからページ番号１を附番するために、目次ページの［改ページ］のすぐ後ろ、第１章の前に**セクション区切り**を挿入します。セクション区切りは、この就業規則の設定では、目次ページ以前と第１章のページ以降でページ番号の設定を分けるために挿入します。

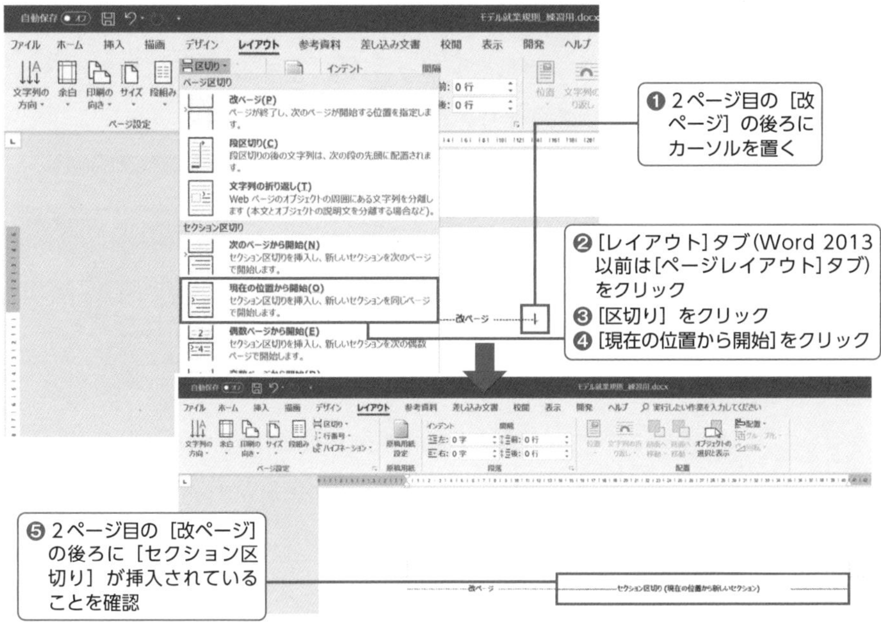

次に、3ページ目の「第1章　総則」のページにページ番号を挿入するため、3ページ目の**フッター**をダブルクリックして、フッターの編集を始めます。

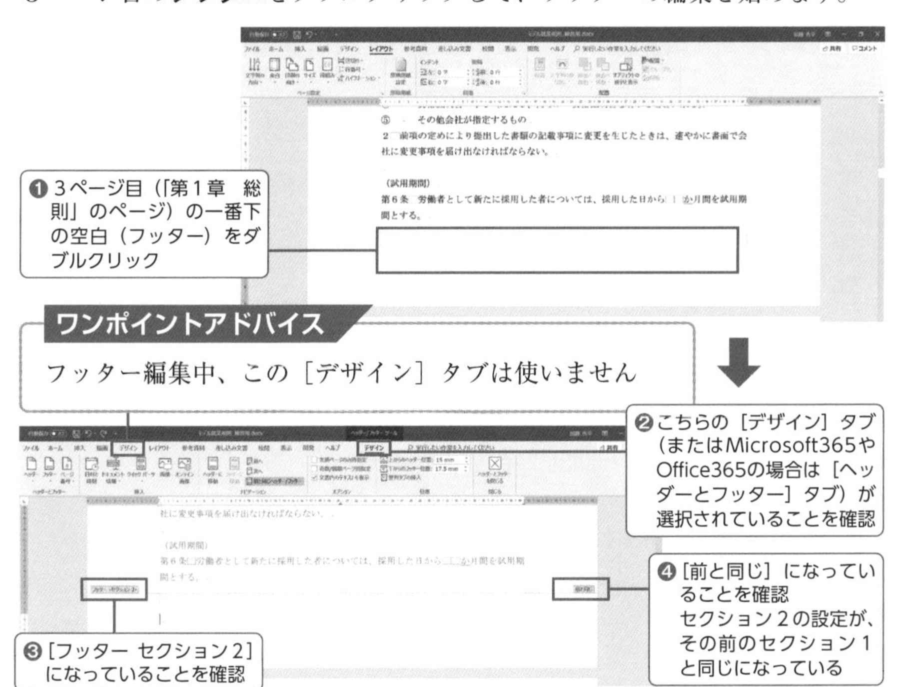

❶ 3ページ目（「第1章　総則」のページ）の一番下の空白（フッター）をダブルクリック

ワンポイントアドバイス

フッター編集中、この［デザイン］タブは使いません

❷こちらの［デザイン］タブ（またはMicrosoft365やOffice365の場合は［ヘッダーとフッター］タブ）が選択されていることを確認

❸［フッター セクション2］になっていることを確認

❹［前と同じ］になっていることを確認
セクション2の設定が、その前のセクション1と同じになっている

ワンポイントアドバイス

• 目次のページのフッターを見ると［フッター　セクション1］になっているのはセクション区切りを挿入したためです。

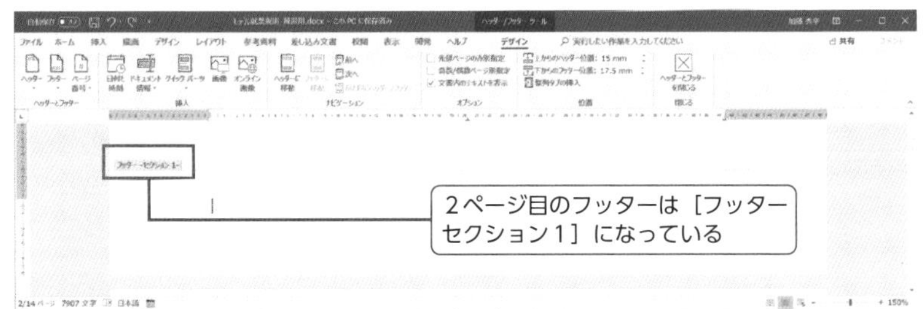

• フッターの編集中、リボンには［デザイン］というタブが2つ現れたら、右の［デザイン］タブを使用します。Microsoft 365の場合は、［ヘッダーとフッター］タブを使います。

次に、「第1章　総則」からのセクション2以降で、セクション1（目次まで）の設定を引き継がないようにしてから、3ページ目の「第1章　総則」フッター中央にページ番号3を挿入します。

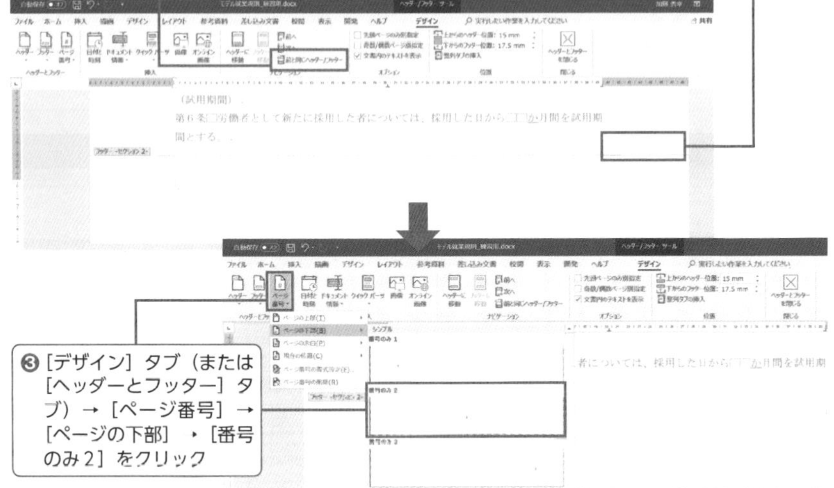

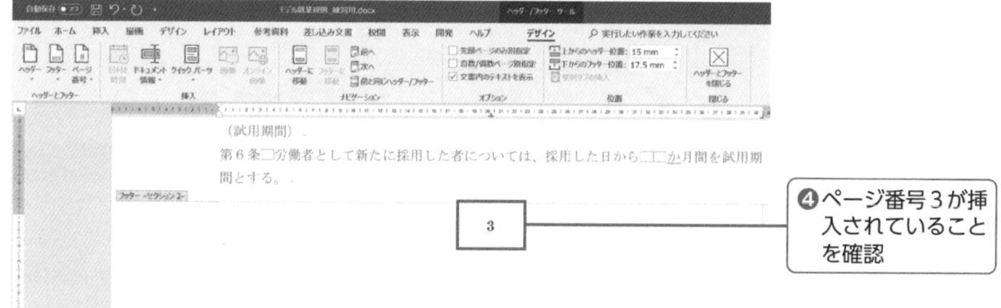

ワンポイントアドバイス

前ページ手順❸では、中央下にページ番号を挿入するため［番号のみ2］を選択しましたが、他の場所（左端［番号のみ1］・右端［番号のみ3］）にページ番号を挿入する場合は適宜選択してください。

このPartの最後に、ページ番号3を1に変更してフッターの編集を終えます。

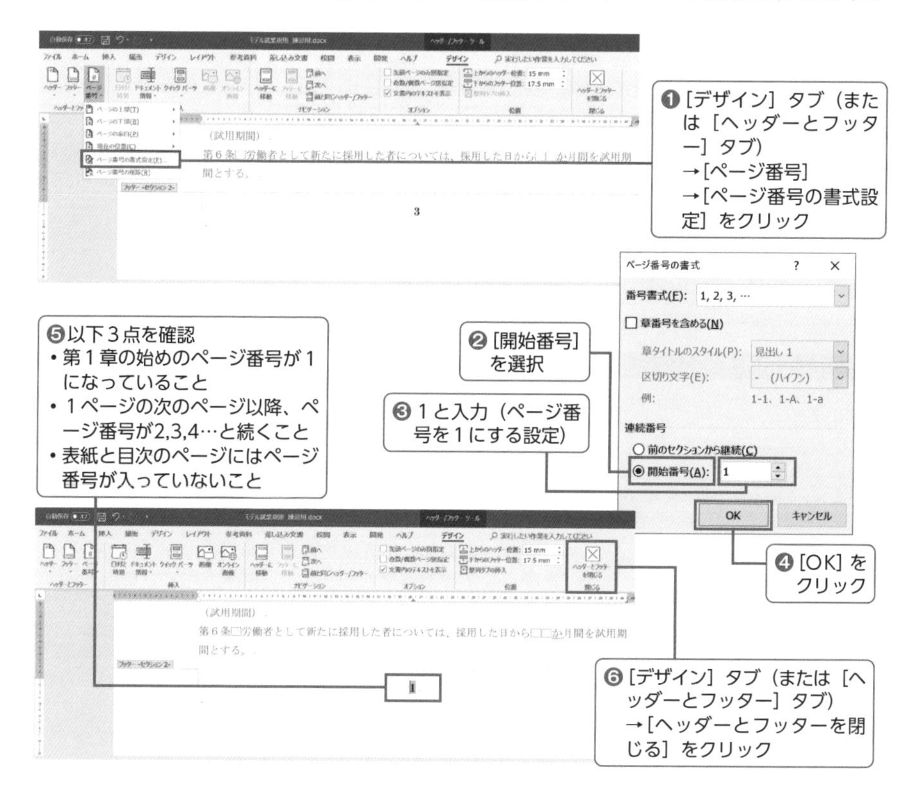

❶［デザイン］タブ（または［ヘッダーとフッター］タブ）→［ページ番号］→［ページ番号の書式設定］をクリック

ページ番号の書式

番号書式(F): 1, 2, 3, …

□章番号を含める(N)

章タイトルのスタイル(P): 見出し1

区切り文字(E): -（ハイフン）

例: 1-1、1-A、1-a

連続番号

○前のセクションから継続(C)

◉開始番号(A): 1

OK　キャンセル

❷［開始番号］を選択

❸1と入力（ページ番号を1にする設定）

❹［OK］をクリック

❺以下3点を確認
- 第1章の始めのページ番号が1になっていること
- 1ページの次のページ以降、ページ番号が2,3,4…と続くこと
- 表紙と目次のページにはページ番号が入っていないこと

❻［デザイン］タブ（または［ヘッダーとフッター］タブ）→［ヘッダーとフッターを閉じる］をクリック

Part 04

スタイルを作成・適用する

後から条文を追加したり、担当者が替わったりしても、メンテナンスしやすいフォーマットを作り、就業規則の改定に費やす作業量を減らす

ここではベースとなる**スタイル**を作成します。最初にどのようなスタイルを作成するか検討することがポイントです。ここではスタイルの検討のみで、スタイルの作成は4以降で解説します。

1 スタイルを検討する

標準スタイルは既定の設定に入っているので、サンプルファイルで新たに作るスタイルは、「章」「条」「項以下」の3つです。

①「章」のスタイルを検討

「章」のスタイルは以下の書式を設定します。

1	フォントサイズ14ポイント	標準スタイルより目立つようにフォントサイズを大きくします
2	太字	標準スタイルより目立つようにフォントを太くします
3	中央揃え	中央に揃えます
4	アウトラインレベル1	目次を自動で作成するときにアウトラインレベル（222ページ参照）1として目次に表示するようにします またナビゲーションウィンドウ（222ページ参照）に表示できます
5	章番号の連番	章タイトル（例：第1章なら「総則」）に対して連番設定をすることにより、章タイトルを追加・削除したときに自動で章番号が附番・変更されます

●スタイルのまとめ

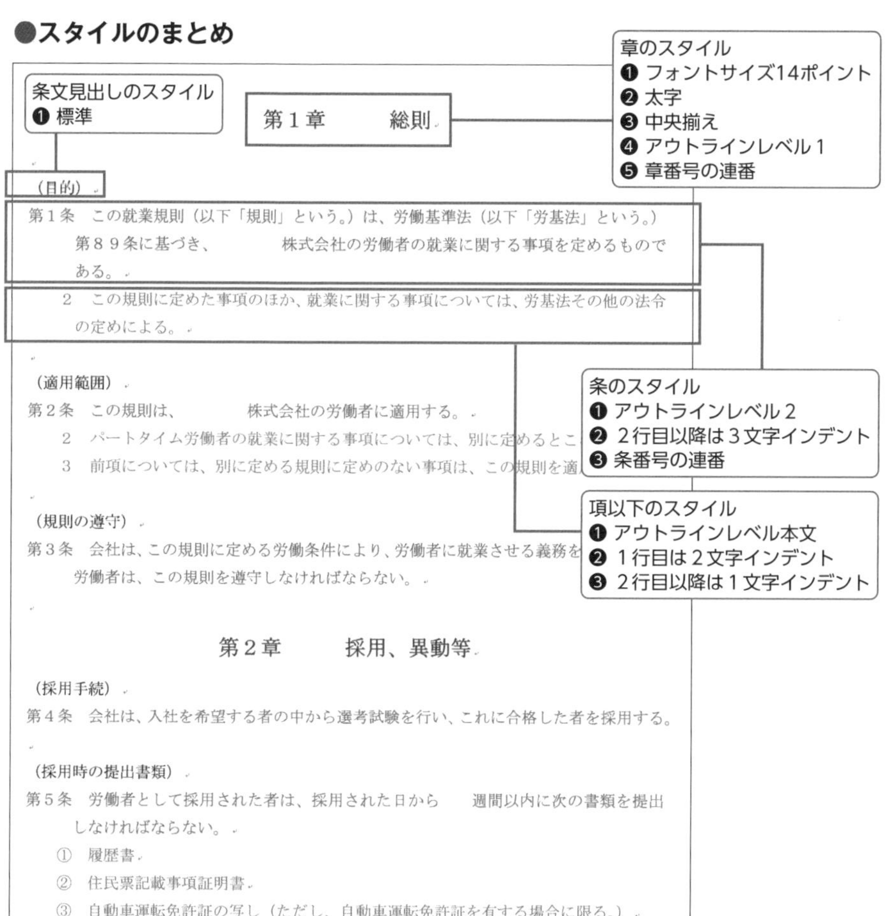

②「条」のスタイルを検討

「条」のスタイルは以下の書式を設定します。

1	アウトラインレベル２	相互参照の参照先に設定できるようになります またナビゲーションウィンドウに表示できます
2	２行目以降は ３文字インデント	条文番号の次（２行目）以降の行の左端開始位置を右に３文字移動します なお、１行目の条文番号の行のインデントは０です
3	条番号の連番	条文に対して連番設定をすることにより、条文を追加・削除したときに自動で条番号が附番・変更されます

③「項以下」のスタイルを検討

「項以下」のスタイルは以下の書式を設定します。

1	アウトラインレベル本文	目次にもナビゲーションウィンドウにも表示しません
2	1行目は 2文字インデント	項の1行目左端開始位置を右に2文字移動します
3	2行目以降は 1文字インデント	項番号の次（2行目）以降の行の左端開始位置を右に1文字移動します

ワンポイントアドバイス

- 「項」の下位レベルである「号」なども「項」と同じスタイルを適用しましたが、独自のスタイルが必要な場合には、「章」「条」「項以下」のスタイルを参考に作成・適用してください。
- 本書の標準スタイルの設定は以下のとおりです。お持ちの就業規則を必ずしも同じ標準スタイルにする必要はありませんが、参考情報として掲載しておきます。

2 使用しないスタイルを削除する

使用しないスタイルを削除する手順は必須ではありませんが、Wordの操作に慣れていない場合に、意図しないスタイルの適用を減らすことができます。また、目的のスタイルが探しやすくなります。ただし、スタイルの［標準］は使用しますので、削除しないようにしてください。

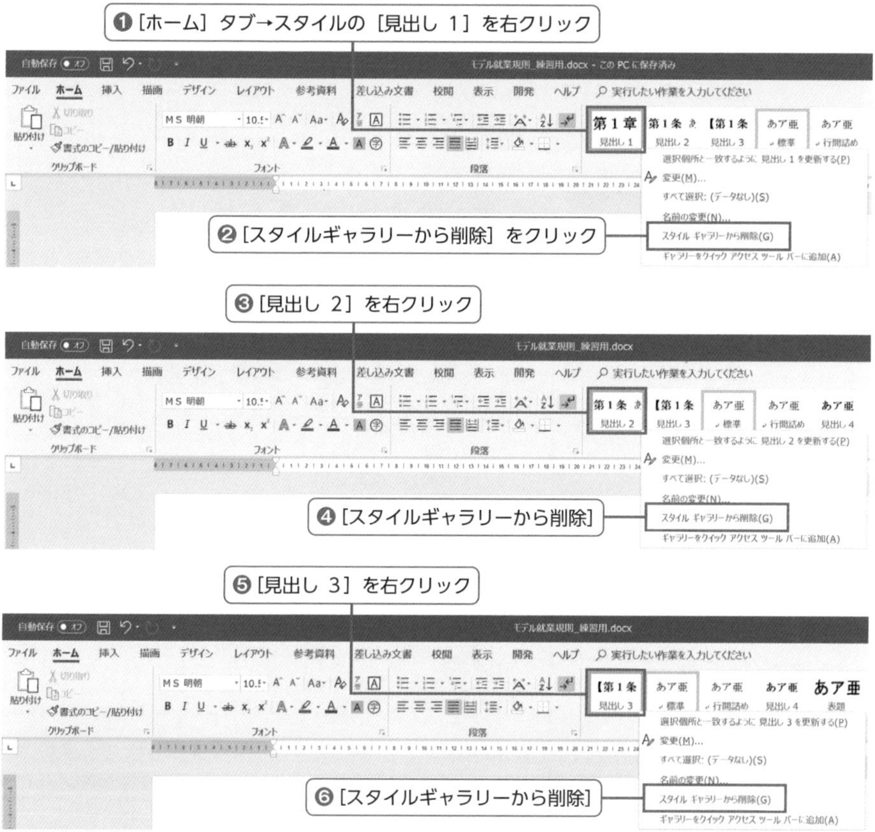

❷［スタイルギャラリーから削除］をクリック

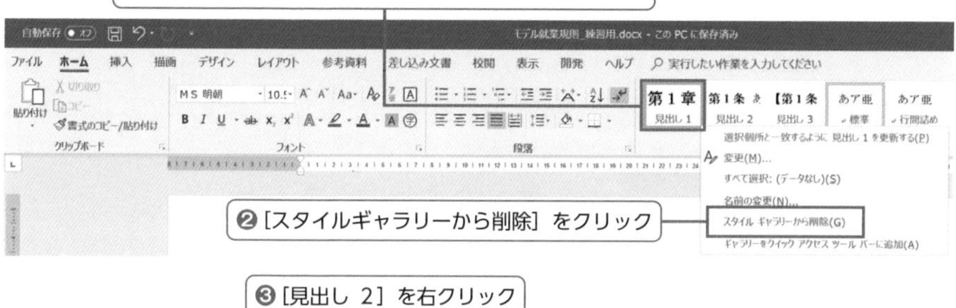

❸［見出し 2］を右クリック

❹［スタイルギャラリーから削除］

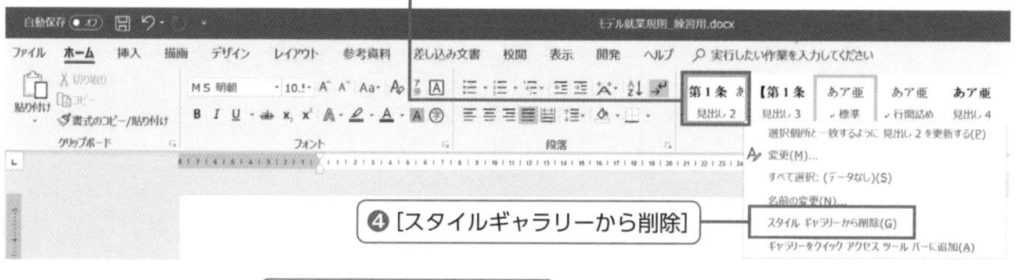

❺［見出し 3］を右クリック

❻［スタイルギャラリーから削除］

ワンポイントアドバイス

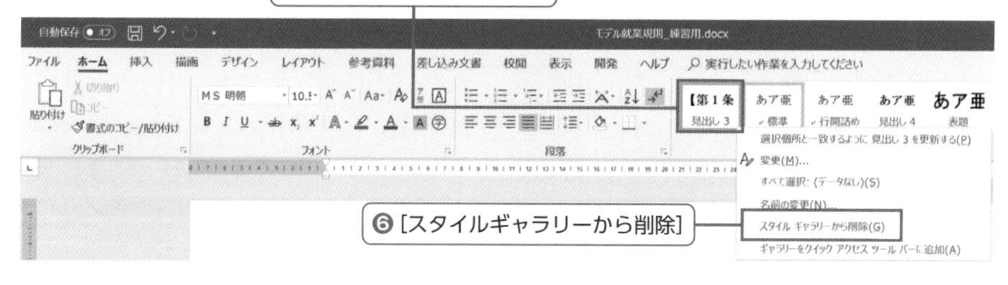

スタイルギャラリーから削除したスタイルを再びスタイルギャラリーに表示する手順は、Part 01 1 ●スタイルの182ページをご覧ください。

3 章と条の番号書式（連番）を作成する

章番号と条番号は、章や条を追加・削除した際、自動で連続して附番・変更されます。連番は番号書式の定義から設定します。

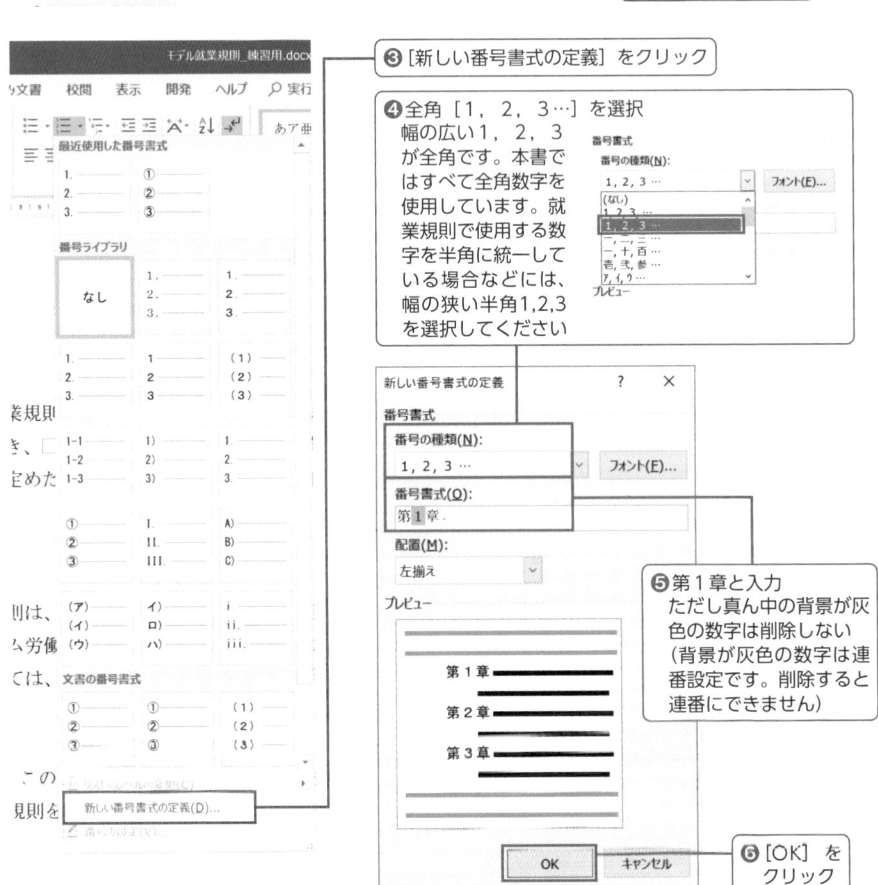

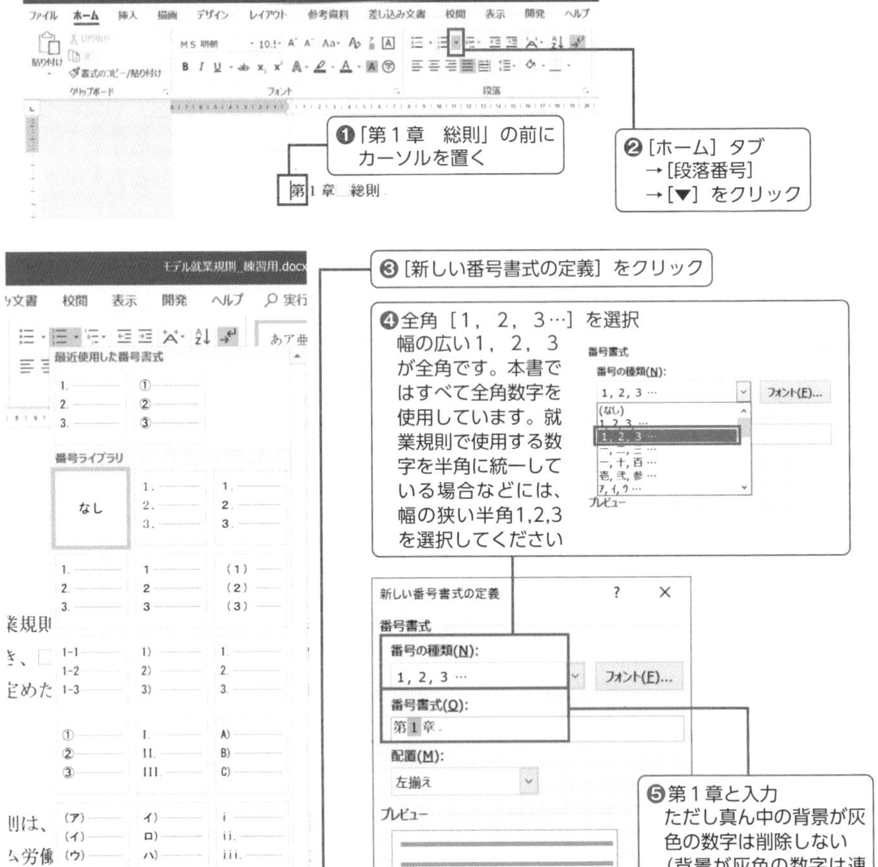

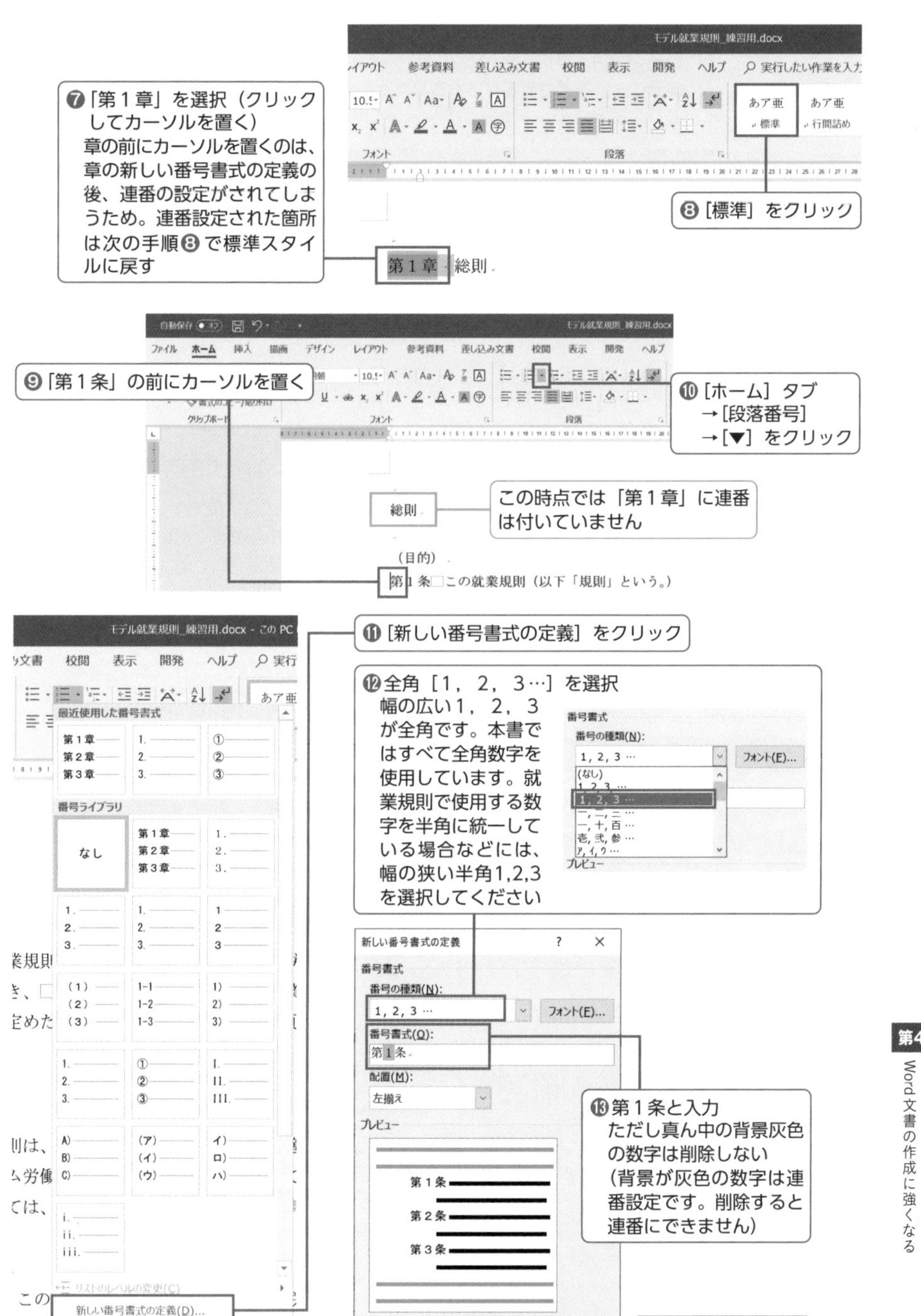

❼「第１章」を選択（クリックしてカーソルを置く）
章の前にカーソルを置くのは、章の新しい番号書式の定義の後、連番の設定がされてしまうため。連番設定された箇所は次の手順❽で標準スタイルに戻す

❽［標準］をクリック

第１章　総則

❾「第１条」の前にカーソルを置く

❿［ホーム］タブ
→［段落番号］
→［▼］をクリック

この時点では「第１章」に連番は付いていません

総則

（目的）
第１条□この就業規則（以下「規則」という。）

⓫［新しい番号書式の定義］をクリック

⓬全角［１，２，３…］を選択
幅の広い１，２，３が全角です。本書ではすべて全角数字を使用しています。就業規則で使用する数字を半角に統一している場合などには、幅の狭い半角1,2,3を選択してください

⓭第１条と入力
ただし真ん中の背景灰色の数字は削除しない
（背景が灰色の数字は連番設定です。削除すると連番にできません）

⓮［OK］をクリック

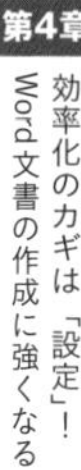

⑮「第１条」を選択（クリックしてカーソルを置く）
条の前にカーソルを置くのは、条の新しい番号書式の定義の後、連番の設定がされてしまうため。連番設定された箇所は次の手順⑯で標準スタイルに戻す

⑯［標準］をクリック

総則

（目的）

第１条　第１条□この就業規則（以下「規則」という。）

総則

（目的）

第１条□この就業規則（以下「規則」という。）

この時点で「第１条」に連番はついていません。最初から手入力されていた「第１条」のみが表示されています。

ワンポイントアドバイス

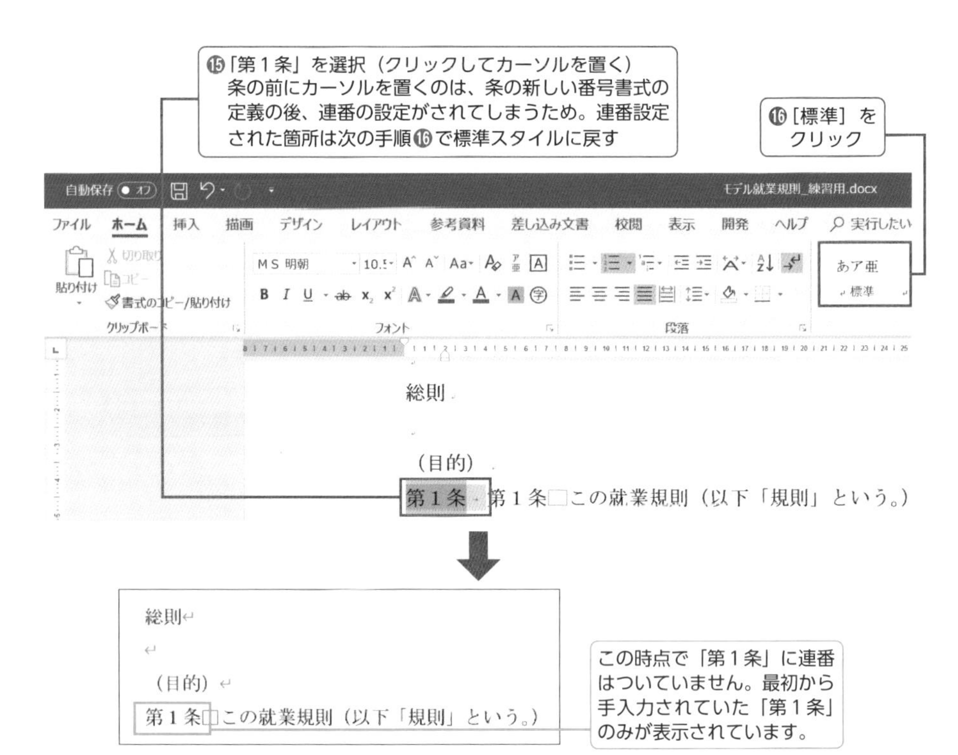

- ここで作った連番の設定は後ほど、章や条のスタイルから紐づけられます（206ページ「5章のスタイルを変更する」と211ページ「8条のスタイルを変更する」）。
- 前述手順の❹と⓬で章や条文番号はすべて全角を使用していますが、半角に統一したい場合は半角を選んでください。

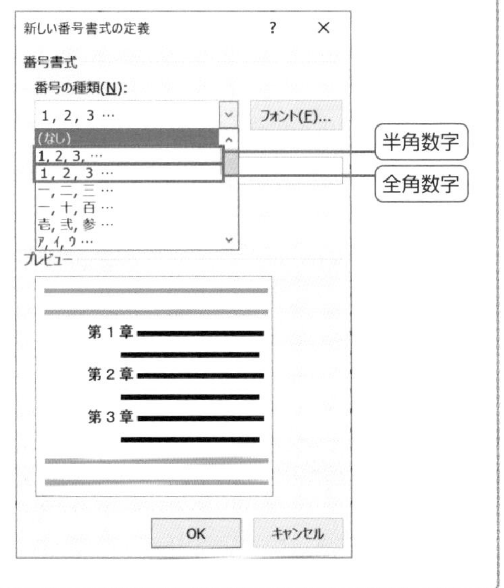

4 章のスタイルを作成する

章のスタイルを作成します。なお、スタイル名は下記のようにわかりやすい名前を付けて設定しましょう。

	アウトラインレベル	スタイル名
章	1	1.章（L1）
条	2	2.条（L2）
項以下	本文	3.項以下

スタイルの名前の先頭の番号は、後で「スタイルギャラリー」にスタイルを章→条→項以下の順に並べるためです。スタイル名末尾の（L1）は後にアウトラインレベル1を設定するため、それがスタイル名でもわかるようレベル（Level）1のL1としました。

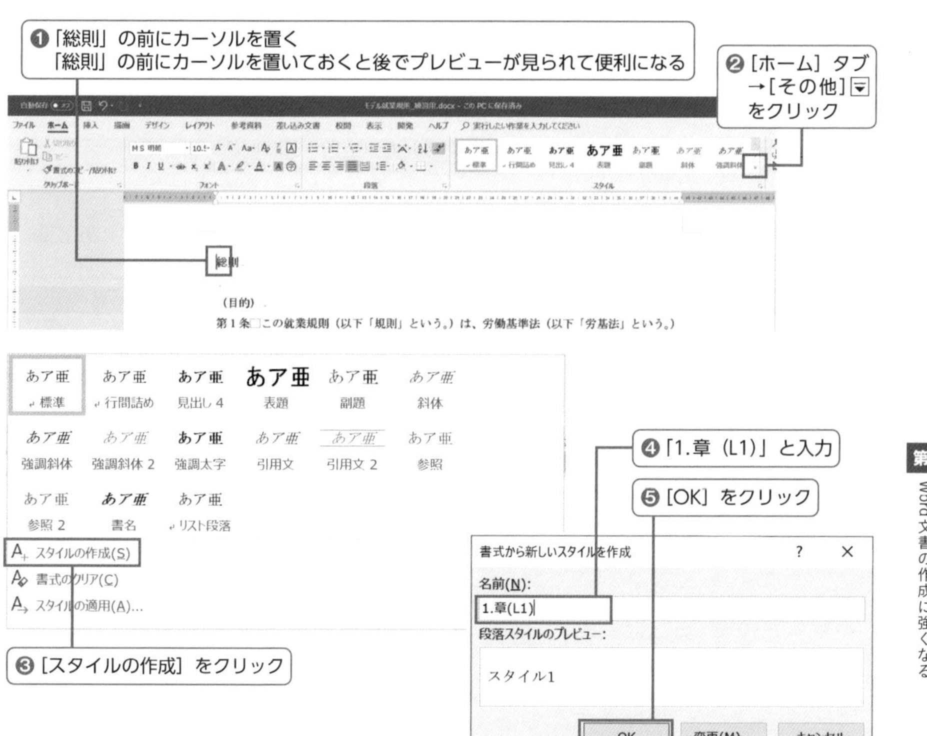

第4章 効率化のカギは「設定」！Word文書の作成に強くなる

章のスタイルを変更する

4で作成したスタイルを実際に設定（変更）していきます。具体的には以下の設定をします。

1	フォントサイズ14ポイント	標準スタイルより目立つようにフォントサイズを大きくします。	手順❹
2	太字	標準スタイルより目立つようにフォントを太くします。	手順❺
3	中央揃え	中央に揃えます。	手順❻
4	アウトラインレベル1	目次を自動で作成するときにアウトラインレベル1として目次に表示するようにします。 ナビゲーションウィンドウに表示できます。	手順❾
5	章番号の連番	章タイトル（例：第1章なら「総則」）に対して連番設定をすることにより、章タイトルを追加・削除したときに自動で章番号が附番・変更されます。	手順⓬

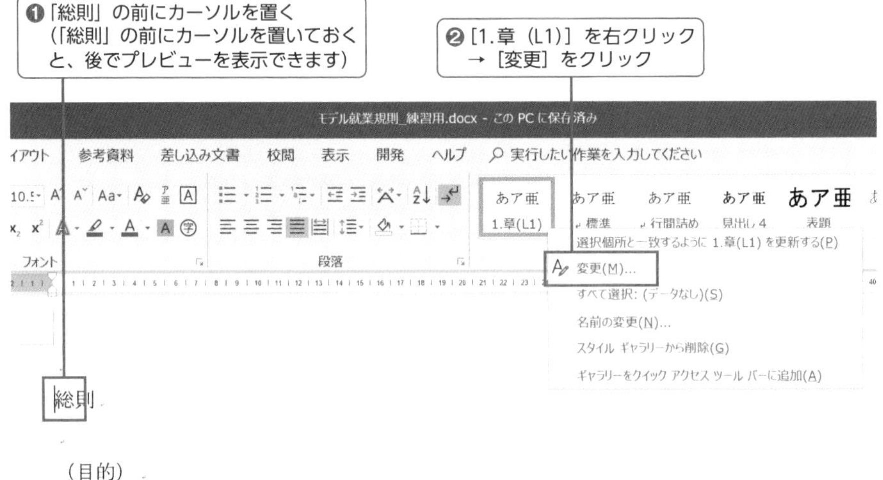

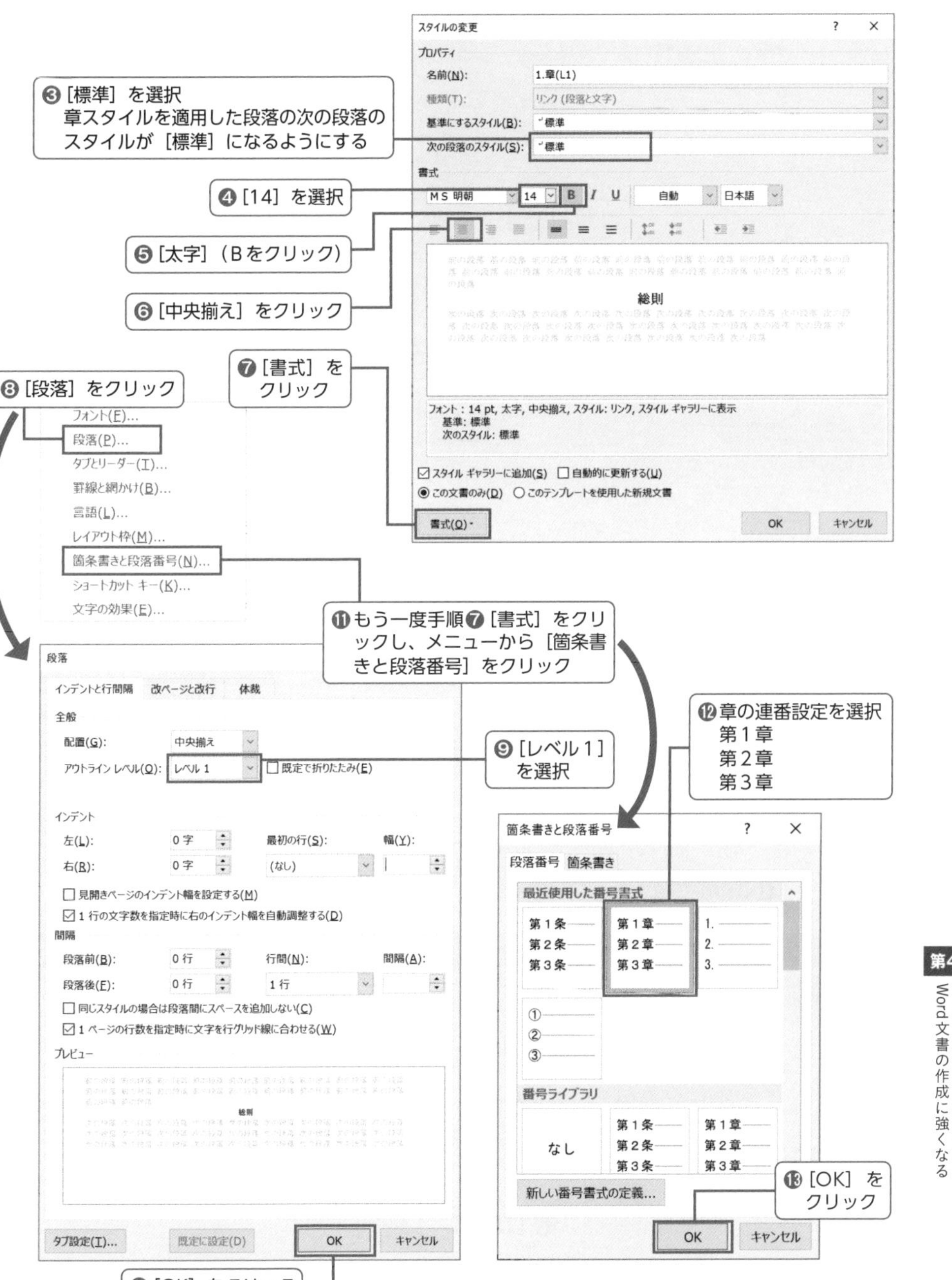
以下、サンプルファイルでの推奨設定です。ご自身の就業規則で設定する場合には適宜、設定を変更してください
❸［標準］を選択
章スタイルを適用した段落の次の段落のスタイルが［標準］になるようにする
❹［14］を選択
❺［太字］（Bをクリック）
❻［中央揃え］をクリック
❼［書式］をクリック
❽［段落］をクリック
❾［レベル1］を選択
❿［OK］をクリック
⓫もう一度手順❼［書式］をクリックし、メニューから［箇条書きと段落番号］をクリック
⓬章の連番設定を選択
第1章
第2章
第3章
⓭［OK］をクリック
スタイルの変更
プロパティ
名前(N):
1.章(L1)
種類(T):
リンク (段落と文字)
基準にするスタイル(B):
標準
次の段落のスタイル(S):
標準
書式
MS 明朝
14
自動
日本語
総則
フォント : 14 pt, 太字, 中央揃え, スタイル: リンク, スタイル ギャラリーに表示
基準: 標準
次のスタイル: 標準
スタイル ギャラリーに追加(S)
自動的に更新する(U)
この文書のみ(D)
このテンプレートを使用した新規文書
書式(O)
OK
キャンセル
フォント(F)...
段落(P)...
タブとリーダー(T)...
罫線と網かけ(B)...
言語(L)...
レイアウト枠(M)...
箇条書きと段落番号(N)...
ショートカット キー(K)...
文字の効果(E)...
段落
インデントと行間隔
改ページと改行
体裁
全般
配置(G):
中央揃え
アウトライン レベル(O):
レベル 1
既定で折りたたみ(E)
インデント
左(L):
0 字
右(R):
0 字
最初の行(S):
(なし)
幅(Y):
見開きページのインデント幅を設定する(M)
1 行の文字数を指定時に右のインデント幅を自動調整する(D)
間隔
段落前(B):
0 行
段落後(F):
0 行
行間(N):
1 行
間隔(A):
同じスタイルの場合は段落間にスペースを追加しない(C)
1 ページの行数を指定時に文字を行グリッド線に合わせる(W)
プレビュー
総則
タブ設定(T)...
既定に設定(D)
OK
キャンセル
箇条書きと段落番号
段落番号
箇条書き
最近使用した番号書式
第1条
第2条
第3条
第1章
第2章
第3章
1.
2.
3.
①
②
③
番号ライブラリ
なし
第1条
第2条
第3条
第1章
第2章
第3章
新しい番号書式の定義...
OK
キャンセル

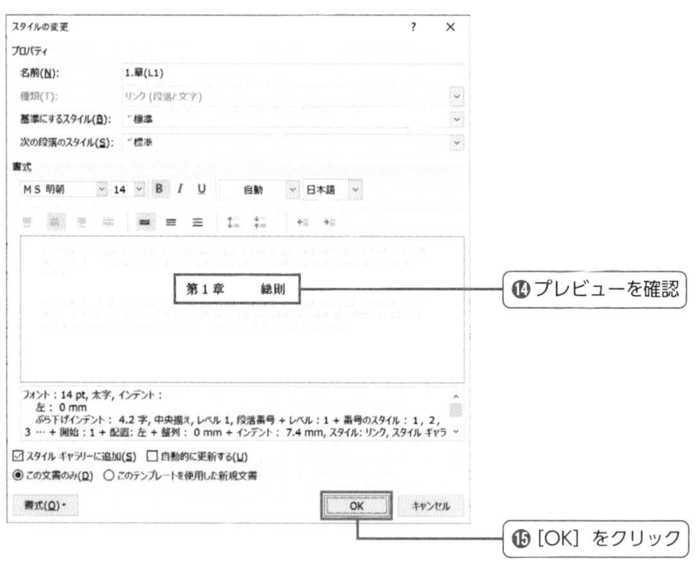

6 章のスタイル適用を確認する

ここまでで章のスタイルを作成し、5手順❶でカーソルを「総則」に置くことで章のスタイルが適用され「第１章　総則」となっているはずで、「第１章　総則」にカーソルを置き、スタイル［1.章（L1)］になっていることを確認します。

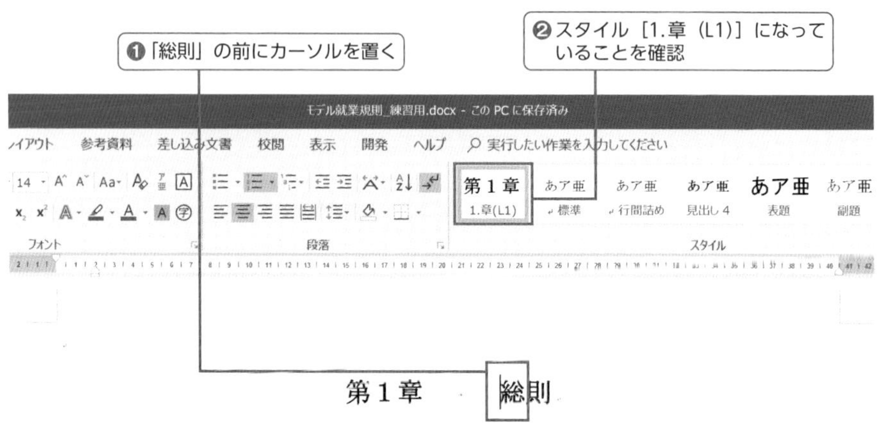

ワンポイントアドバイス

- これまでの手順で、「第１章」をクリックすると文字が灰色に反転します。このようになっていれば連番が適切に設定されています。

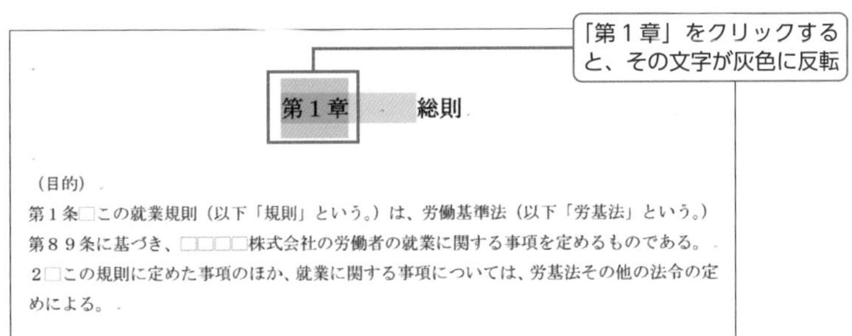

- 灰色に反転する「第１章」の後ろにもう１つ「第１章」がある場合は、後ろの「第１章□」は使用しないため削除してください。

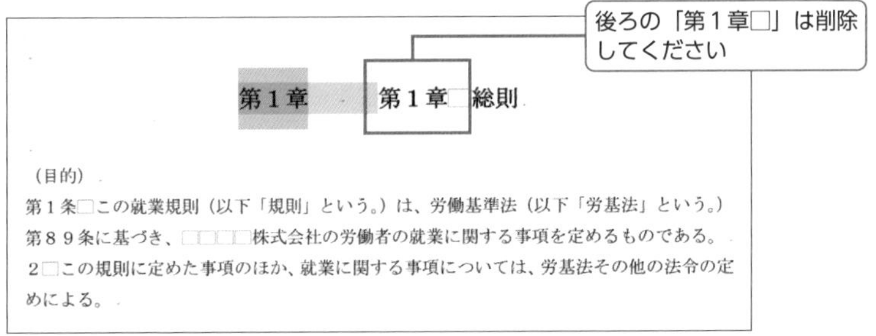

- 章のスタイルが「総則」ではなく、他の箇所（下図の例では「（目的）」）に適用されている場合は、その箇所に標準スタイルを適用し、「総則」に章のスタイルを適用してください。

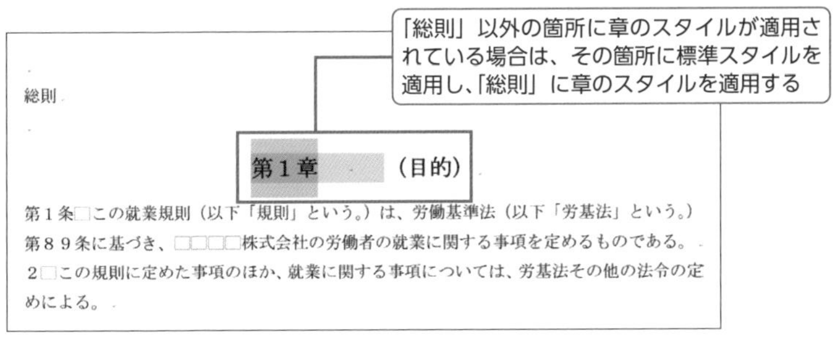

7 条のスタイルを作成する

条のスタイルを作成します。「第１条」の前にカーソルを置いておくと後でプレビューを見ることができて便利です。スタイルの名前の先頭の番号は、後で「スタイルギャラリー」にスタイルを章→条→項以下の順に並べるためです。スタイル名末尾の（L2）は後にアウトラインレベル２を設定するため、それがスタイル名でもわかるようレベル（Level）２のL2としました。

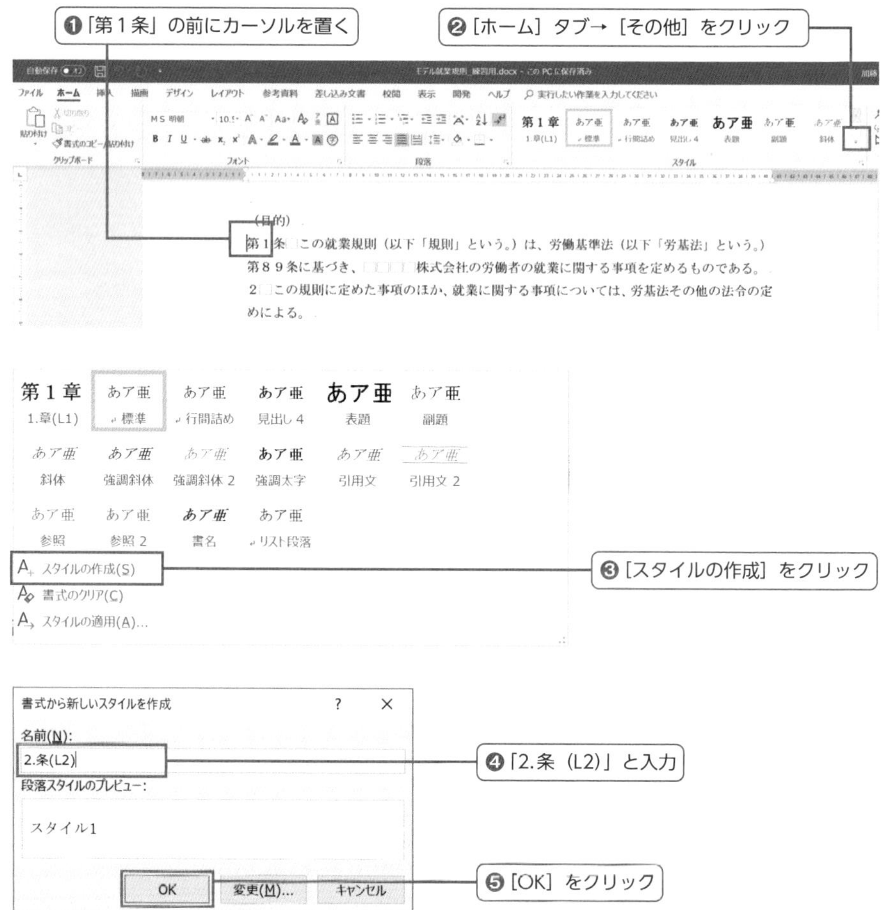

8 条のスタイルを変更する

7で作成したスタイルを実際に設定（変更）していきます。具体的には以下の設定をします。

1	アウトライン レベル２	相互参照の参照先に設定できるようになります ナビゲーションウィンドウに表示できます	手順❻
2	２行目以降は ３文字インデント	条文番号の次（２行目）以降の行の左端開始位置を右に３文字移動します １行目の条文番号の行のインデントは０です	手順❼ 手順❽
3	条番号の連番	条文に対して連番設定をすることにより、条文を追加・削除したときに自動で条番号が附番・変更されます	手順⓫

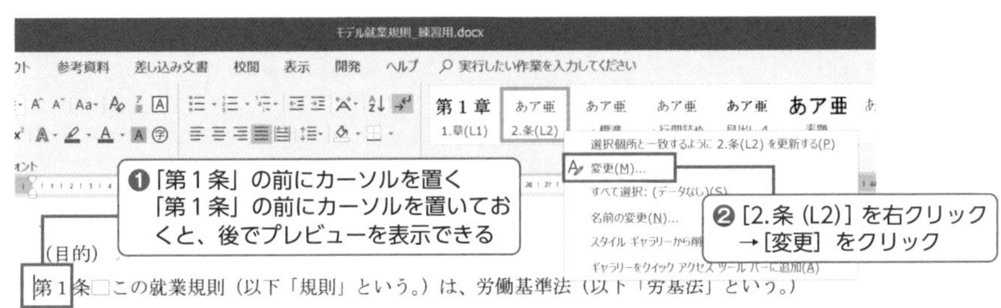

以下、サンプルファイルでの推奨設定です。ご自身の就業規則で設定する場合には適宜、設定を変更してください

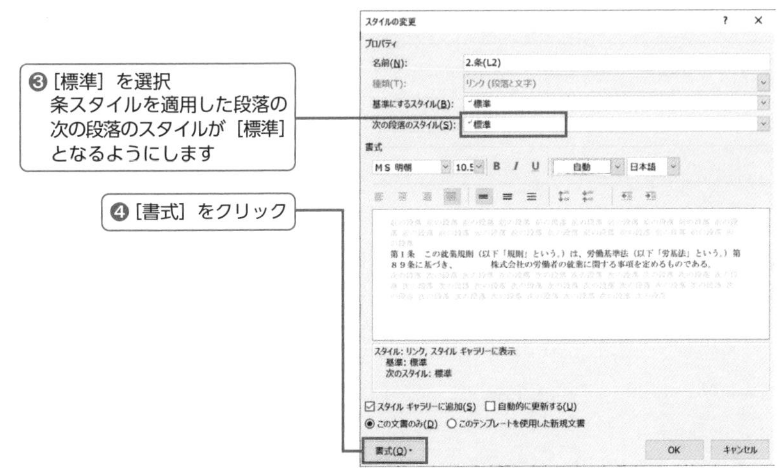

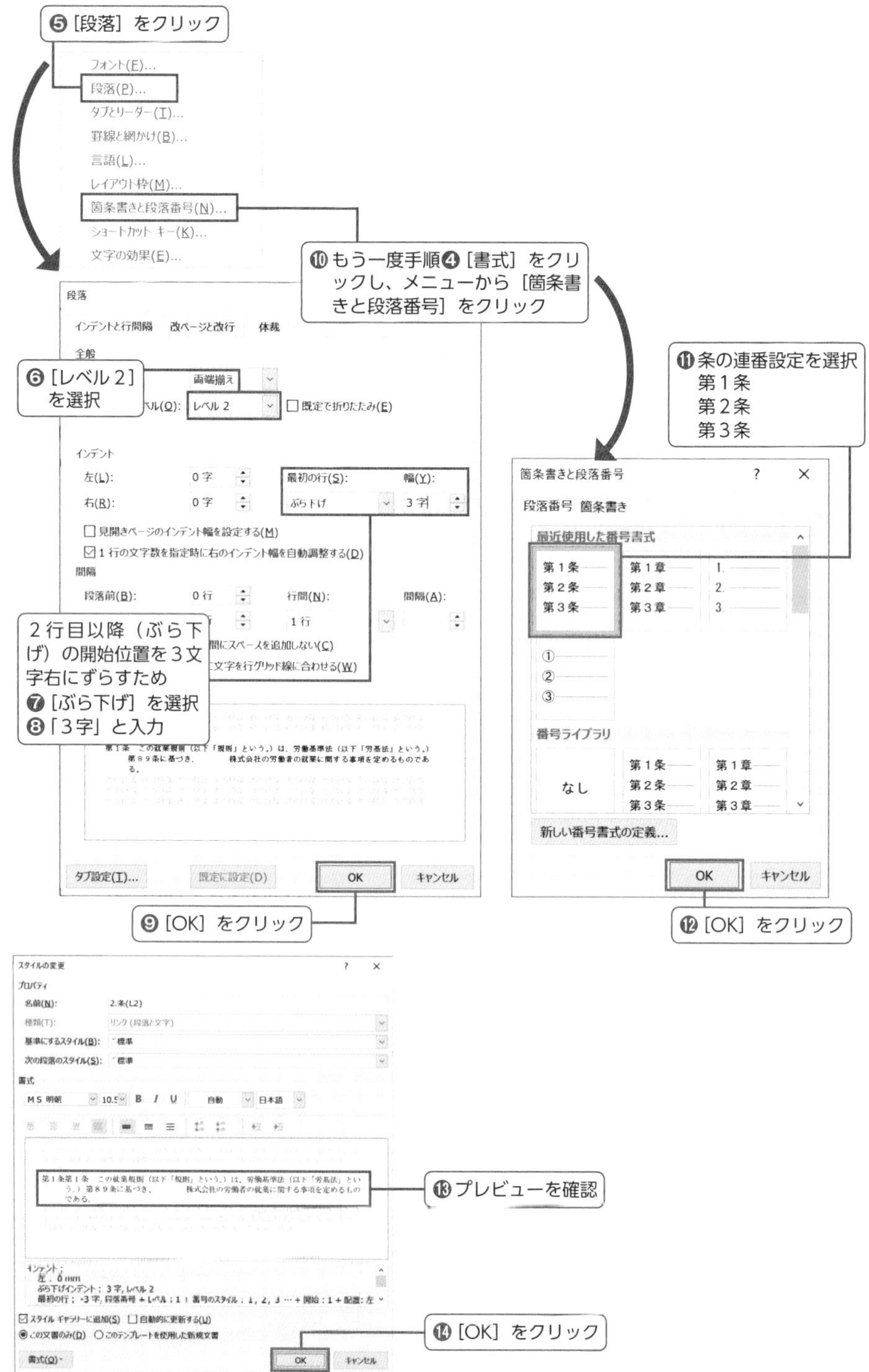
❺［段落］をクリック
フォント(F)...
段落(P)...
タブとリーダー(T)...
罫線と網かけ(B)...
言語(L)...
レイアウト枠(M)...
箇条書きと段落番号(N)...
ショートカット キー(K)...
文字の効果(E)...
❿もう一度手順❹［書式］をクリックし、メニューから［箇条書きと段落番号］をクリック
段落
インデントと行間隔
改ページと改行
体裁
全般
❻［レベル2］を選択
両端揃え
レベル 2
既定で折りたたみ(E)
インデント
左(L):
0 字
右(R):
0 字
最初の行(S):
幅(Y):
ぶら下げ
3 字
見開きページのインデント幅を設定する(M)
1 行の文字数を指定時に右のインデント幅を自動調整する(D)
間隔
段落前(B):
0 行
行間(N):
間隔(A):
1 行
２行目以降（ぶら下げ）の開始位置を３文字右にずらすため
❼［ぶら下げ］を選択
❽「3字」と入力
タブ設定(T)...
既定に設定(D)
OK
キャンセル
❾［OK］をクリック
⓫条の連番設定を選択
第１条
第２条
第３条
箇条書きと段落番号
段落番号
箇条書き
最近使用した番号書式
第１条
第２条
第３条
第１章
第２章
第３章
番号ライブラリ
なし
新しい番号書式の定義...
OK
キャンセル
⓬［OK］をクリック
スタイルの変更
プロパティ
名前(N):
2.条(L2)
書式
MS 明朝
10.5
日本語
⓭プレビューを確認
スタイル ギャラリーに追加(S)
自動的に更新する(U)
この文書のみ(D)
このテンプレートを使用した新規文書
書式(O)
OK
キャンセル
⓮［OK］をクリック

9 条のスタイル適用を確認後、条の後の空白を消す

ここまでで条のスタイルを作成し、8「条のスタイルを変更する」の手順❶でカーソルを「第１条」に置いていれば、条のスタイルが適用され「第１条第１条　この就業規則（以下「規則」という。）は、～」となっています。「第１条」の段落にカーソルを置くと、スタイル［2.条（L2)］になっていることを確認します。

「第１条第１条」となっていますが、後ろ（２つ目）の「第１条」はもともと入力されていたもので連番の設定は反映されていないため、削除しましょう。

連番の「第１条」の後ろにタブが入る設定になっていますが、条番号とその後ろの条文の間が空いてしまうため、設定を変更します。

① 条の後の空白を消す

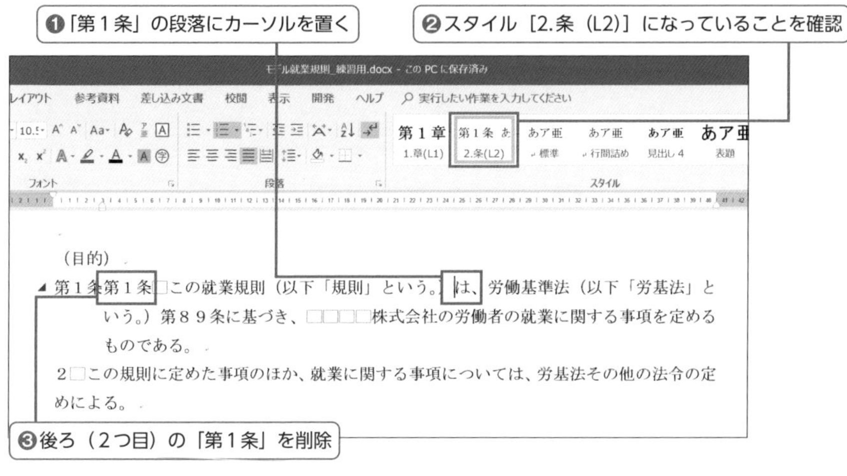

❹「第１条」を右クリック

❺［リストのインデントの調整］をクリック

❻［番号に続く空白の扱い］で［なし］を選択

❼［OK］をクリック

❽［はい］をクリック

Microsoft Word

このリストの番号書式を変更すると、スタイル "2.条(L2)" が更新され、このスタイルが各段落に再適用されます。続行しますか?

はい(Y)　いいえ(N)

（目的）

第１条□この就業規則（以下「規則」という。）は、
第８９条に基づき、□□□□株式会社の労働者

ワンポイントアドバイス

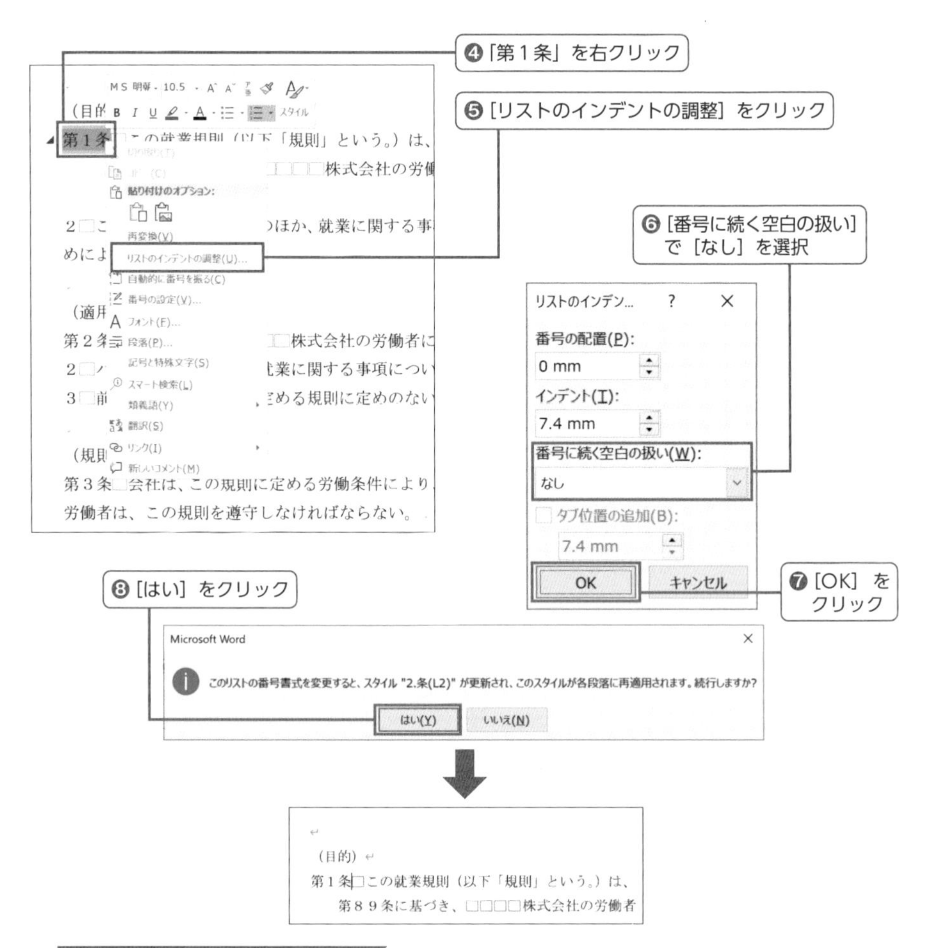

- 条のスタイルが「第１条」ではなく、他の箇所に適用されている場合は、その箇所に標準スタイルを適用し、「第１条」に条のスタイルを適用してください。
- 上記手順❹以降の設定をしないと、以下のように第10条以降で条文番号の後ろにタブが入ります。

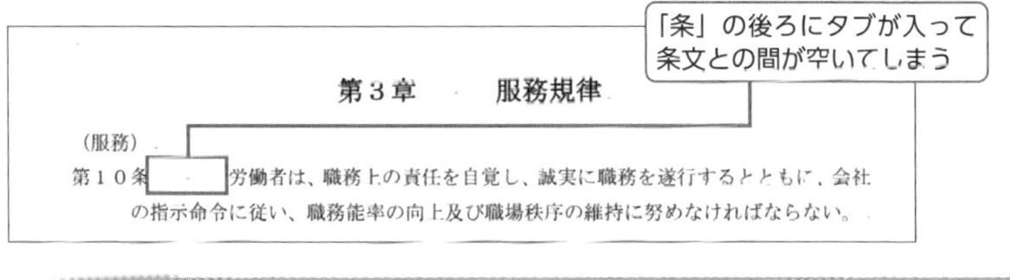

② 一度設定した条のスタイルを変更する

①の設定を行うと条のスタイルのインデントの設定が変わります。ここでは変わってしまったインデントの幅の単位を「mm」から「字」へ変更します。

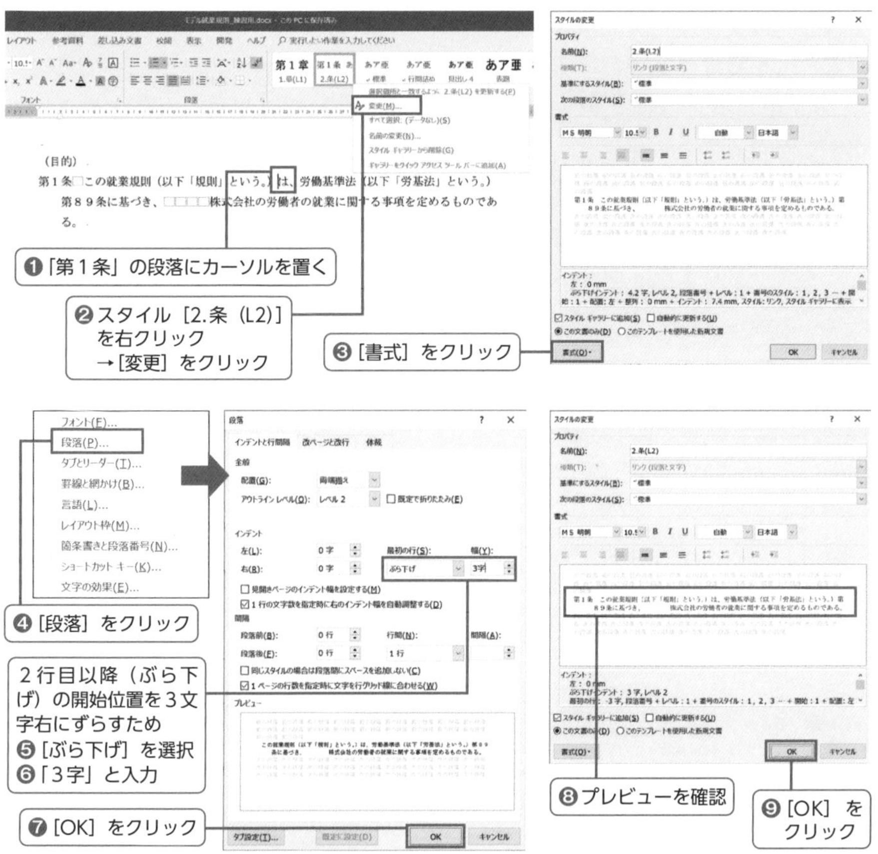

ワンポイントアドバイス

- 設定したスタイルは手順❶～❷のようにするとスタイルを変更できます。
- スタイルの設定を変更すると、すでにスタイルが適用されている段落に対しても変更された設定が反映されます。
- ルーラーが表示されていない場合はルーラーを表示できます（Part 01 ［1］●インデント183ページ参照）。
- ルーラーの単位をmmから文字幅に変更できます（Part 01 ［1］●インデント183ページ参照）。

10 項以下のスタイルを作成する

項と項よりも下の階層は「3.項以下」とし、スタイルを適用します（項と号のスタイルを分ける場合は別々に作成してください）。

「第１条２項」の前にカーソルを置いておくと後でプレビューを見ることができて便利です。

スタイルの名前の先頭の番号は、スタイルギャラリーにスタイルを章→条→項以下の順に並べて表示するためです。項以下のスタイルはアウトラインレベルを本文（アウトラインレベルなし）に設定するため、章や条のスタイル名のように末尾に（L1）や（L2）は付けていません。

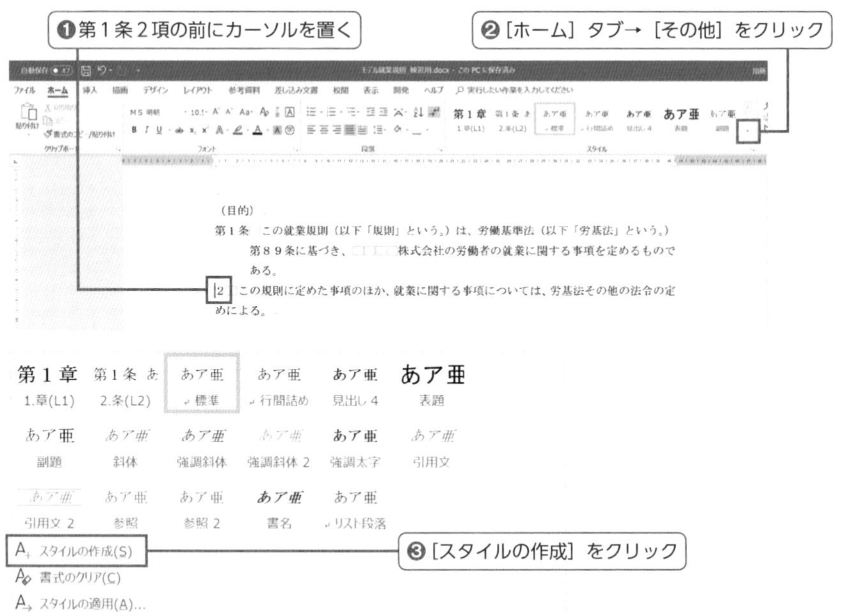

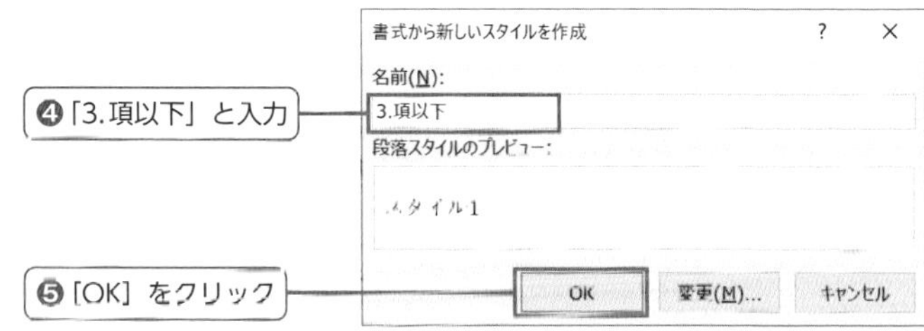

11 項以下のスタイルを変更する

⑩で作成した項以下のスタイルを実際に設定（変更）していきます。具体的には以下の手順で設定をします。

1	アウトラインレベル本文	目次にもナビゲーションウィンドウにも表示しません	手順❻
2	1行目は 2文字インデント	項の1行目左端開始位置を右に2文字移動します	手順❼
3	2行目以降は 1文字インデント	項番号の次（2行目）以降の行の左端開始位置を右に1文字移動します	手順❽ 手順❾

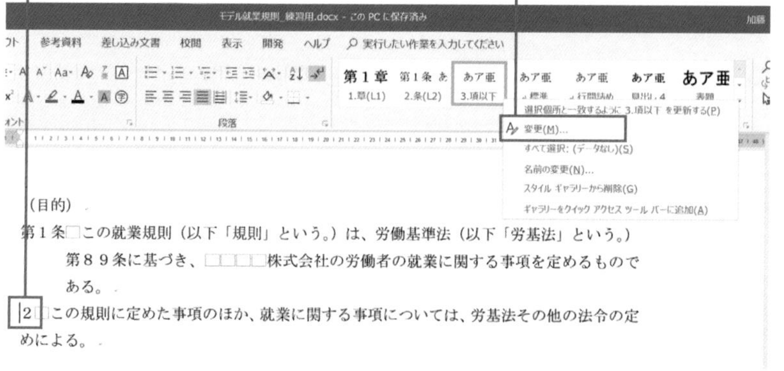

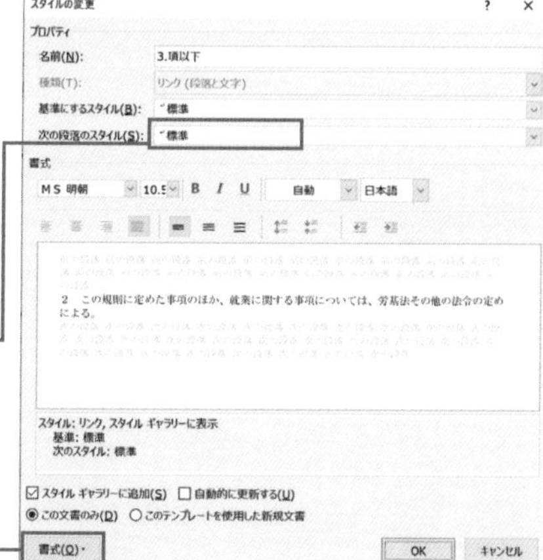

以下、サンプルファイルでの推奨設定です。ご自身の就業規則で設定する場合には適宜、設定を変更してください
❸［標準］を選択
項以下スタイルを適用した段落の次の段落のスタイルが［標準］になるようにする
❹［書式］をクリック

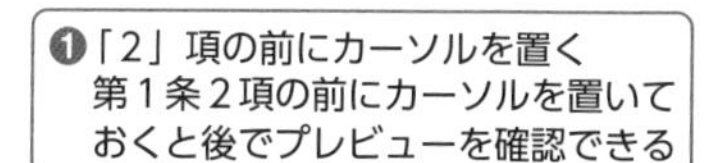

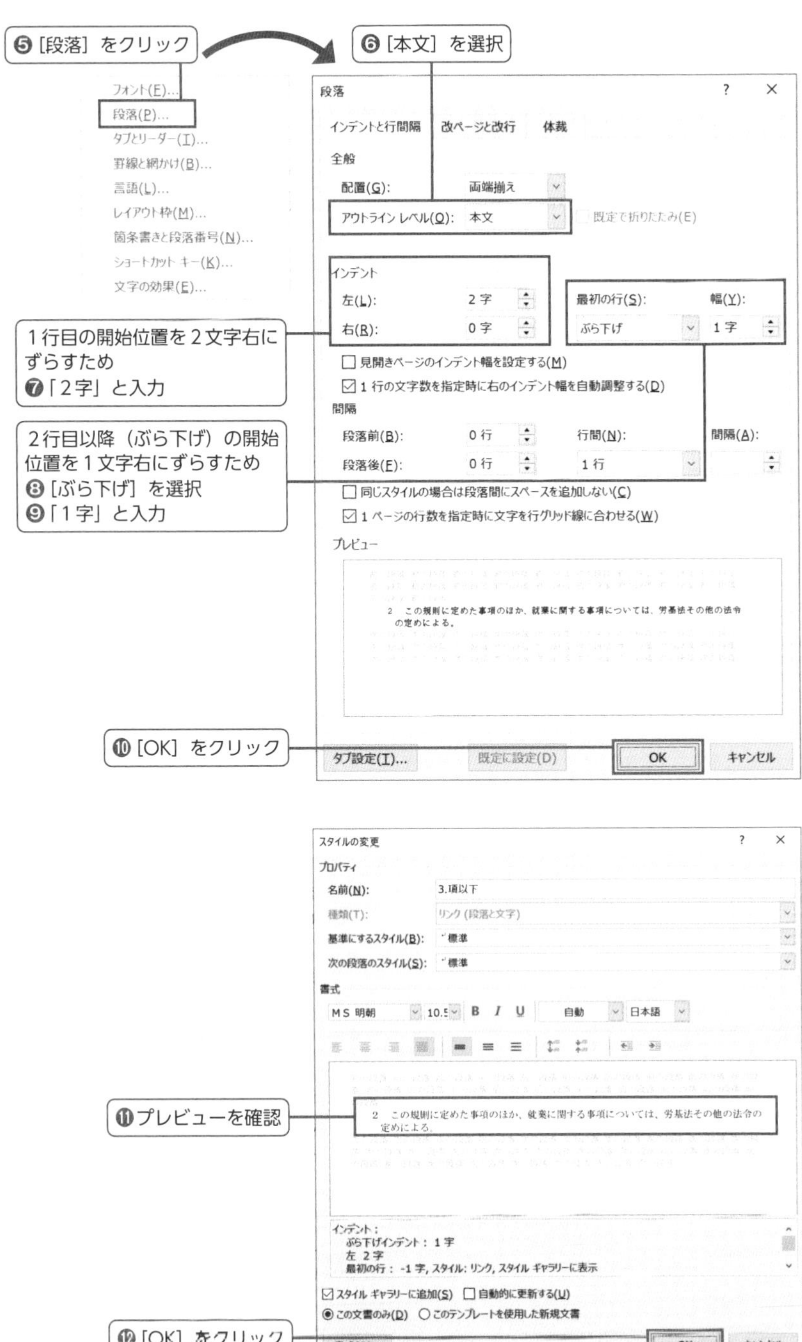
❺［段落］をクリック
❻［本文］を選択
フォント(F)...
段落(P)...
タブとリーダー(T)...
罫線と網かけ(B)...
言語(L)...
レイアウト枠(M)...
箇条書きと段落番号(N)...
ショートカット キー(K)...
文字の効果(E)...
段落
インデントと行間隔
改ページと改行
体裁
全般
配置(G):
両端揃え
アウトライン レベル(O):
本文
既定で折りたたみ(E)
インデント
左(L):
2 字
右(R):
0 字
最初の行(S):
幅(Y):
ぶら下げ
1 字
1行目の開始位置を2文字右にずらすため
❼「2字」と入力
見開きページのインデント幅を設定する(M)
1 行の文字数を指定時に右のインデント幅を自動調整する(D)
間隔
2行目以降（ぶら下げ）の開始位置を1文字右にずらすため
❽［ぶら下げ］を選択
❾「1字」と入力
段落前(B):
0 行
行間(N):
間隔(A):
段落後(F):
0 行
1 行
同じスタイルの場合は段落間にスペースを追加しない(C)
1 ページの行数を指定時に文字を行グリッド線に合わせる(W)
プレビュー
2　この規則に定めた事項のほか、就業に関する事項については、労基法その他の法令の定めによる。
❿［OK］をクリック
タブ設定(T)...
既定に設定(D)
OK
キャンセル
スタイルの変更
プロパティ
名前(N):
3.項以下
種類(T):
リンク (段落と文字)
基準にするスタイル(B):
標準
次の段落のスタイル(S):
標準
書式
ＭＳ 明朝
10.5
B
I
U
自動
日本語
⓫プレビューを確認
2　この規則に定めた事項のほか、就業に関する事項については、労基法その他の法令の定めによる。
インデント：
ぶら下げインデント： 1 字
左 2 字
最初の行： -1 字, スタイル: リンク, スタイル ギャラリーに表示
スタイル ギャラリーに追加(S)
自動的に更新する(U)
この文書のみ(D)
このテンプレートを使用した新規文書
⓬［OK］をクリック
書式(O)
OK
キャンセル

12 項以下のスタイル適用を確認する

ここまで項以下のスタイルを作成し、⑪手順❶でカーソルを第1条2項に置いていれば、項以下のスタイルが適用されています。第1条2項の段落にカーソルを置き、スタイル［3.項以下］になっていることを確認します。

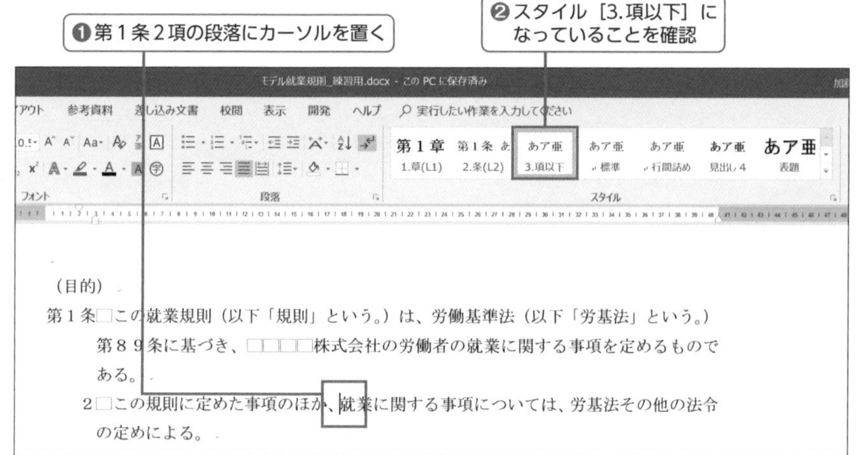

ワンポイントアドバイス

- 項以下のスタイルが第1条2項ではなく、他の箇所に適用されている場合は、その箇所に標準スタイルを適用し、第1条2項に項以下のスタイルを適用してください。
- 「項」と「号」のスタイルを分ける場合、別途、号のスタイルを作成してください。

13 すべての章・条・項以下にスタイルを適用する

⑫までで「章」「条」「項以下」のスタイルを作成し、それぞれ「第1章」「第1条」「第1条2項」にスタイルを適用しました。⑬では第2条以降にスタイルを適用していきます。

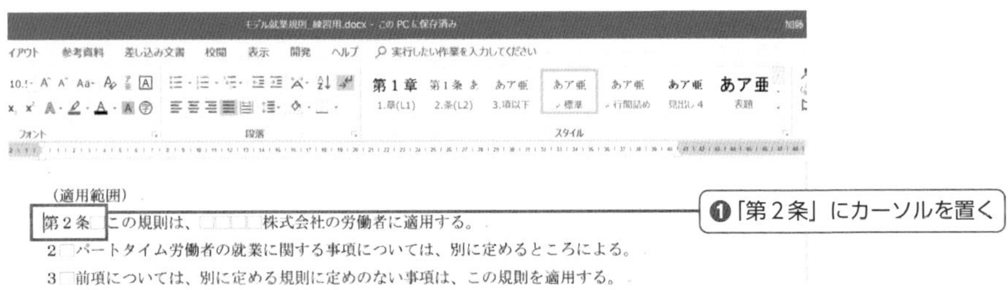
❶「第２条」にカーソルを置く

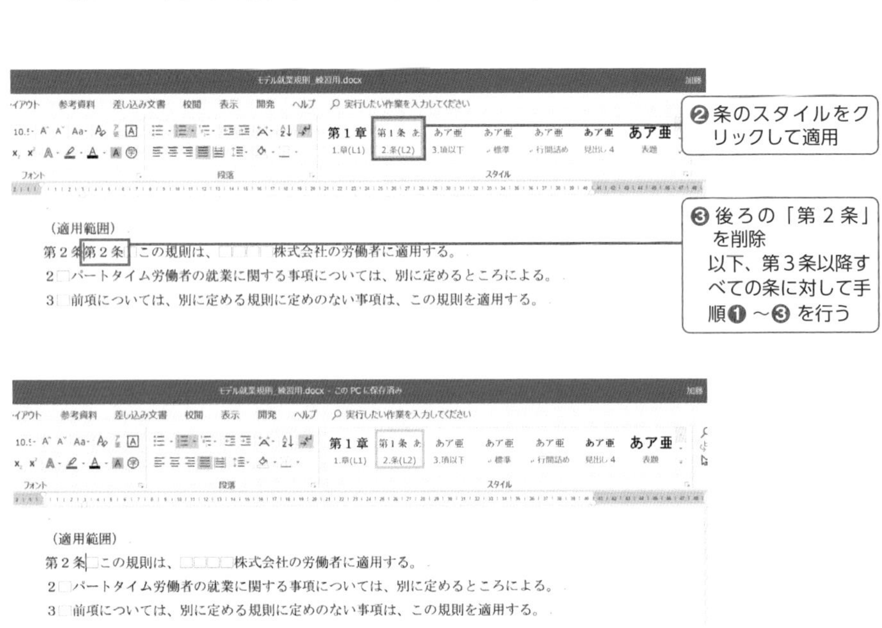
❷条のスタイルをクリックして適用
❸後ろの「第２条」を削除
以下、第３条以降すべての条に対して手順❶～❸を行う

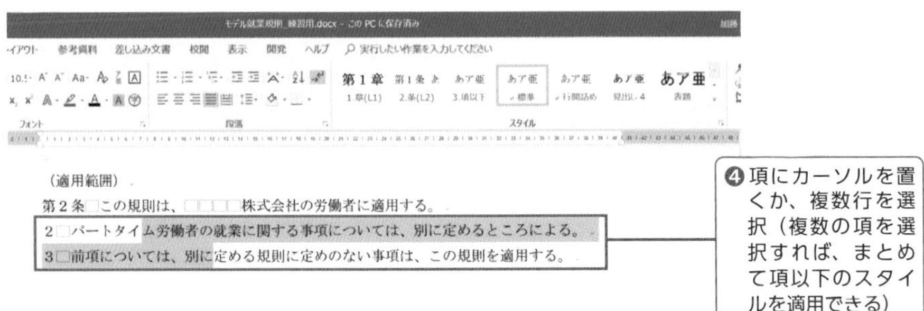
❹項にカーソルを置くか、複数行を選択（複数の項を選択すれば、まとめて項以下のスタイルを適用できる）

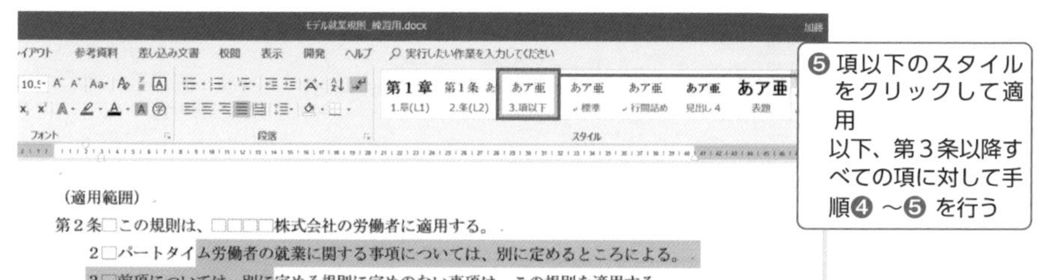

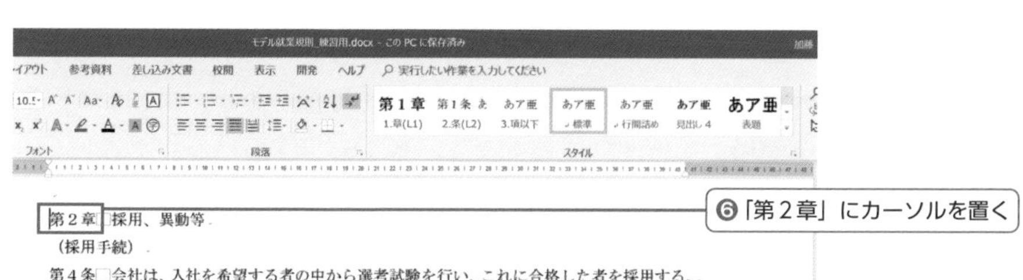

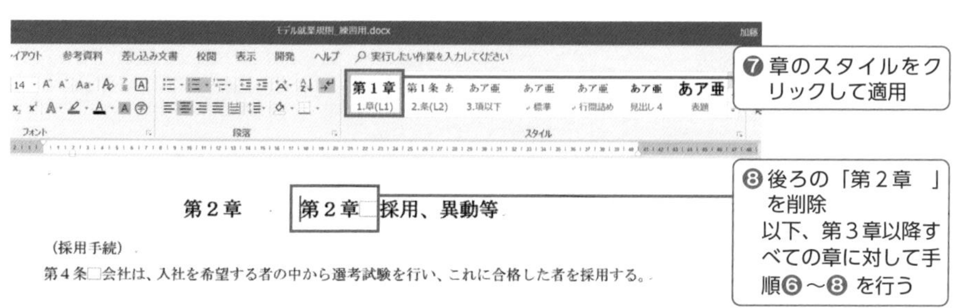

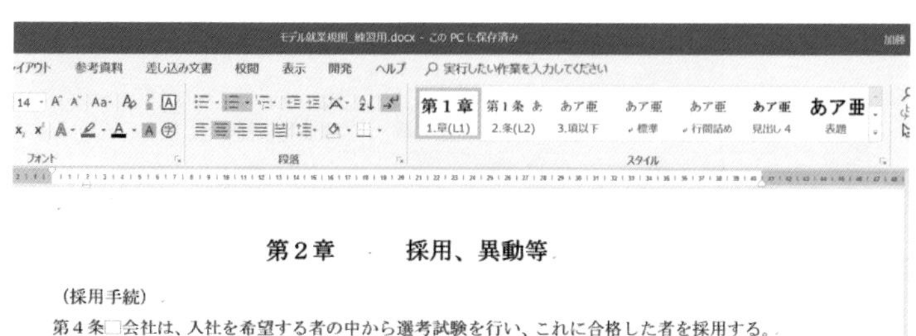

ワンポイントアドバイス

本書では条文の見出し（例：第１条の（目的））や表は標準スタイルとしていますが、これらに対して別のスタイルを設定する場合には、別途作成および適用してください。

14 アウトラインレベルを確認する

章や条のスタイルで設定したアウトラインレベルを確認する方法として、アウトラインの表示とナビゲーションウィンドウの表示があります。

① アウトライン

アウトラインとは、章、条、項などの階層構造を設定・表示したものです。アウトラインレベルはレベル１～９および本文の10種類があり、レベル１が最上の階層で、数字が増えるほど階層は下がり、本文が最下層になります。

自動で作成する目次に表示されるアウトラインレベルは、下記の手順で確認することができます。

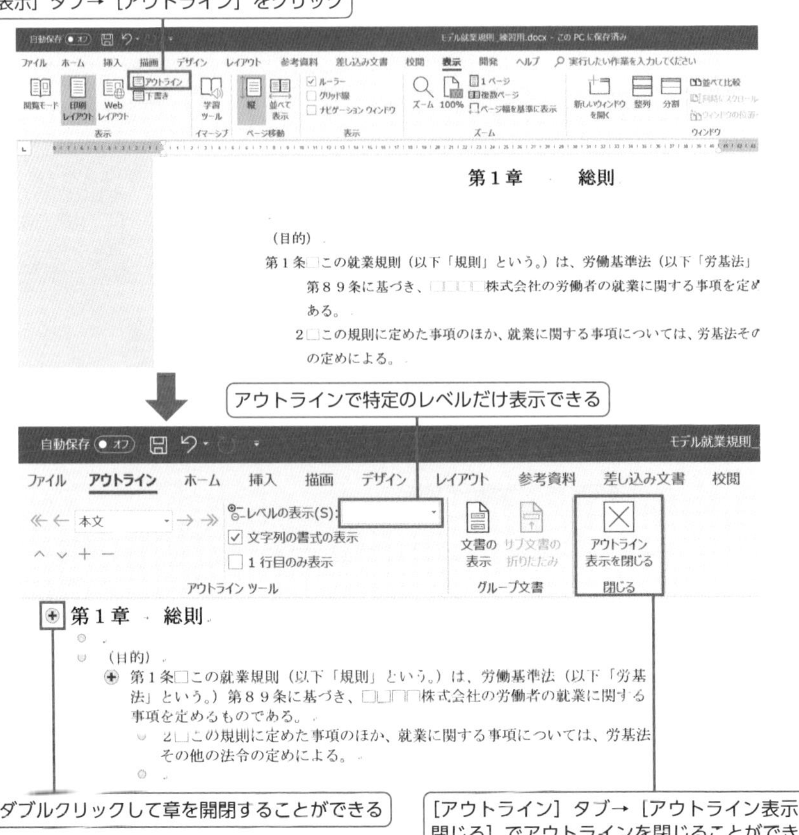

② ナビゲーションウィンドウ

章や条のアウトラインレベルを設定するとナビゲーションウィンドウに表示されます。ナビゲーションウィンドウを表示して条文番号をクリックすると、クリックした条文にジャンプすることができます。

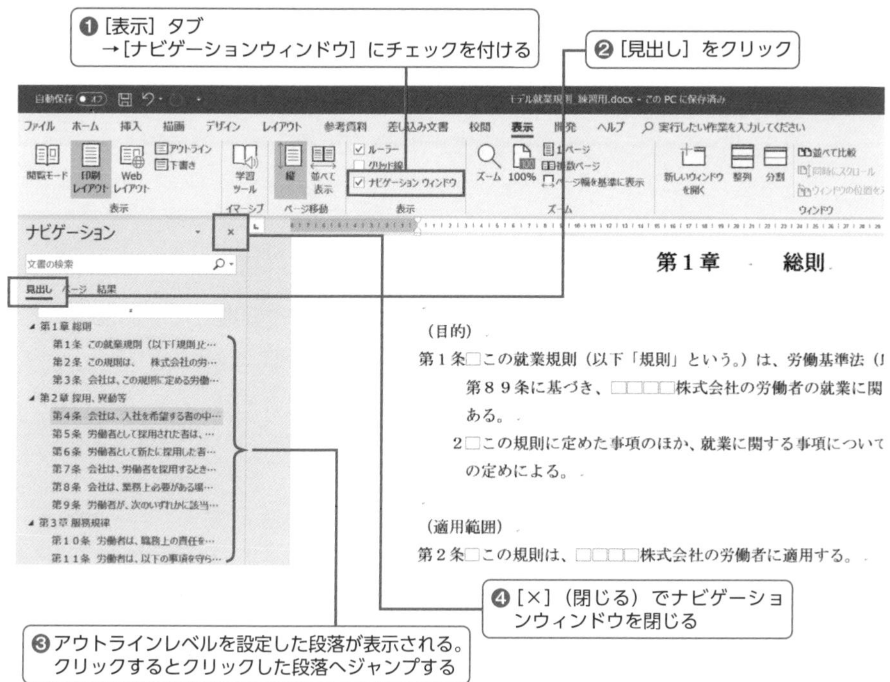

15 スタイルを適宜修正する

ここまで章、条、項以下のスタイルを作成および適用してきました。就業規則の最後までスタイルを適用して、インデント等に修正の必要がある場合は、スタイルを適宜修正します。

- 第４章 Part04 5「章のスタイルを変更する」206ページ
- 第４章 Part04 8「条のスタイルを変更する」211ページ
- 第４章 Part04 11「項以下のスタイルを変更する」217ページ

Part 05

相互参照の設定・更新をする

就業規則や社内マニュアルなどの参照先（例：○条参照、○ページ参照など）を、条文数やページ数が増減した場合も、参照元と参照先が自動で一致するようにする

ここでは以下の方法を解説します。

1 **相互参照**の設定準備

2 条文の中で「○条参照」というように他の条文番号を参照している場合に、参照元と参照先の条文番号が自動で一致する相互参照

3 参照先の条文番号が変更された場合の相互参照の更新方法

1 設定前の準備をする

相互参照は自動で参照先と参照元の条文番号を一致させてくれるので便利ですが、自動更新がうまくいかないと、元々どの条文を参照していたのかわからなくなり、後で参照元の条文番号が本当に正しいのか確認できなくなってしまいます。

そこで、自動更新後の確認が円滑にできるように、参照元の条文番号の後ろに、参照先の条文の見出しを追加しておきます（サンプルファイルでは、この手順は終わっています）。

以下の例では第12条と第14条の条文の見出しを、参照元の第15条の文中にある第12条と第14条の後ろにコピー＆ペーストしています。

他にも参照元の条文番号がある場合には、同様に参照先に条文の見出しをコピー＆ペーストしてください。

このサンプルファイルでは以下に対して相互参照を設定可能です。

- 第15条で第12条と第14条を参照
- 第21条で第19条と第20条を参照

(職場のパワーハラスメントの禁止)

第１２条□職務上の地位や人間関係などの職場内の優位性を背景にした、業務の適正な範囲を超える言動により、他の労働者に精神的・身体的な苦痛を与えたり、就業環境を害するようなことをしてはならない。

(セクシュアルハラスメントの禁止)

第１３条□性的言動により、他の労働者に不利益や不快感を与えたり、就業環境を害するようなことをしてはならない。

(妊娠・出産・育児休業・介護休業等に関するハラスメントの禁止)

第１４条□妊娠・出産等に関する言動及び妊娠・出産・育児・介護等に関する制度又は措置の利用に関する言動により、他の労働者の就業環境を害するようなことをしてはならない。

(その他あらゆるハラスメントの禁止)

第１５条□第１２条から第１４条までに規定するもののほか、性的指向・性自認に関する言動によるものなど職場におけるあらゆるハラスメントにより、他の労働者の就業環境を害するようなことをしてはならない。

参照先の第12条と第14条の条文見出しを参照元（第15条）文中の条文番号の後ろに手入力で追加

(職場のパワーハラスメントの禁止)

第１２条□職務上の地位や人間関係などの職場内の優位性を背景にした、業務の適正な範囲を超える言動により、他の労働者に精神的・身体的な苦痛を与えたり、就業環境を害するようなことをしてはならない。

(セクシュアルハラスメントの禁止)

第１３条□性的言動により、他の労働者に不利益や不快感を与えたり、就業環境を害するようなことをしてはならない。

(妊娠・出産・育児休業・介護休業等に関するハラスメントの禁止)

第１４条□妊娠・出産等に関する言動及び妊娠・出産・育児・介護等に関する制度又は措置の利用に関する言動により、他の労働者の就業環境を害するようなことをしてはならない。

(その他あらゆるハラスメントの禁止)

第１５条□第１２条（職場のパワーハラスメントの禁止）から第１４条（妊娠・出産・育児休業・介護休業等に関するハラスメントの禁止）までに規定するもののほか、性的指向・性自認に関する言動によるものなど職場におけるあらゆるハラスメントにより、他の労働者の就業環境を害するようなことをしてはならない。

他の参照元条文番号の後ろにも、参照先の条文見出しを追加する

2 条番号の相互参照を設定する

条文の中で条文番号を参照している、すべての参照元の条文番号に相互参照を設定していきます。相互参照を挿入したい箇所にカーソルを置いて１つずつ挿入します。相互参照のダイアログボックスを表示したまま、続けて相互参照を挿入することができます。

なお本書で解説している相互参照は別のファイルに対してはできません。同じファイル（文書）内で別の箇所と紐づけする設定です。

以下の例では第15条の条文番号の中の参照元第12条と参照元第14条に対して相互参照を設定します。

他にも相互参照を設定すべき参照元の条文番号がある場合には、同様に相互参照の設定をしてください。

❶相互参照を挿入する箇所にカーソルを置く

❷［参考資料］タブ→［相互参照］をクリック

（その他あらゆるハラスメントの禁止）

第１５条 第１２条（職場のパワーハラスメントの禁止）から第１４条（妊娠・出産・育児休業・介護休業等に関するハラスメントの禁止）までに規定するもののほか、性的指向・性自認に関する言動によるものなど職場におけるあらゆるハラスメントにより、他の労働者の就業環境を害するようなことをしてはならない。

❸［番号付きの項目］を選択

❹［段落番号（内容を含まない）］を選択

相互参照

参照する項目(T): 番号付きの項目

相互参照の文字列(R): 段落番号 (内容を含まない)

☑ハイパーリンクとして挿入する(H)

☐"上" または "下" を付ける(N)

番号の区切り文字(S)

参照先(W):

第８条 会社は、業務上必要がある場合に、労働者に対して就業する場所及び従事する…
第９条 労働者が、次のいずれかに該当するときは、所定の期間休職とする。
第３章 服務規律
第１０条 労働者は、職務上の責任を自覚し、誠実に職務を遂行するとともに、会社の…
第１１条 労働者は、以下の事項を守らなければならない。
第１２条 職務上の地位や人間関係などの職場内の優位性を背景にした、業務の適正…
第１３条 性的言動により、他の労働者に不利益や不快感を与えたり、就業環境を害す…
第１４条 妊娠・出産等に関する言動及び妊娠・出産・育児・介護等に関する制度又は…
第１５条 第１２条第１２条（職場のパワーハラスメントの禁止）から第１４条（妊…
第１６条 労働者は、会社及び取引先等に関する情報の管理に十分注意を払うとともに…
第１７条 労働者は、始業及び終業時にタイムカードを自ら打刻し、始業及び終業の時…
第１８条 労働者は遅刻、早退若しくは欠勤をし、又は勤務時間中に私用で事業場から…

❺挿入したい条文番号を選択

挿入(I)　キャンセル

❻［挿入］をクリック

❼参照先の正しい条文番号が挿入されていることを確認

（その他あらゆるハラスメントの禁止）

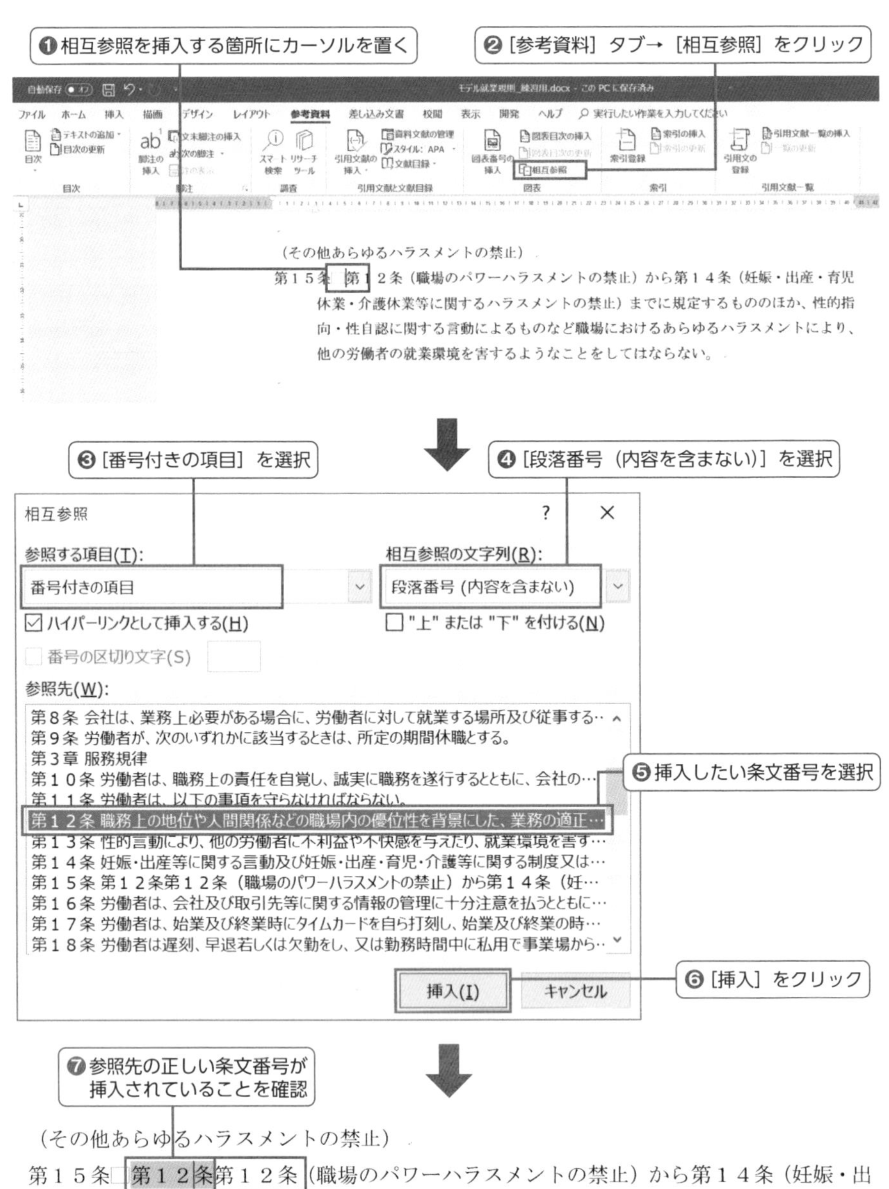

第１５条 第１２条第１２条（職場のパワーハラスメントの禁止）から第１４条（妊娠・出産・育児休業・介護休業等に関するハラスメントの禁止）までに規定するもののほか、性的指向・性自認に関する言動によるものなど職場におけるあらゆるハラスメントにより、他の労働者の就業環境を害するようなことをしてはならない。

❽もともと記載されていた参照元条文番号を削除

❾次に相互参照を挿入する箇所にカーソルを置く

（その他あらゆるハラスメントの禁止）

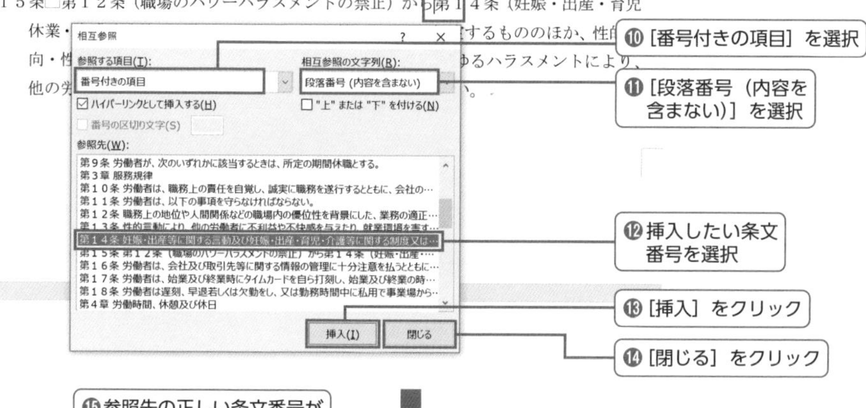

⓯参照先の正しい条文番号が挿入されていることを確認

⓰もともと記載されていた参照元条文番号を削除

（その他あらゆるハラスメントの禁止）

第１５条□第１２条（職場のパワーハラスメントの禁止）から第１４条第１４条（妊娠・出産・育児休業・介護休業等に関するハラスメントの禁止）までに規定するもののほか、性的指向・性自認に関する言動によるものなど職場におけるあらゆるハラスメントにより、他の労働者の就業環境を害するようなことをしてはならない。

（その他あらゆるハラスメントの禁止）

第１５条□第１２条（職場のパワーハラスメントの禁止）から第１４条（妊娠・出産・育児休業・介護休業等に関するハラスメントの禁止）までに規定するもののほか、性的指向・性自認に関する言動によるものなど職場におけるあらゆるハラスメントにより、他の労働者の就業環境を害するようなことをしてはならない。

⓱他にも参照元条文がある場合は、すべて相互参照を設定する（サンプルファイルでは第15条と第21条の各２箇所に設定する）

ワンポイントアドバイス

- 手順❹⓫で［段落番号（内容を含む）］を選択すると条文が挿入されてしまうことがあるため、［段落番号（内容を含まない）］を選択して条文番号だけが挿入されるようにします。
- 間違って挿入してしまった相互参照は、その参照元条文番号を選択し、［DEL］キーまたは［BACKSPACE］キーで削除することができます。

3 相互参照を更新する

ここでは、参照先の条文番号が変更されたときに、参照元の条文番号を更新する手順を解説します。この更新手順で文書内すべての相互参照の参照元の条文番号が一括で更新されます。

文書内の相互参照を更新するためには**印刷プレビュー**を表示します。この表示をすることにより文書内の相互参照を一括して更新することができます。

以下の例では、第11条（遵守事項）を削除するとそれ以降の条文番号が1つずつ繰り上がるので、印刷プレビューを表示して、相互参照の参照元と参照先の条文番号を一致させています。

章や条が追加・削除されると参照元条文番号と参照先条文番号が一致しなくなります。必ず［印刷プレビュー］で相互参照を更新してください。

（遵守事項）

第１１条□労働者は、以下の事項を守らなければならない。

①・許可なく職務以外の目的で会社の施設、物品等を使用しないこと。

②・職務に関連して自己の利益を図り、又は他より不当に金品を借用し、若しくは贈与を受ける等不正な行為を行わないこと。

③・勤務中は職務に専念し、正当な理由なく勤務場所を離れないこと。

④・会社の名誉や信用を損なう行為をしないこと。

⑤・在職中及び退職後においても、業務上知り得た会社、取引先等の機密を漏洩しないこと。

⑥・酒気を帯びて就業しないこと。

⑦・その他労働者としてふさわしくない行為をしないこと。

（職場のパワーハラスメントの禁止）

第１２条□職務上の地位や人間関係などの職場内の優位性を背景にした、業務の適正な範囲を超える言動により、他の労働者に精神的・身体的な苦痛を与えたり、就業環境を害するようなことをしてはならない。

（セクシュアルハラスメントの禁止）

第１３条□性的言動により、他の労働者に不利益や不快感を与えたり、就業環境を害するようなことをしてはならない。

❶第11条（遵守事項）を選択し、削除
（相互参照を更新する手順を解説するために第11条を削除しています。通常、相互参照を更新するためには手順❶❷は不要です）

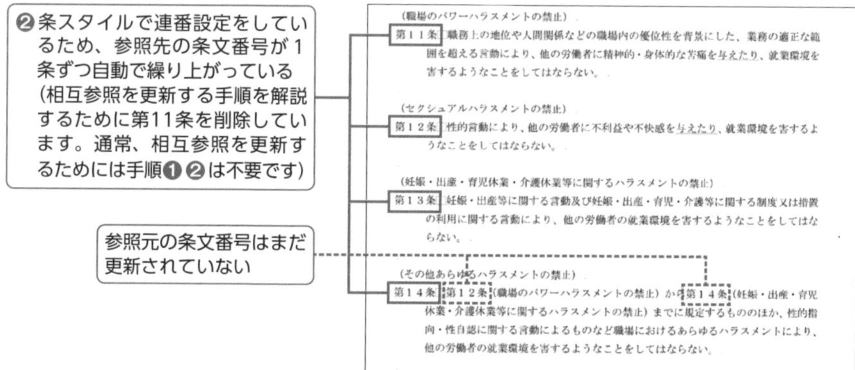
❷条スタイルで連番設定をしているため、参照先の条文番号が1条ずつ自動で繰り上がっている（相互参照を更新する手順を解説するために第11条を削除しています。通常、相互参照を更新するためには手順❶❷は不要です）
参照元の条文番号はまだ更新されていない
（職場のパワーハラスメントの禁止）
第１１条　職務上の地位や人間関係などの職場内の優位性を背景にした、業務の適正な範囲を超える言動により、他の労働者に精神的・身体的な苦痛を与えたり、就業環境を害するようなことをしてはならない。
（セクシュアルハラスメントの禁止）
第１２条　性的言動により、他の労働者に不利益や不快感を与えたり、就業環境を害するようなことをしてはならない。
（妊娠・出産・育児休業・介護休業等に関するハラスメントの禁止）
第１３条　妊娠・出産等に関する言動及び妊娠・出産・育児・介護等に関する制度又は措置の利用に関する言動により、他の労働者の就業環境を害するようなことをしてはならない。
（その他あらゆるハラスメントの禁止）
第１４条　第１２条（職場のパワーハラスメントの禁止）から第１４条（妊娠・出産・育児休業・介護休業等に関するハラスメントの禁止）までに規定するもののほか、性的指向・性自認に関する言動によるものなど職場におけるあらゆるハラスメントにより、他の労働者の就業環境を害するようなことをしてはならない。

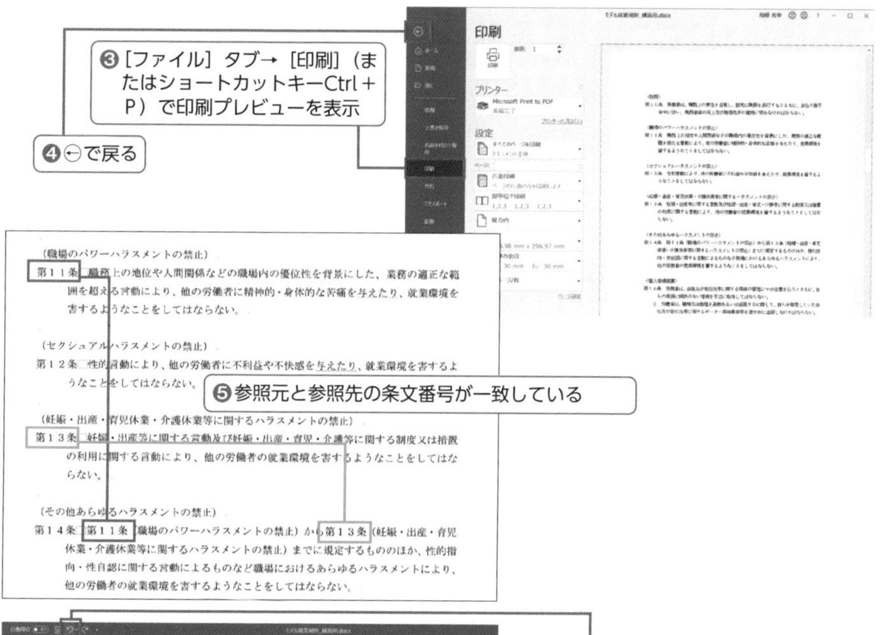
❸［ファイル］タブ→［印刷］（またはショートカットキーCtrl＋P）で印刷プレビューを表示
❹⊖で戻る
印刷
プリンター
設定
❺参照元と参照先の条文番号が一致している
（職場のパワーハラスメントの禁止）
第１１条　職務上の地位や人間関係などの職場内の優位性を背景にした、業務の適正な範囲を超える言動により、他の労働者に精神的・身体的な苦痛を与えたり、就業環境を害するようなことをしてはならない。
（セクシュアルハラスメントの禁止）
第１２条　性的言動により、他の労働者に不利益や不快感を与えたり、就業環境を害するようなことをしてはならない。
（妊娠・出産・育児休業・介護休業等に関するハラスメントの禁止）
第１３条　妊娠・出産等に関する言動及び妊娠・出産・育児・介護等に関する制度又は措置の利用に関する言動により、他の労働者の就業環境を害するようなことをしてはならない。
（その他あらゆるハラスメントの禁止）
第１４条　第１１条（職場のパワーハラスメントの禁止）から第１３条（妊娠・出産・育児休業・介護休業等に関するハラスメントの禁止）までに規定するもののほか、性的指向・性自認に関する言動によるものなど職場におけるあらゆるハラスメントにより、他の労働者の就業環境を害するようなことをしてはならない。

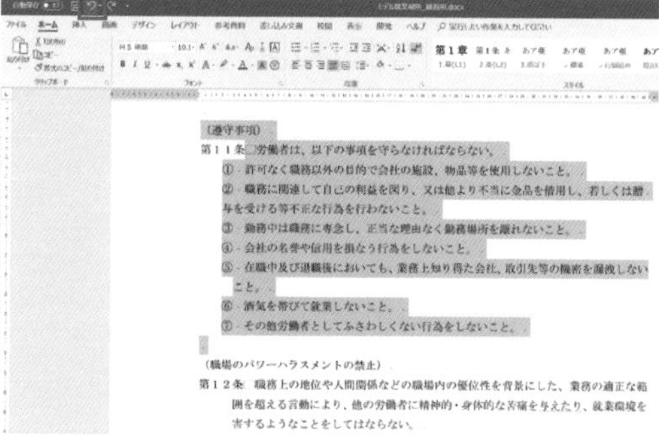
（遵守事項）
第１１条　労働者は、以下の事項を守らなければならない。
①　許可なく職務以外の目的で会社の施設、物品等を使用しないこと。
②　職務に関連して自己の利益を図り、又は他より不当に金品を借用し、若しくは贈与を受ける等不正な行為を行わないこと。
③　勤務中は職務に専念し、正当な理由なく勤務場所を離れないこと。
④　会社の名誉や信用を損なう行為をしないこと。
⑤　在職中及び退職後においても、業務上知り得た会社、取引先等の機密を漏洩しないこと。
⑥　酒気を帯びて就業しないこと。
⑦　その他労働者としてふさわしくない行為をしないこと。
（職場のパワーハラスメントの禁止）
第１２条　職務上の地位や人間関係などの職場内の優位性を背景にした、業務の適正な範囲を超える言動により、他の労働者に精神的・身体的な苦痛を与えたり、就業環境を害するようなことをしてはならない。

❻［クイックアクセスツールバー］の［元に戻す］で、先ほど削除した第11条（遵守事項）を削除する前まで戻す（この手順❻は手順❶で第11条を削除したために行っています。通常、相互参照を更新した場合、この手順は不要です）

ワンポイントアドバイス

- 前述の手順では文書内のすべての相互参照を一括で更新する方法について解説しましたが、相互参照を１つずつ更新する場合には以下の手順のようにします。

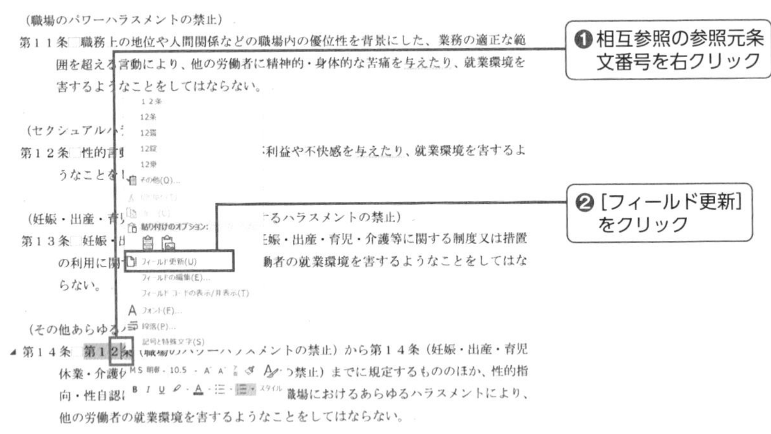

- もし印刷プレビューを表示しても相互参照が一括で更新されない場合は、以下の設定を確認してください。

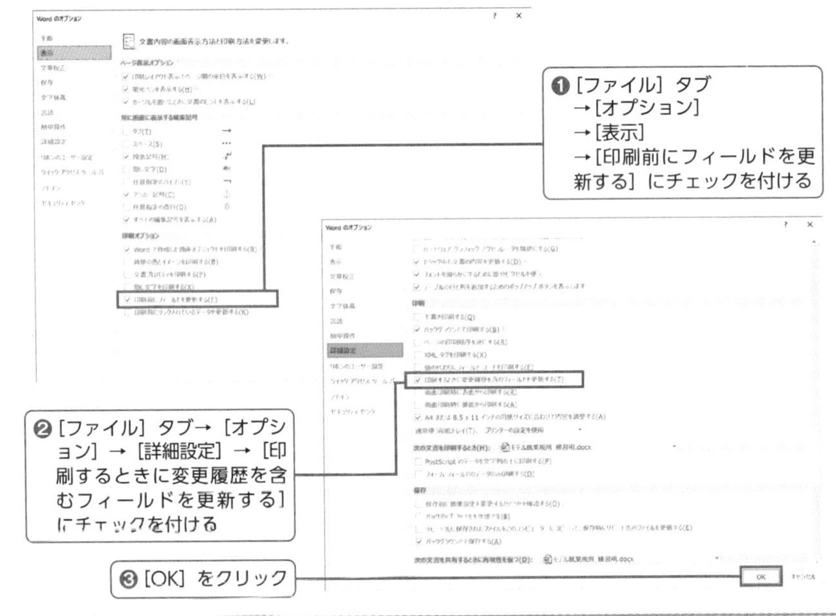

Part 06

目次の作成・更新をする

- 就業規則の各章の名前やページ数が自動で入力される目次を作る
- 就業規則の見直しにより追加・削除された章やページ番号が変更された内容を、目次に自動で反映させる

Part 04で作成・適用してきたアウトラインレベルにより、目次を自動で作成します。この節ではアウトラインレベルを1に設定した章タイトルを目次に入れる手順を解説します。

1 目次を作成する

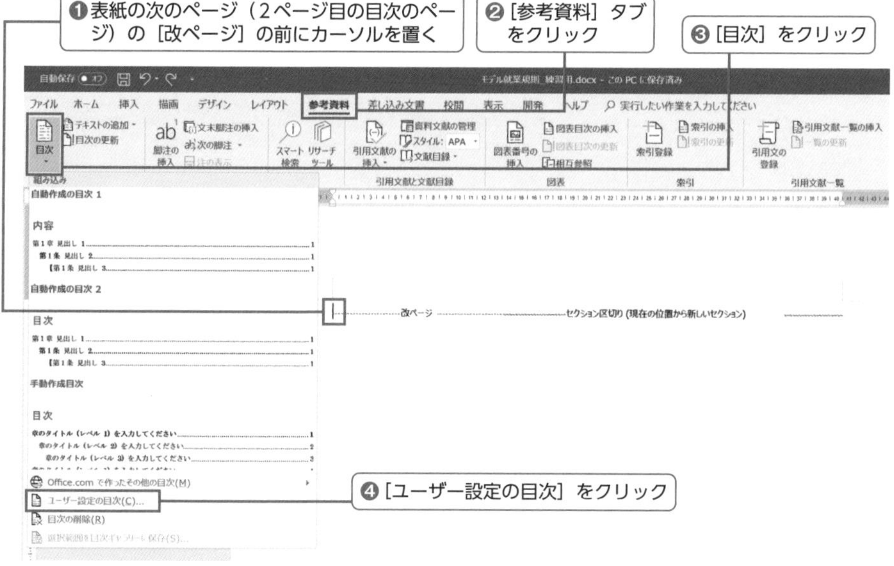

目次

索引　目次　図表目次　引用文献一覧

印刷イメージ(V)

1.章(L1)..............................1
見出し 1..............................1

Web イメージ(W)

1.章(L1)
見出し 1

☑ページ番号を表示する(S)
☑ページ番号を右揃えにする(R)
タブ リーダー(B): ....

☑ページ番号の代わりにハイパーリンクを使う(H)

全般
書式(T): 任意のスタイル
アウトライン レベル(L): 1

オプション(O)...　変更(M)...
OK　キャンセル

❺［アウトラインレベル］を1にする
（目次に表示されるアウトラインレベルを設定します）

❻［OK］をクリック

第１章　総則 1
第２章　採用、異動等 1
第３章　服務規律 2
第４章　労働時間、休憩及び休日 4
第５章　休暇等 6
第６章　賃金 9
第７章　副業・兼業 12

.........改ページ.........セクション区切り (現在の位置から新しいセクション)

❼目次が自動で作成される

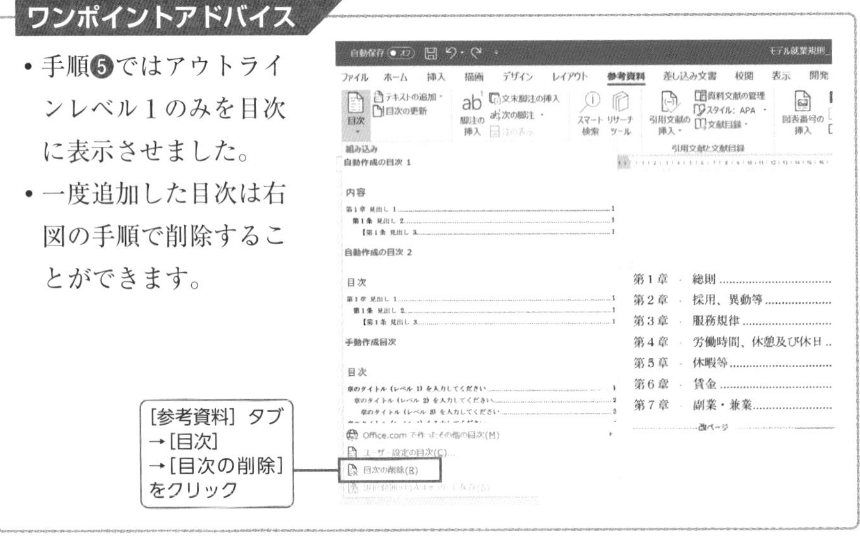

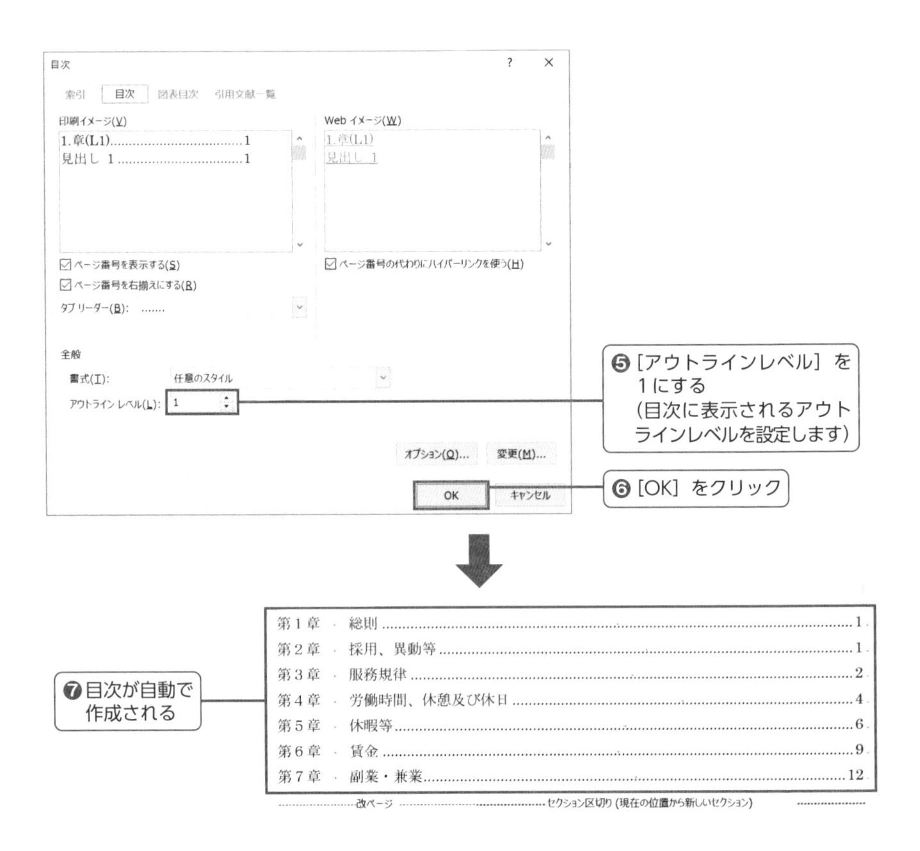

- 手順❺ではアウトラインレベル１のみを目次に表示させました。
- 一度追加した目次は右図の手順で削除することができます。

2 目次を更新する

ここでは**フィールド更新**で目次を更新する手順を解説します。以下の例では「第１章　総則」のスタイルを章から標準に変更し、目次を更新しています。

本文の構成を変更したり、本文を追加・削除したりするだけでは目次は更新されません。必ず［フィールド更新］で目次を更新してください。

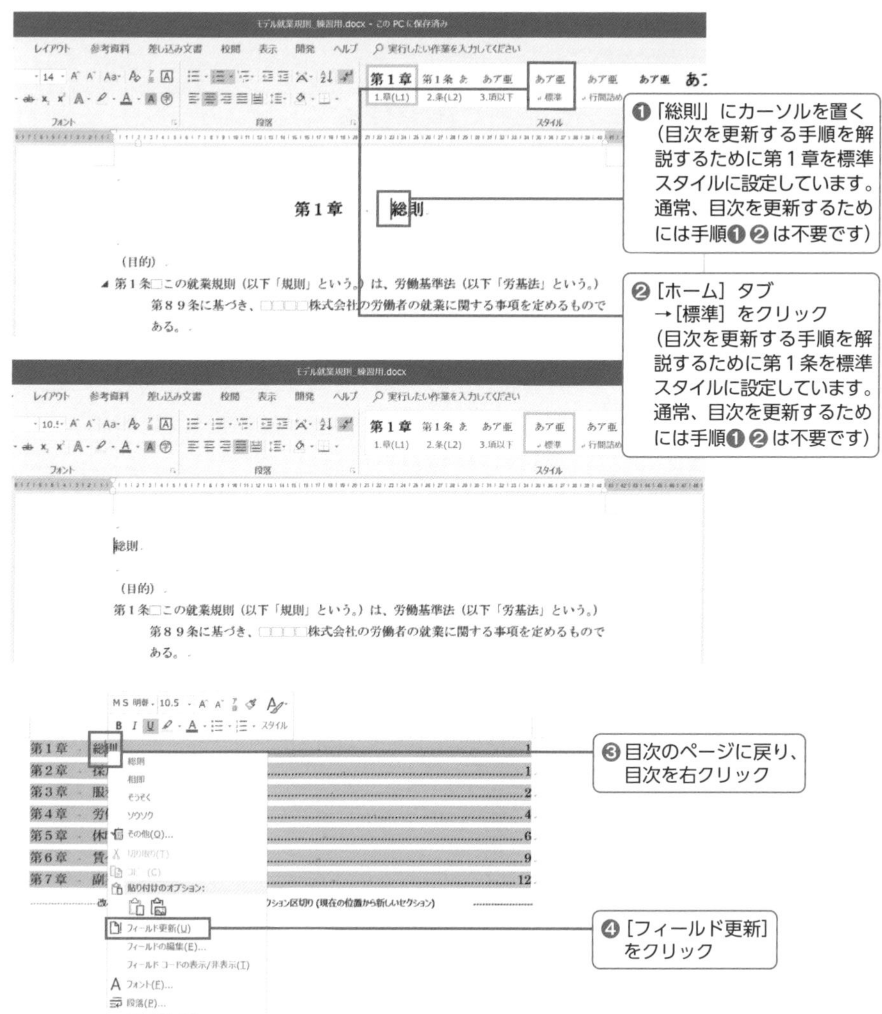

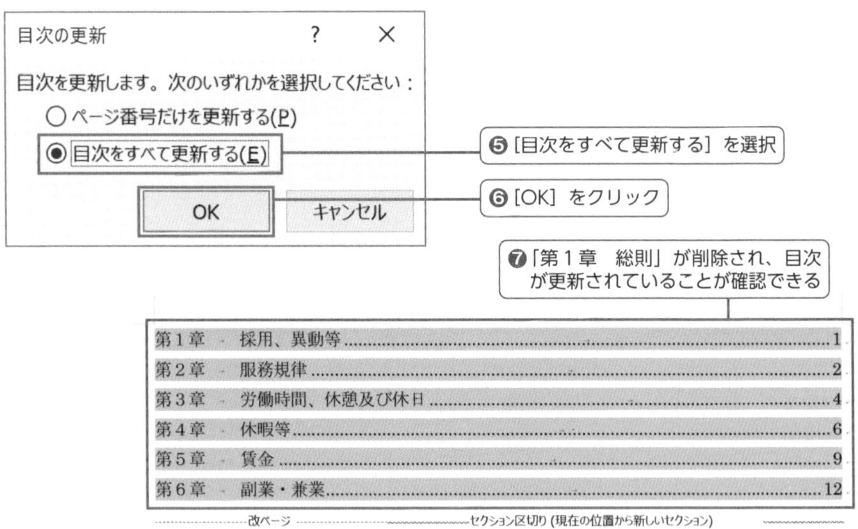

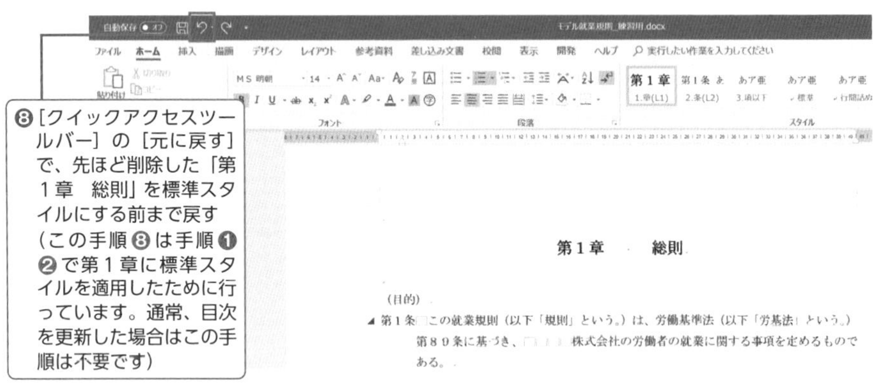

ワンポイントアドバイス

- 本文の構成を変更したり、本文を追加して目次に表示されているページ数が変わる場合でも目次は更新されないため、必ず［フィールド更新］で目次を更新してください。
- 手順❺では目次の構成が変わった場合もすべて目次を再作成する［目次をすべて更新する］を選択しています。［ページ番号だけを更新する］を選択するとページ番号だけが更新されますので、目次の構成が変わった場合には［目次をすべて更新する］を選択してください。

Part 07

すべての設定を確認する

設定した内容が意図したようにできているか確認する

設定した内容、変更した内容が意図した形式になっているか、以下のチェックリストを使って確認していきましょう。

●チェックリスト

- □ 表紙と目次ページにページ番号がない
- □ 第1章から1ページが始まっている
- □ ページ番号が連番になっている
- □ 章番号が連番になっている
- □ 条番号が連番になっている
- □ 条と項以下に適切なインデントが設定されている
- □ 相互参照を設定した参照元条文番号と参照先条文番号が一致している
- □ 目次に表示されている章とページ番号が一致してる
- □ 最初にクリアした書式（表紙の文字の大きさ等）のうち、必要な設定を元に戻した

これで第4章に記載されている設定とその動作検証がすべて完了しました。一通り設定するだけでも長い道のりだったと思います。本当にお疲れさまでした。

設定は地道な作業で決して簡単ではありませんが、トライアンドエラーを繰り返しながら習得してみてください。

一度設定すれば作業効率は確実に上がります。設定なしのWordファイルは使いたくなくなるはずです。

おわりに

本書を最後まで読んでいただき本当にありがとうございます！

もしかすると、目次を見て必要なところだけ読んで、途中を読み飛ばされているかもしれませんが、それでもかまいません。本書を会社のデスクのわきに置いておき、「ExcelやWordでこんなことがしたい」と思ったときに、目次と該当するページを読んでいただけるようになっています。

ExcelやWordはもう20年以上前から使われているアプリケーションで歴史も長く、数えきれないくらいの機能があります。しかし、それらの機能は知らなくてよいことも多いです。

そこで本書は人事業務で使用する機能を厳選および整理しました。

そうは言っても、本書で解説している内容の中には難しいこともあったかと思います。私自身もそうですが、初めて使う機能は最初どうしても学習の時間が必要です。それでもトライ＆エラーを繰り返しながら諦めずに使い続けると習得できるようになり、これまでとは比べ物にならないくらい短時間で今まで以上の結果が出せるようになります。

本書を活用して、バックオフィスを支えるあなたが、人事業務で、より効率的に成果を出せるようになることを切に願っています。

最後に、初めての書籍執筆となる筆者をご指導くださった日本実業出版社の佐藤美玲様に、この場を借りてお礼申し上げます。

また、執筆するための環境を整えてくれた妻や息子にもお礼を言いたいと思います。

そしてなにより、本書を手にしてくださった読者の皆様に厚く感謝申し上げます。

索　引

記号

アルファベット

あ行

か行

さ行

た行

な行

は行

ま行・や行・ら行

加藤秀幸（かとう　ひでゆき）
社会保険労務士。愛知県出身。明治大学大学院理工学研究科電気工学専攻1997年修了。ベンチャーソフトウェア開発会社を経て、マイクロソフトでWindowsの開発に13年間従事する。マイクロソフト退社後、社会保険労務士法人の勤務を経て社会保険労務士事務所を開業。労働法および社会保険法のAIチャットボットの構築など、テクノロジーを社労士の業務分野に導入。労務手続顧問のみならず社会保険労務士事務所や中小企業に対するITコンサルティングやサポートを行い人事業務の効率化実現に意欲的に取り組む。人事業務ですぐに効果が出るExcel・Wordセミナーを全国各地で多数開催。
メイトー社会保険労務士事務所代表
https://www.meito-office.com/

人事・労務担当者のためのExcel＆Wordマニュアル

2020年11月1日　初 版 発 行
2023年6月1日　第4刷発行

著　者　加藤秀幸 ©H.Kato 2020
発行者　杉本淳一

発行所　株式会社日本実業出版社　東京都新宿区市谷本村町3−29 〒162−0845
編集部 ☎03−3268−5651
営業部 ☎03−3268−5161　振　替　00170−1−25349
https://www.njg.co.jp/

印刷・製本／中央精版印刷

ISBN 978-4-534-05811-9　Printed in JAPAN